七秩
峥嵘

交大工会

年

张安胜 于朝阳 编著

上海交通大学出版社
SHANGHAI JIAO TONG UNIVERSITY PRESS

内容提要

本书以时间为序，记录了交通大学工会1949-2021年间的发展历史，分为交大工会的筹备与初创、调整与曲折、改革启新程、转型谋发展、开拓谱新篇五个历史阶段，较为完整地记载了交大工会在学校党委和上级工会的领导下，团结凝聚全校教职工全身心投入社会主义教育事业建设中的光辉历程。一代代交大工会人秉持敢为人先、追求卓越的精神品质，在中国高校首创“三育人”理念、“十必访”制度、“思想政治引领”专项活动、“智慧工会”建设、“交小苗”暑期成长营等开拓性创举，各项工作走在高校工会乃至全国工会的前列。本书以图文并茂的方式，再现了数代交大工会人追求梦想的奋斗足迹，展现了他们胸怀大局、勇于担当、奋发有为、甘于奉献的精神风貌，同时也展示了当代交大工会人继承前辈精神，满怀信心、豪情万丈奋进新时代，开拓进取、永攀高峰，倾力建设一流大学一流工会的奋斗者姿态，对高校工会事业的发展具有启迪与借鉴价值。

本书适用于中国高校工会工作者、中国高校工会发展史研究者等。

图书在版编目（CIP）数据

交大工会70年 / 张安胜，于朝阳编著. — 上海：
上海交通大学出版社，2023. 4
ISBN 978-7-313-28415-0

Ⅰ. ①交… Ⅱ. ①张… ②于… Ⅲ. ①上海交通大学
- 工会工作 - 概况 Ⅳ. ①D412.6

中国国家版本馆CIP数据核字（2023）第044276号

交大工会70年
JIAODA GONGHUI 70 NIAN

编　　著：张安胜　于朝阳
出版发行：上海交通大学出版社　　地　　址：上海市番禺路951号
邮政编码：200030　　电　　话：021-64071208
印　　制：上海雅昌艺术印刷有限公司　　经　　销：全国新华书店
开　　本：710mm×1000mm 1/16　　印　　张：25.25
字　　数：356千字
版　　次：2023年4月第1版　　印　　次：2023年4月第1次印刷
书　　号：ISBN 978-7-313-28415-0
定　　价：68.00元

编委会

编　委

（按姓氏笔画排序）

序 一

历史是一面镜子，它照亮现实，也照亮未来。上海交通大学（以下简称交大）要建设中国特色世界一流大学，就必须在历史前进的逻辑中前进、在时代发展的潮流中发展。交大因图强而生、因改革而兴、因人才而盛，以兴邦为任、以育人为本、以创新为魂，一百二十多年的交大历史是一部始终和国家命运紧密相连的发展史，是一部与民族振兴交相辉映的创业史！工会七轶峥嵘是交通大学发展史上一个具有典型意义的缩影，它在一定程度上反映和折射了新中国成立之后交大波澜壮阔的发展历程和接续奋斗的辉煌成就。

文化如水，润物无声。近年来，交大工会在充分挖掘学校历史传统宝贵资源的基础上，结合学校发展战略和规划，着力打造交大文化新名片，为学校改革发展营造温馨、高雅、祥和的校园氛围，推出了系列文化精品。在2017年党的十九大召开之际出版《诗文交大》《视界交大》，2018年在纪念改革开放40周年之际推出《匠心交大》《书画交大》，这次又在党的二十大胜利闭幕之后出版《交大工会70年》，讲好交大故事、传承交大文化，展现了我校教职员工笃实奋进、昂扬向上的精神风貌以及交通大学深厚的文化底蕴和独特的人文内涵。

当我读到这本《交大工会70年》时，十分感动和欣喜。任职上海交通大学两年多来，我一直坚持虚心学习交大，倾心融入交大，全心奉献交大，对交大厚重的历史和优秀的文化尤感自豪。为更好地回顾历史、总结经验，致敬光辉历程、展望交大未来，充分调动广大教职员工学史增信、学史明理、学史崇德、学史力行的积极性，引导广大教职员工和工会干部从中汲取奋进力量，学校工会组织编撰了这本《交大工会70年》。本书以时间为序，讲述了交大工会所承载的历史责任、所演绎的发展轨迹、所诠释的精神传承，忠实地记录了交通大学工会的筹备与初创、调整与曲折、改革启新程、转型谋发展、开拓谱新篇五个历史阶段，并对这70年来的重要事件以大事记的形式予以呈现，清晰地展现了一代代交大工会人脚踏实地、甘于奉献的拼搏精神，他们是交大发展的建设者，也是交大工会变迁的见证者。书中的一笔一画、一字一句能让我们看到交大人朝夕拼搏的岁月留影，感受到这70年不忘初心的工会温度。《交大工会70年》将成为交大校园文化的一部分，这其中的精神也将汇聚到交大精神的江河里，不仅是对交大文化的传承，也是文化铸魂、启智润心的重要资源。

工会工作一直是学校工作的重要组成部分，学校的捷报频传离不开工会的出色工作和温暖服务。近年来，上海交大工会认真贯彻落实习近平总书记关于工人阶级和工会工作的重要论述，忠诚履职、担当作为，不断增强工会组织的政治性、先进性、群众性，各项工作都取得了重要进展。学校工会一直把助力推动学校改革发展、解决广大教职员工急难愁盼问题作为工作的立足点，为学校建设中国特色世界一流大学作出了积极贡献。在教职工思想政治引领、学校民主管理、保障和提升教职工福利、推进基础教育提质扩容等方面做了大量卓有成效的工作，赢得了各方面的广泛赞誉和肯定，“快递小哥”的形象深入人心。

同上高楼望天涯，齐挂云帆济沧海！立足新时代，希望学校各级工会坚持以习近平新时代中国特色社会主义思想为指导，认真学习宣传贯彻党的二十大精神，团结引领广大教职员工听党话、跟党走，努力为广大教职员工办实事、做好事、解难事。凝心聚力，踔厉奋发，汇聚广大教职员工的磅礴力量，以一往无前的奋斗姿态向第二个百年奋斗目标进军，在全面建设社会主义现代化国家和学校“双一流”建设新征程上展现新气象新作为。

上海交通大学党委书记 杨振斌

2022年12月

序　二

上海交通大学是我国历史最悠久、享誉海内外的著名高等学府之一。建校126年来为国家培养了大批杰出人才。交大工会是新中国成立以来最早建立的高校工会之一，走过了70余年的发展历程，为上海交通大学教育事业的振兴发展、再创辉煌做出了卓越贡献。

2021年，上海交通大学第八届教代会暨第十三届工代会第一次会议召开之际，我实地调研了交大工会的思想引领、智慧工会、基础教育等系列工作，并出席了盛大的开幕式。交大工会的组织力、凝聚力、影响力令我印象深刻。交大工会干部们知重负重、唯实唯勤、比学赶超的精气神令我钦佩和感动。交大工会开拓性的工作不仅开创了工会工作的新局面，赢得了广大教职工的广泛赞誉，也为全国高校系统工会工作提供了可借鉴的“交大模式”。

70年来，在各个历史时期，交大工会始终自觉围绕国家发展中心任务和学校工作大局，坚定不移地把贯彻落实党中央关于群团工作的指示精神和决策部署作为工会工作主线，全心全意服务学校大局和教职工，千方百计为教职工办实事、做好事，在学校党委领导下解决了许多长期想解决而没有解决的难题，办成了许多过去想办而没有办成的大事，探索出了许多好经验、好做法，各项工作走在高校系统乃至全国工会的前列。近年来交大工会多点布局、超前谋划，呈现高速发展态势。2017年起在全国高校工会中首创并连续六年开展思想政治引领专项活动，为创新发展新时期高校思想政治引领工作蓄力助推；倾力打造“智慧工会”，服务教职工的“最后一公里”越走越通，为高校工会工作数字化转型提供了良好示范；持续打造与一流大学相匹配的一流基础教育，附属学校数量规模增长至2015年的近3倍，打造交大基础教育新名片；主办的“交小苗”暑期成长营两度荣获“全国爱心托管班”称号，并被列为中宣部“我为群众办实事”宣传典型。

70年来，交大工会多举措动员教职工积极投身岗位建功立业，为交大改革发展注入强大动力，荣膺大量国家和省部级奖项表彰。新中国成立到2022年期间，交大校本部共有9人获得全国先进工作者、全国劳动模范等国家级荣誉，54人荣获省部级劳模称号，1人获得“上海工匠”荣誉称号。青年教师在上海市和全国高校青年教师教学竞赛中屡创佳绩。2019年交大工会推荐的“聚焦教育改革发展，统筹推进智慧教室建设”获评全国优秀职工代表提案……交大工会也获得诸多荣誉，曾荣获“全国模范职工之家”“上海市五一劳动奖状”，多次被评为“上海市先进工会集体”“先进教工之家”等。

回顾70年平凡而又伟大的奋斗历程，总结70年沉淀积累的经验与传统，有益于更深入地推进工会事业改革发展。上海交大工会编辑出版的《交大工会70年》，详实记述了交大工会在党的领导下团结带领广大教职工积极投身于学校发展和社会主义现代化建设事业的探索实践，是70年来中国高校工会事业发展的全景缩影。该书的出版，填补了当前鲜见类似著作的空白，必将有效发挥存史、资政、育人的重要作用，惠益中国教育工会事业的整体发展。

70载砥砺前行，新时代逐梦一流。对奋斗历史最好的致敬，是书写新的奋斗历史。站在新的历史征程上，我们使命光荣，责任重大。希望上海交通大学工会，乘着党的二十大胜利召开的东风，更加紧密地团结在以习近平同志为核心的党中央周围，全面贯彻习近平新时代中国特色社会主义思想和党的二十大精神,始终坚持以习近平总书记关于工人阶级和工会工作的重要论述武装头脑、指导实践，踔厉奋发、勇毅前行，持续深化工会改革创新，不断增强工会组织和工会工作的政治性、先进性、群众性，谱写新时代交大工会事业发展新篇章!

中国教科文卫体工会主席、分党组书记 

2022年12月

目 录

第三章 改革启新程 061

1978—1992

第四章 转型谋发展 117

1992—2004

第五章 开拓谱新篇 197

2004—2021

绪　言

中国无产阶级工人运动已经有100多年的历史。

中国最早的产业工人产生于晚清的外商企业。随着帝国主义入侵者在中国开办工厂和官僚资本主义工业的发展，中国逐渐产生各行各业的劳动工人，他们生活在社会最底层。为了争取生存权利和维护经济利益，工人阶级开始早期的反抗；随着近代各种社会主义思潮的涌入，中国出现了工人自己的组织。1920年11月，中国共产党的早期组织发起成立了上海机器工会；1921年3月，中华海员工业联合会在香港成立；伴随着中国共产党第一次全国代表大会的召开，1921年8月11日，中国劳动组合书记部在上海成立，是中共中央成立的公开领导工人运动的总机关；1922年5月，中国劳动组合书记部在广州召开第一次全国劳动大会；1925年5月，在广州举行的第二次全国劳动大会上宣告成立中华全国总工会。在中国共产党的领导下，工人阶级积极参与武装革命起义和农村根据地的建设，在南昌起义、秋收起义和广州起义中都发挥了重要作用，上海工人三次武装起义直接撼动了旧封建军阀的统治地位。在党领导下的革命根据地，工人运动得到重视，1938年4月，延安召开边区工人第一次代表大会，正式成立陕甘宁边区总工会；1939年4月，又成立了“中央职工运动委员会”，边区的工会活动十分活跃，为抗战胜利贡献了力量。1940年2月，毛泽东指出：“团结自己和团结人民，反对帝国主义和封建主义，为建立新民主主义的新中国而奋斗，这就是中国工人阶级的当前的任务。”在推翻三座大山、战胜日本军国主义发动的侵略战争、夺取解放战争胜利的新民主主义革命中，各地、各行业的进步工会在党的领导下，带领广大工人群众取得了一次又一次胜利。

1949年后，工会工作方针和活动内容发生了深刻变化。1949年7月，中华全国总工会在北平（1949年9月改名为北京）召开工作会议，提出今后工会的中心任务是：把全国的工人阶级组织起来，担负起领导和建设新中国的任务；要求各级工会组织领导工人恢复和发展生产，教育工人用实际行动拥护人民民主专政，努力改善工人生活，加强教育提高工人的政治文化技术水平。1950年8月，中国教育工会在北京成立。各级工会成为党与工人群众联系的桥梁，成为工人群众的共产主义学校，成为保护工人日常切身利益的组织，带领亿万工人意气风发地投身于热火朝天的社会主义建设之中。在广大工人阶级和全国人民的共同努力之下，旧中国一穷二白的状态被打破，社会面貌发生了翻天覆地的变化，涌现出大量先进典型和英雄模范人物，书写了无数气吞山河的壮丽诗篇，基本建设起独立的、比较完整的工业体系和国民经济体系。

1978年12月召开了党的十一届三中全会，党中央作出把党和国家工作重点转移到社会主义现代化建设上来的战略决策，中国从此进入了改革开放和社会主义现代化建设的历史新时期。同年，举行了中国工会第九次全国代表大会，邓小平在开幕式上发表重要讲话指出："中央相信，为了社会主义的利益，为了四个现代化的利益，全国工人阶级一定会在这些改革中起大公无私的模范先锋作用，各工会组织一定会用深入群众的宣传组织工作积极协助各企业顺利地实现这些改革，为革命和建设的事业作出新的杰出贡献。"他号召全国工人阶级"在党中央领导下，同心同德，一往无前，为实现中国工人阶级新的伟大历史使命——在21世纪内把我国建设成现代化的伟大的社会主义强国，努力奋斗！"工会工作在改革开放方针指引下，转型发展，开创新局面。全国人大七届五次会议于1992年4月通过《中华人民共和国工会法》、中国工会第十五次全国代表大会于2008年通过《中国工会章程（修正案）》，成为工会组织健康发展的法律保障。随着改革开放深入发展，工会组织和工会工作面对新的形势与考验，坚持党的领导，坚持改革开放的基本路线，在维护全国人民总体利益的同时，更好地表达和维护职工群众的具体利益，全面履行各项社会职能，充分发挥民主渠道和社会调节作用，团结和动员广大职工，巩固和发展安定团结的政治局面，为中国特色社会主义的顺利发展作出新的贡献。

党的十八大以来，在习近平新时代中国特色社会主义思想指导下，党中央坚持和完善中国特色社会主义制度，推进国家治理体系和治理能力现代化，着力提升人民群众的获得感、幸福感、安全感，中华民族的面貌发生了前所未有的变化，近代以来久经磨难的中华民族迎来了从站起来、富起来到强起来的伟大飞跃，实现了全面建成小康社会的第一个百年目标。党中央非常重视发挥工人阶级的作用，着力加强工会建设。2013年，习近平曾两次对工会工作作出指示，他说："工人阶级是我国的领导阶级，坚持和发展中国特色社会主义，必须全心全意依靠工人阶级，工人阶级要始终做坚持中国道路的柱石、弘扬中国精神的楷模、凝聚中国力量的中坚。""工会要坚持正确政治方向，牢牢把握为实现中华民族伟大复兴中国梦而奋斗的我国工运时代主题，做好维护职工群众切身利益工作，在坚持党的群众路线、密切联系职工群众方面作表率。"在习近平关于工会的论述和指示的指导下，工会事业与建设进入新阶段。2021年是中国共产党成立100周年，党的百年奋斗历程，也是党领导工人运动走过的百年历程。各级工会组织在总结党领导工运事业取得成就和经验的同时，深刻认识党的百年奋斗历史经验，自觉接受党的领导，始终坚持工会工作正确政治方向，坚持把马克思主义工运理论同中国工人运动的具体实际相结合；始终坚持全心全意依靠工人阶级方针，充分发挥工人阶级主力军作用，服从服务于党和国家工作大局，团结带领广大职工为完成党的中心任务而奋斗；始终把维权服务作为立身之本，推动工会工作改革创新，不断增强工会组织吸引力、凝聚力、战斗力。习近平总书记在党的二十大报告中指出："要全心全意依靠工人阶级，维护职工合法权益……要深化工会、共青团、妇联等群团组织改革和建设，有效发挥桥梁纽带作用。"在中国共产党的领导下，全国各级工会紧密组织和依靠广大职工群众，斗志昂扬地迈向建设社会主义现代化强国的新征程，为早日实现中华民族伟大复兴的中国梦而奋斗！

中国教育工会成立于1950年。1月，上海的教育工作者发起成立工会筹备会；5月，召开上海市教育工作者代表大会，宣布成立中国教育工会上海市委员会；同年8月，毛泽东主席亲笔题写会名。与此同时，中国教育工会的成立也在紧张筹备中。1950年8月，中国教育工会第一次全国代表大会在北京召开，提出了教育工会的方针和任务是：团结和教育一切爱国的教育工作者，树立为人民服务的思想，在全国总工会的领导下，提高教育工作者的政治觉悟和文化业务水平，保护教育工作者的切身利益。教育工会的成立，明确了教师是工人阶级的一部分，中国教育工会是中华全国总工会领导下的一个重要的组织单位；教育工会的建立标志着脑力劳动者和体力劳动者在组织上的结合。作为工人阶级的一部分，教师群体和高校系统开始探寻教育工作者如何适应社会的发展需要，在国家成立初期到改革开放时期，教育工会围绕如何推进教育改革、贯彻落实知识分子发展政策、推进学校的民主化管理以及加强教师队伍建设与学生培养等方面做出大量工作，为后期各学校教育工会的建立和发展指明方向。

交通大学是一所具有悠久办学历史和优良办学传统的著名高等学校。自1896年创办后，秉承“兴学强国”“实业救国”的办学理念，培养了一批批实业人才、科学栋梁、治国精英，在中华民族摆脱贫弱困境、走向现代文明的进程中作出了重要贡献。在办学过程中，交大很早就建立了教职工民主管理的群众组织。1920—1930年间先后设立评议会、校务会议等行政机构，由学校的校长、职能部门和各学院（系）教授代表组成，参与学校重大事项的决策讨论。1928年蔡元培任校长时，成立教授会，为全校教授（副教授）的自我管理组织，以“增进同仁福利，协助学校发展”为宗旨，成为学校的评议机构，每学期定期举行会议，对学校的教学、建设等事项进行决策与咨询；教授会理事会由会员大会选举产生。1940—1950年间又陆续成立讲师助教会、职员激励会，都是群众性自我管理的组织，参与学校的重大决策，维护自身权利。1949年5月，上海胜利解放，全校师生员工组织起来，敲锣打鼓迎接人民解放军，庆祝交大的新生。7月，交大教授会举行新一届理事会成立大会；11月，由教授会联络讲师助教会、职员励进会、职工会（筹）、技工会（筹）等校内各群众组织，发起成立交通大学员工筹备会。1950年1月，举行员工代表大会，筹备交大员工会的工作正式启动。4月8日，交通大学工会成立。全校教职员工自此得以组织起来，成为一个团结统一的、自我管理的群众性组织，至今已70多年的历史了。随着上海市教育工会、中国教育工会的先后建立，交大工会成为其中的一个基层工会组织。

交大工会成立后，在党的领导下，在上级工会的指导下，紧紧围绕学校中心工作，带领全校教职员工积极投入国家社会主义建设事业之中。在院系调整、交大西迁、转型国防工业大学、实行改革开放、闵行校区建设、211和985工程建设等重大活动中，工会都发挥了党与群众之间的桥梁纽带作用，全面贯彻落实学校党委的战略决策与工作要求，充分发挥教代会的主渠道作用，发动教职员工全身心投入社会主义教育事业，关心他们工作上、生活中的问题和困难，维护教职员工的合法权益，保证教学科研任务的顺利完成。交大工会始终坚持人才队伍建设，大力加强师德和科研学术道德等职业道德建设，广泛开展业务知识培训，不断提高教职工队伍政治思想素质和技术业务素质，努力培养出一批品德高尚、业务精湛、结构合理、充满活力的高素质、专业化职工队伍。在工作之余，交大工会关心教职员工的全面发展，大力开展群众性的文化体育活动，重视教职员工生活福利，解决他们的后顾之忧。

当前，上海交通大学已经踏上“双一流”建设的快车道，向着创办中国特色世界一流大学的目标奋进。交大工会坚持以习近平新时代中国特色社会主义思想为指导，围绕学校立德树人的根本任务，认真履行工会的使命与职责，进一步发挥教职员工的主人翁精神，为新时代的人才培养和高水平的科研工作保驾护航，为上海交大加快迈向世界一流大学前列作出新的更大贡献！

第一章

筹备与初创

1949—1955

1949年5月27日，上海全境解放。6月15日，中国人民解放军上海市军事管制委员会接管“国立交通大学”，交通大学进入历史新起点。社会主义制度的建立，使交通大学焕发新的生命力。在中国共产党的领导下，交大教职员工朝气蓬勃，以饱满的精神状态投入新生活，为了保护和发挥广大教职员工的积极性，交大工会应运而生。1949年11月21日，交大员工会筹备委员会成立；1950年3月7日，更名为交大教育工作者工会筹备委员会；4月8日，在交通大学成立54周年之际，交大工会成立。1953年12月，经中国教育工会上海市委员会批准，中国教育工会交大临时工会委员会成立。1954年4月，建立中国教育工会交通大学第一届工会委员会。

在工会这个组织中，全校教职员工以极大的热情参与保卫新中国、建设新中国的各种活动。从走上街头宣传防空袭、捐战机，到深入校园关注职工学习情况；从积极动员工会会员参与抗美援朝，到细致关切幼儿园、附小的建立和招生，交大工会始终以中国的发展为重点，以工会会员的需求为关切，跟随学校的发展而不断改革壮大。交大工会是党的教育事业的重要组成部分，作为最早建立起来的高校工会之一，交大工会一直坚持在党的领导下，与祖国同呼吸、共命运，团结教职员工听党话、跟党走，走过了70多年全心全意服务学校教育事业的发展历程。

第一节
交大工会的筹备与成立

一、筹备交通大学员工会

1949年5月，上海解放。交大历史翻开了新的一页，广大师生兴高采烈地将热情投入学校与新中国的建设之中。在新的形势下，交通大学教授会于7月28日选举产生了新一届理事会；新理事会由15人组成，柴志明当选为主席，曹鹤荪、陈石英、潘承梁、陈本端、张鸿、周同庆、王达时等任理事，钟兆琳、胡嵩嵒、郁仁充、周铭、陈湖、李泰云等任候补理事。同时，何金茂任讲师助教会理事会主席，祝慕高任副主席。张贻宗任职员励进会总理事。同年11月21日，交大员工会筹委会成立。筹委会由教授会、讲师助教会、职员励进会、工友会（筹）、技工会（筹）等各团体分别推选代表5人组成。

图1-1 1949年交大师生庆解放、迎接管

图1-2 1950年交大教师参加拥护世界和平签名

与此同时，上海市教育界也在筹建新中国广大教职工自己的组织。早在20世纪30年代起，在上海地下党的领导下，就有“沪东教师联谊会”“小学

教师联合进修会”等进步组织，开展保障教师职业、争取生存权利、抢救教育危机、反对内战等活动。上海刚刚解放，进步教师就联合起来，商议建立教育工会的工作。1949年12月30日举行上海市教育工作者工会发起人会议，一致决定：组织全市统一性的教育工作者工会，并议决筹备委员会的产生办法：高教方面，须推选代表500人，并推举筹委40人。具体安排是：

（1）各院校须于1月5日产生出席上海市教育工作者工会筹备委员会成立大会的代表，凡教职员工总人数在50人以下的院校可推派代表4人，超过50人者，每超过20人得增推代表1人（以上约425名），其不足额（估计约有75名）为特邀代表，由本会依据民主协商办法邀请。

（2）各院校须在上列代表中推定三分之一的代表为执行协商代表（特邀代表亦同），负责协商筹备委员及出席上海市总工会代表人选。

（3）代表推选事宜，由现有教职员工之组织主持，唯推选时须注意团结民主的原则，不得由少数人包办代替。

（4）各院校须于1月5日前将代表名单（其中之协商代表须注明）送交本会组织部。并请随缴教职员工名册与教职员工组织负责人名册各一份备查。

（5）本会定于1月7日下午2时邀集各院校执行协商代表座谈，协商筹备委员及出席上总代表人选，地点另行通知。

交大教授会理事张鸿代表交大出席上海市教育工作者工会发起人会议，回校后向教职工各组织通报了会议内容。

1950年1月5日下午，交通大学举行教职员工第一次代表大会，在容闳堂会议室举行，出席代表逾百人。史雪明致开会辞，指出员工会的成立是具有54年历史的交大第一次统一组织的完成，是600余位教职员工大团结的开始，希望员工会在筹备时，以民主和协商精神加强团结，为贯彻新时期民主主义教育而努力。他宣布本次会议议程共四项：① 通过会章；② 选举执委；③ 讨论出席上海市教育工作者工会筹备会成立大会代表的产生办法；④ 选出出席市工筹会成立大会的代表。

接着，张鸿向大会报告上海市教育工作者工会发起人会议的议定事项并作说明，为了参加上海市教育工作者工会筹备委员会成立大会，交通大学应推选会议代表34人、执行协商代表11至12人。报告完毕后，临时主席团主席朱骏提议，由本次会议代表就参加市教育工作者工会成立大会的代表和执行代表进行票选。随即推举出参加会议代表34人；选定执行协商代表12人为汪旭庄、吴有训、王之卓、陈大燮、朱骏、徐炎仲、胡永畅、陈石英、郭满堂、钟伟成、程迺晋、姜振群。

投票后，进行提案的讨论，各代表踊跃发言，场面热烈。主要决议有：① 决定1月10日晚举行员工会成立大会，推定汪旭庄为执行主席，筹备事宜由执行主席会同原来之工作小组办理；② 关于“加强学习”和“调整学习小组”划分的提案，议决代表所提意见，详加研讨，并进行推动；③ 关于“收回旧同文书院基地以利生产”“收回金神父路房屋解决房荒”“收回南模借用房屋”等案，决议由执委会组织特种委员会，协助校方彻查办理；④ 关于教授会提请接办文治中学提案，决议：由执委会组织特种委员会了解情况并研

交大學習

第四期

(一)　一九五〇年一月十一日

本校員工會宣告成立

籌備工作勝利完成　第一屆代表大會展開

通過會章和選舉執委

產生滬市教育工會工籌會成立大會代表

討論提案

推舉執行協商代表

員工會執行委員名單

交大同人的大喜事

出席上海市教育工作者工會籌備會成立大會代表名單

图1-3　1950年1月10日交通大学员工会宣告成立

究如何接办；⑤ 关于“向人民保险公司接洽会员保险事宜”“加强合作社组织”“以团体名义洽谈购会员解放装”“加强防痨运动”等提案，决议交执委会办理；⑥ 关于“扩充交通小学班级”“请十五路汽车经过本校门口”等提案，决议由执委会分别向教育局、公用局洽办。

本次大会还选举产生了交通大学员工会执行委员：汪旭庄、杨彭基、郭满堂、朱骏、张鸿、汪云风、虞承高、吴有训、曲与域、唐锡根；选举出主席：汪旭庄，副主席：张鸿、杨彭基；会议通过了《国立交通大学员工会章程》（见附录1）。

二、成立交通大学工会

1950年3月7日，在上海市教育工作者工会的指导下，交通大学员工会筹委会更名为交通大学教育工作者工会筹备委员会。工会更名后，组织师生参与各种活动，为新中国的发展积极贡献力量。

1950年4月8日，交通大学54周年校庆暨工会成立大会举行。交大工会正式宣告成立。

交大工会提出的总方针是“团结一致，克服困难，办好交大”。工会的工作任务是：经常开展政治与时事学习，使全体会员们在思想上和行动上团结起来，积极参与保卫世界和平，反对美国侵略，协助人民政府克服困难、镇压反革命、巩固人民民主政权的巨大斗争，并在全体会员爱国主义认识提高的基础上搞好教学，搞好业务，为贯彻新民主主义的教学方针而努力。从员工会筹备起到工会正式成立，已经开展的具体工作有以下几个部分：

在抗美援朝运动方面，自从1950年美帝国主义公开侵略朝鲜和我国的台湾起，交大的“反侵略运动”即已展开。7月开始对附近里弄宣传，并召开地区宣传大会。8月1日，有员工冒雨参加建军节示威游行。美帝在仁川登陆后，全国展开抗美援朝运动。交大有工人要求去朝鲜前线，24人参加登记军事干校，多人送子女参加军事干校，捐献飞机代金5 400余万元（新中国建国初期发行的人民币，称为“旧币”，1万元等于1955年发行的新币1元）。12月14日，全市示威游行，校内有280人响应捐款运动，有250人响应写信运动。这些热烈的爱国运动，对全市各界人民、各兄弟学校起到了推动影响的作用。

业务工作方面，分教学研究、编译、协助行政三方面进行。为了加强学生的政治教学，学校决定在政治教学委员会中增加工会代表，汪旭庄担任委员会副主任。教学研究的讨论会曾调查会员译著情况，建议行政方面建立制度，组织出版委员会与国外编译出版机关加强通讯联系。协助行政推进分层负责制及检查汇报制度。此外参加教员晋升委员会的工作。

文教工作方面：① 政治学习。1950年暑假前主要是革命理论学习，每周分听政治大课并举办小组讨论，在上学年末举行了一年思想转变的阶段总结。暑期内各小组分别选择干部必读书一种，开展有系统的理论学习。抗美援朝运动展开后，政治学习完全围绕这一中心进行。职员会已建立每日定时学习一小时的制度。技工、工友自2月至11月每周举行大报告一次，分组讨论由教职员协助进行。②“宣传通讯”自员工会成立以来，共出黑板报190期，从未中断，又发“工会消息”油印版4期。设立的“批评与建议”栏也起了不少的作用。③ 文娱体育。在条件困难的情形下成立了俱乐部，备有收音机，棋类，乒乓球及图书等。为照顾会员不同需要，另设小型电影组、音乐欣赏组、交际舞组，此外成立腰鼓队、秧歌队、京剧社、管乐鼓号队、剧团等等。体育方面则成立了篮球队，曾举行球赛十次。④ 业余教育。3月，工筹会即开班初级技术夜校，所招收的学生都是校内外技术工人。4月，接办原为学生所办的工友夜校，校内外工友参加学习最多时近100人，对提高工友文化水准起了很多作用。暑假后，市教育局假本校开班第34期工人夜校，亦并入该校上课。1951年起，工会办“文化夜校”，为从华东人民革命大学调来的100余名干部补习文化。

生活福利方面，学校关心教职工及家属的身体健康，要求员工和家属及时进行体格检查，明令工会和卫生组予以推动。① 协助合作社召开社员代表大会，建立工作制度，又与妇联筹设托儿所，与学生会共同办理农场，成立豆浆部，并为进一步开展女工及工属工作建立基础。② 举办团体人身保险，建立急病互助制度，又按月补助卫生组60万元（旧币）作为会员药费之用。③处理会员之间的纠纷及会员家属的纠纷，绝大多数都得到圆满解决。④调整房屋曾解决了44家技工、工友的居住问题。

交大工会成立后，取得相当的成就，对教职员工关心的问题进行了针对性的解决。在学校党委和上级工会的领导下，落实学校工作部署，围绕学校中心工作，全面履行工会职责，团结和动员广大教职工积极投身学校的教育工作。

1951年，根据上级的规定，交大工会改名为“中国教育工会交通大学委员会”。

第二节
交大工会的起步

一、成立临时工会委员会

1953年12月，交大工会进行改组，同时成立临时工会委员会。经上海市教育工会批准，中国教育工会交通大学临时工会委员会由程孝刚任主席，赵富鑫、孟庆隆、晏振群任副主席；委员会由程孝刚、孟庆隆、赵富鑫、傅赤先、朱骏、汪立椿、屠善洁、陆庆乐、严峻、蔡恩琼、沈尚贤、何金铎、徐云风、吴金堤、查良佩、王振亚、程迺晋、郭玉堂、刘光耀、王澄卢、曹洪谟等21人组成。后增补晏振群为副主席。

程孝刚（1892—1977）：江西宜黄人。机械工程学家，教育家，中国科学院学部委员（院士）。1917年获得普渡大学机械工程学士学位。1928年任国立交通大学秘书长；1932年任津浦铁路机务处长；1945年任交通部技监；1947年任交通大学校长；1949—1952年任浙江大学教授；1952—1977年任教于交通大学、上海交通大学，历任起重运输机械系主任、校务委员、副校长，曾任交通大学临时工会委员会主席（1953.12—1954.4）；1955年为中国科学院学部委员（院士）。

1954年4月1日，交大临时工会委员会建立了各工作委员会：组织委员会主任汪立椿，宣传委员会主任傅赤先，劳保委员会主任陆庆乐，文娱体育委员会主任查良佩，业务委员会主任严畯，财务委员会主任蔡思琼，教学部门委员会主席沈尚贤，经费审查委员会主任委员周铭。此时，交大工会下设7个分会，共有900余名会员。

临时工会委员会成立后，继续贯彻《关于国家过渡时期总路线总任务》的报告精神。1953年11月，《1953年度第一学期工会工作计划》中提出了工作任务，主要有四个重点，分别为：① 组织会员积极参加理论、业务、文化的学习；② 进一步搞好文娱、体育、生活福利工作；③ 重点深入，积累经验；④ 创造条件，准备召开会员大会及选举。1954年3月，《1953年度第二学期工会工作计划》中提出，本学期工作任务为：① 整理与健全工会基层组织；② 加强对会员的政治思想教育及小组活动的领导，克服单纯福利观点；③ 充实工会组织机构，增设部门委员会。

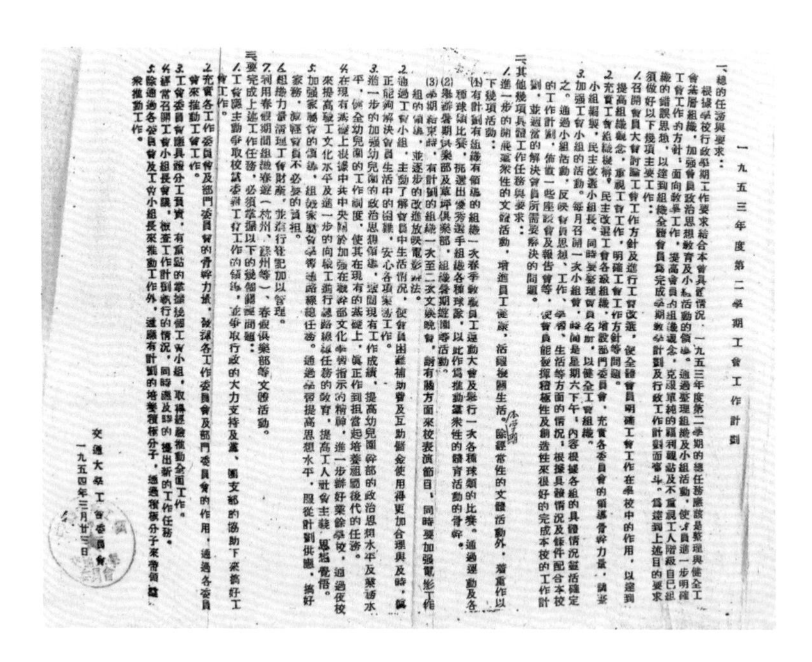

一九五三年度第二學期工會工作計劃

一、總的任務與要求：

根據學校行政學期工作要求結合本會具體情況，一九五三年度第二學期的總任務應該是整理與健全工會基層組織，加强會員政治思想教育及小組活動的領導。通過整理組織及小組活動，使會員進一步明確工會工作的方針：面向教學工作，提高會員的組織觀念，克服單純的福利觀點及不重視工人階級自己組織的錯誤思想，以達到組織全體會員爲完成學期教學計劃及行政工作計劃而奮斗。爲達到上述目的要求須做好以下幾項主要工作：

1.召開會員大會討論工會工作方針及進行工會改選，使全體會員明確工會工作在學校中的作用，以達到提高組織觀念，重視工會工作，明確工會工作方針等問題。

2.充實工會組織機構，民主改選工會各級組織，增設部門委員會，充實各委員會的領導骨幹力量，精簡小組編制，民主改選小組長。同時要整理會員名册，以健全工會組織。

3.加强工會小組的活動。每月召開一次小組會，時間是星期六下午；內容根據各組的具體情况靈活確定之。通過小組活動，反映會員思想、工作、學習、生活等方面的情况；根據具體情况及條件配合本校的工作計劃，佈置一些座談會及報告會等，使會員能發揮積極性及創造性來很好的完成本校的工作計劃，並適當的解決會員所需要解決的問題。

二、其他幾項具體工作任務與要求：

1.進一步的開展羣衆性的文體活動，增進員工健康，活躍機關生活。除經常性的文體活動外，着重作以下幾項活動：

(1)有計劃有組織有領導的組織一次春季教職員工運動大會及舉行一次各種球類的比賽。通過運動及各種球類比賽，挑選出優秀選手組織各種球隊，以此作爲推動羣衆性的體育活動的骨幹。

(2)舉辦寒暑期俱樂部及草坪俱樂部，組織寒暑期遊園等活動。

(3)學期結束時，有計劃的組織一次至二次文娛晚會，謝有關方面來校表演節目。同時要加强電影工作組的領導，並逐步的改進放映電影辦法。

2.通過工會小組，主動了解會員中生活情况，使會員困難補助會及互助儲金使用得更加合理與及時，真正能夠解決會員生活中的困難，安心各項業務工作。

3.進一步的加强幼兒園的政治思想領導，鞏固現有工作成績，提高幼兒園幹部的政治思想水平及業務水平，健全幼兒園的工作制度，使其在現有的基礎上，真正作到担當起培養祖國後代的任務。

4.在現有基礎上根據中共中央關於加强在職幹部文化學習指示的精神，進一步辦好業餘學校，通過夜校來提高職工文化水平及進一步的向職工進行過渡時期總路線總任務的教育，提高工人社會主義思想覺悟。

5.加强家屬會的領導，組織家屬會學習過渡時期總路線總任務。通過學習提高思想水平，服從計劃供應，搞好家務，減輕會員不必要的負担。

6.組織力量清理工會財產，並進行登記加以管理。

7.利用春假期間組織春遊（一杭州、蘇州等）、春假俱樂部等文娛活動。

三、要完成上述工作任務，必須掌握以下的幾個關鍵問題：

1.工會應主動爭取校黨委和工會工作的領導，並爭取行政的大力支持及黨、團支部的協助下來搞好工會工作。

2.充實各工作委員會及部門委員會的骨幹力量，發揮各工作委員會及部門委員會的作用，通過各委員會來推動工會工作。

3.工會委員會應具體分工負責，有重點的掌握幾個工會小組，取得經驗推動全面工作。

4.經常召開工會小組長會議，檢查工作計劃執行的情況，同時應及時的提出新的工作任務。

5.除通過各委員會及工會小組長來推動工作外，還應有計劃的培養積極分子，通過積極分子來帶領羣衆推動工作。

交通大學工會委員會

一九五四年三月廿三日

图1-4　1953年度第二学期工会工作计划

二、成立第一届工会委员会

1954年4月—1956年5月，中国教育工会交通大学第一届工会委员会成立并运行。工会在解决教职工子女入学问题、参与开展学校思想教育工作、指导调整部门工会委员会等方面发挥积极作用。

1954年4月17日，在交大临时工会委员会主持下召开了第一次工会会员代表大会，程孝刚主席向大会作工作总结报告，并提出今后工作的方针和任务：在党的领导下，贯彻面向教育的方针，配合行政完成教学计划，培养建设人才，建立工会工作的正常工作秩序。同时，经费审查委员会主任周铭作关于工会财务工作的报告。

大会结束后，工会会员以小组的形式对大会报告进行讨论，并对工会委员会候选人进行酝酿。自4月17—30日，全校106个会员小组先后召开小组会议，对工会委员会委员初步候选人名单认真负责地进行了讨论。会员们充分发扬民主，对每位候选人提出宝贵意见，对今后工会改进工作有很大帮助。经过小组长会议的反复磋商，根据各小组大多数会员的意见确定了正式候选人名单。4月28日、29日两天设立投票站进行投票，30日，在新建楼205教室由检票人员开票。参加投票会员总数为1 049人；经无记名投票选举产生第一届工会委员会。委员会由15位委员、4名候补委员组成。工会委员是：赵富鑫、孟庆隆、周玉坤、徐云风、朱骏、屠善洁、曹鸿谟、陈学俊、陆庆乐、丁成耀、王则茂、张复生、汪立椿、周志诚、钟芳源。候补委员是：蔡恩琼、张肇民、何金铎、陈耕云。5月6日下午，工会委员会召开首次全体会议，由原工会主席程孝刚主持，会议确定了委员分工，并讨论了工会的工作制度以及各工作委员会的工作。各委员的分工是，工会主席为赵富鑫，副主席为周玉坤、孟庆隆、徐云风。工会办公室主任为曹洪谟，周铭任第一届工会经费审查委员会主任。各工作委员会的构成是，组织委员会主任汪立椿，副主任朱骏；宣传委员会主任周志诚，副主任张肇民；业务委员会主任陈学俊；文娱委员会主任王则茂；体育委员会主任钟芳源；劳保委员会主任陆庆乐；女工委员会主任屠善洁；财务委员会主任蔡恩琼。另外，还指定了第一行政部门（技工）委员会主任丁成耀、第三行政部门（杂工）委员会主任张复生。

赵富鑫（1904—1999），上海人；物理学教育家，曾任九三学社中央委员。1924年毕业于交通部南洋大学（交通大学曾用名），1925年回交通大学任

物理系助教；历任物理系主任、普通物理教研室主任、交通大学第一、二届工会主席（1954.5—1958.3）。1956年交大西迁，赵富鑫第一批赴西安，历任西安交大物理教研室主任、数理力学系主任、基础部主任、图书馆馆长等。曾任全国高等工科学校物理教材编审委员会代主任、中国太阳能学会常务理事、陕西省物理学会副理事长等。

三、工会推动学校各方面工作

交大工会成立后，积极解决教职工子女的入托、入园、入学问题。1951年2月，校工会创办了交大幼儿园，园址设在徐汇校区东一楼宿舍处（现教师活动中心位置），占地面积100平方米。工会委员会正式成立后，完成的一件大事是解决了教职工子女的入学问题。1954年7月6日，上海市人民政府教育局致函交大，函中指出解放后文治中学由交大工会主办，并由殷大钧任校长。院系调整后，文治中学迁出交大，校名上“交大工会主办”六字被注销，校长也更换了人选，但其私立中学的属性得以保留。9月7日，交大工会决定创办小学一所，并定名为“交大新邨小学”。学校即日起开始办理入学手续，一周后开始正式上课。9月20日，交大工会接到上海市徐汇区区长李守咨签署的公函：“你会为解决会员子弟求学请求创办小学一所之事，接市教育局函复同意，可用上海市私立交大新邨小学校名。”交大工会不仅着眼于交大内部，更是时刻肩负责任，以解决教育界难题为己任。

工会委员会积极参与学校的思想教育工作。1954年10月15日，学校党委制定《1954—1955学年第一学期工作计划》，其中强调对学生进行社会主义思想教育的重要性。30日，为贯彻校党委的工作精神，工会教学部门委员会召开第一次小组会议，讨论座谈教学过程中贯彻思想教育的重要性，会上取得了必须加强思想教育的三点共识。11月6日至13日，工会第四行政部门委员会（包括职员、教辅）各小组分别讨论了有关职工办公守则的几项暂行规定（草案）。13日，工会召开贯彻教师工作量制度座谈会，会议由赵富鑫主持，陈大燮教务长报告了实施办法计划大纲，参加会议的教师有40余人，对实施工作量制度提出了一些具体问题与建议。12月15日，工会业务工作委员会召开会议，座谈教师如何向学生进行政治思想教育，参加会议的有系主任、教研室主任、教师和有关部门的负责人35人，陈学俊总结会议发言，并通过了5项建议。

1955年新学期伊始，交大工会于2月19日举行全体委员会扩大会议，讨论本学期工会工作计划，决定本学期主要工作有三点：第一，加强组织领导，发挥部门委员会及小组作用，进一步贯彻"面向教学、面向学生"的方针，发挥群众的积极性、创造性，以协助行政改进教学工作，保证教学计划顺利完成，并继续加强教师对学生共产主义品德教育及学习指导；第二，围绕教学活动，进一步开展政治思想工作，增强教职员工在思想、业务、生活上的互助，协助党委贯彻教职员政治理论学习计划，解决学习中的思想问题，提高学习认识，交流学习经验，并注意配合党委宣教部门，进行时事政策教育；第三，主动做好教职员工的生活福利和文娱、体育工作，以增进会员的身心健康，适当解决会员生活中的困难，使其安心搞好教学工作。

同期，为贯彻中国教育工会上海市委员会"关于调整高等学校基层组织，改进基层组织工作的试行方案"的规定及本校党委的指示，工会基层委员会决定，根据各单位工作性质不同及人数多寡，将现有部门委员会缩小，以系、处为单位组成19个部门工会委员会。各部门委员会由3～5人组成，根据需要暂设正副主席及业务、宣传、文体、劳保、秘书等委员。因工作较忙，暂不能实行民主选举的，可由原部门委员会并会同有关方面协商提出补充名单，经基层委员会讨论同意，报请上级工会及党委批准，待暑假后再进行民主选举。各部门委员会现已经召开首次成立会议并经过上级工会及党委的批准正式成立的，则应讨论制定本学期工作计划上报校工会。

1955年“三八节”期间，校工会女工部组织了座谈会、郊游、放映电影等活动，使全校女教工度过了愉快而有意义的节日。

1955年全年，交大工会贯彻学校“面向教学，面向学生”的工作方针，共召开28次会议，讨论生产实习、向苏联学习、减轻学生负担、提升教学质量、筹建实验室、对学生进行政治思想教育等问题。这些活动使教职员工提高认识，统一思想，交流经验，发挥先进作用，并协助行政解决了教学实践过程中的困难与问题，对深入完成教学任务起到推动作用。此外，工会还成立了“交通大学工会互助储金会”，会员约300人。

自1949年筹备建立工会组织以来，交大工会就在中国共产党的领导下，团结全校教职员工，开展政治教育，参加知识分子改造，在抗美援朝中动员师生参军参干，更在教学体系和内容、开展文体活动动员等方面展开大量工作，例如，参与组织交大合唱团开展系列活动、组织代表队参加学校运动会等。

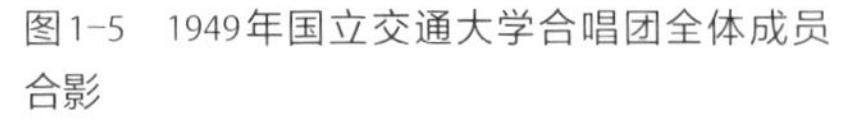

图1-5　1949年国立交通大学合唱团全体成员合影

图1-6　1951年春交通大学工会组织代表队参加学校运动会

第二章

调整与曲折

1955—1978

1955年，国际形势仍然较为紧张。第一个五年计划确定把工业布局的重点放在内地，重要工矿企业内迁；同时根据全国工业的布局和国防建设的需要，对高等学校的布局进行调整，沿海地区的个别高等学校也要内迁。1955年4月，中央决定交大迁往陕西省西安市办学，以解决国家工业建设和布局不相适应的现状，加强西北和内地高等学校建设。

在交大西迁的大背景下，1956年5月，交通大学第二届工会委员会成立。此时，学校西迁工作持续进行，其间经历了各方协商和多次调整。9月，第一批西迁师生在西安新校址正式开学。在西迁过程中，交大工会发挥了重要作用，始终坚持党的领导，并在学校党政领导下，发动教职员工听从党的召唤，服从组织的需要，到祖国最需要的地方去。同时，工会坚持以教职工为中心的工作导向，认真履行维护职工合法权益、竭诚服务职工群众的基本职责，把服务职工、维护职工合法权益的大旗牢牢掌握在手中。在做好大量深入细致的思想工作同时，交大工会认真听取群众的意见，着力解决教职员工随迁家属的安置与生活，保障西迁工作以及分设两校工作的圆满完成。

1957年9月，由于国际国内形势发生变化，国家作出交大分设两地，成立交通大学上海部分、西安部分的决定。

1958年3月，第三届工会委员会成立。与前两届相比，第三届工会委员会规模更大，工作内容更为丰富，在帮助学校贯彻落实国家教育方针政策方面发挥了主要作用。

1959年7月，国务院决定，交通大学上海、西安两个部分分别成立上海交通大学、西安交通大学。

定名上海交通大学后，在中央和市委的领导下，学校贯彻执行“调整、巩固、充实、提高”的方针和“高教六十条”的精神，调整了学校的规模和专业设置，加强工作中的薄弱环节，巩固过去的成就，提高教学质量，各方面的工作发生了深刻的变化。1961年起，为了加强我国的国防工业建设，根据中央指示，上海交大从一般高等工业学校调整为国防工业高等学校。由此揭开了交通大学发展史新的重要一页。1961年11月，上海交通大学召开教职员工代表大会，选举产生了第四届工会委员会，号召广大会员投入国防工业高等院校的建设。

1966年5月，“文革”开始，工会工作暂时停顿。

1978年12月，党的十一届三中全会召开，实现了党和国家工作重点的转移，开启了改革开放和社会主义现代化建设的新时期。国家实行改革开放方针，交大工会重新获得发展机会。经历了数十年的曲折发展和调整适应，工会坚持党的领导，将职工权益与发展作为工作导向，全心全意依靠教职员工，伴随着交大成长，焕发新的生机与活力。

第一节
召开第二、三、四届工代会

一、召开第二届工代会

1956年5月—1958年2月，交通大学召开第二届工代会，选举产生第二届工会委员会。在学校西迁过程中，校工会积极做好教职工思想工作，落实迁校工作的相关规定和要求，着力解决随迁家属的安置问题，有力保障了西迁任务的顺利完成。

1956年4月中旬起，工会开始进行新一届会员代表大会的准备工作。工会基层委员会召开三次扩大会议，研究会员代表大会的准备，并讨论工会两年工作规划及工作总结。各工会小组也普遍举行小组会，对工会两年工作规划、候选人名单进行讨论，并选举会员代表。

5月5日下午，举行第二届工会会员代表大会，到会代表226人。这次大会的任务及主要议程是听取并讨论基层委员会两年来工作的基本情况和今后任务的报告、讨论工会两年来的财务总结报告及1956年度预算、选举新一届基层委员会与经费审查委员会委员以及讨论通过1956—1957工会两年工作规划。上海市教育工会副主席樊春曦、校党委副书记邓旭初等出席大会并致辞，对会议的召开表示祝贺。

大会首先通过了主席团，由大会执行主席周玉坤致开幕词。周玉坤发言指出了这次会员代表大会的任务和意义，并预祝大会在发扬民主、发挥群众积极性的基础上取得成功。工会主席赵富鑫向大会作《关于工会两年来工作的基本情况和今后任务》的报告。报告中首先指出，本届工会自1954年4月成立以来，在上级工会与学校党委的领导及学校行政的支持下，工会工作较前有所进展，初步探索了围绕教学开展工会活动的经验，对于贯彻“面向教学”的工作方针，加强教育工作者之间的团结，协助行政自下而上地发动群众、搞好教学起了一定的推动作用；在社会活动、政治思想工作、生活福利、文娱体育等方面也做了不少工作，取得一定成绩。赵富鑫指出了工会两年来工作的不足：未能很好地发挥共产主义学校的作用，未能发挥党联系群众的“纽带”作用；在贯彻“教学、教育、生活”三位一体的方针方面宣传尚有不足；对工人的生活还缺乏应有关怀，工会的组织工作也很薄弱，小组生活不够健全等。最后，赵富鑫提出今后两年工会工作的基本任务。接着，蔡恩琼作工会财务工作的报告，总结两年来财务收支，并提出了1956年财务预算草案。1956年工会实际可计划支用经费为21 600元，其中1 000元作为托儿所、幼儿园的补贴，余20 600元分配比例是：职工业余教育费用15%；文艺活动方面费用18%；图书阅览费用12%；宣传鼓励费用10%；体育运动费用15%；工会行政费用30%。

随后，大会代表9人相继发言，发言中对工会总结报告及今后任务的计划表示同意，并提出了一些有关思想工作、组织工作以及生活福利工作等方面的意见。大会通过决议表示，要将大会精神向全体会员传达，在新的工会委员会领导下，提高热情，积极参加各项活动来贯彻大会决议。大会选举工会第二届基层委员会和经费审查委员会委员。赵富鑫等20人当选为基层委员会委员，陈贻桂等5人当选为经费审查委员会委员。

5月12日下午，工会第二届基层委员会举行第一次会议。会上讨论了基层委员的分工、工会工作要求、各个工作委员会的具体任务等问题。对新的工作要求，会议认为一方面应坚决贯彻工会工作两年规划中所提出的工作任务，同时建立并健全各工作委员会、部门委员会的组织，以顺利地开展工作。会议决定基础课程教研组单独成立部门委员会。

第二届工会委员会分工如下，赵富鑫任主席，周惠久、单基乾、周志诚、王哲生、曹洪谟任副主席。各工作委员会的组成是，顾逢时任业务委员会主任，朱城任副主任；周志诚兼任宣传委员会主任，夏寅荪、郑慧琴、唐立森、郑海蒂、洪朴云任副主任；屠善洁任组织委员会主任，林春润任副主任；季诚任生活福利委员会主任，李永熹、陈永安、杜宗谟任副主任；陈振祥任财务委员会主任。

在工代会准备期间，4月25日，工会举行周铭教授赴京参加全国先进生产者代表会议的欢送会。党委书记、校长彭康，副校长苏庄，党委副书记邓旭初，人事处处长林星，副教务长张鸿、黄席椿，工会主席赵富鑫等均出席了欢送会。

据《交大》校刊介绍，周铭获得全国先进生产者时已年近70岁，有丰富的教学经验，特别在有关实验技术及仪器制造方面造诣很深。由于年老体弱，周铭不再担任教学工作，但他仍为改进和制造仪器设备、提高学生实验教学质量而默默奉献。他了解到物理实验项目中缺少光学实验，就设法自己刻制了光学零件——光栅。这是一种很精巧的零件，周铭从磨刀开始，一直到具体刻制都亲自动手。开始时遇到些困难，刻出的光栅不均，但他并不灰心，多次改进刀具，最终刻制成功，解决了物理实验课的难题。此时，这些仪器市面上还没有出售，周铭刻制的这批产品便满足了同济大学、上海第一医学院等学校的要求。此后，周铭又根据实验课需要测量时间的精密仪器，设计出一种电控制的计时器——厘秒计，可以测量到1/100秒。很多学校和单位得此信息，也纷纷来信要求供应。周铭除了这些繁忙的业务工作之外，还积极参与政治学习和承担社会工作。

6月20日，校工会委员会举行扩大会议，讨论通过交大出席上海市教育工会第二次会议的代表共7人，分别是彭康、樊春曦、周志诚、蒋大宗、杭维寿、安维昭、徐鸿生。

二、召开第三届工代会

1958年2月—1961年11月，交通大学（上海部分）的工会召开第三次工代会，选举产生第三届工会委员会。校工会在发动会员投入教育改革、提高教学质量、开展政治学习、组织劳动锻炼和文体活动等方面发挥了积极作用。

交大西迁期间，交大（上海部分）的工会筹划举办第三届工会会员代表大会。1958年2月27日，校常委扩大会议决定，为了配合工会会员大会的召开，将春假提前到四月初，在此期间集中召开工会会员大会。

3月21日—4月4日，交大（上海部分）召开第三届工会会员代表大会。这次大会召开之际，正是社会上“大跃进”的热潮中，为此教职工怀着极大热情，情绪高昂，气氛热烈，发言踊跃，思想碰撞，真实地反映了那个时代的火热局面。3月21日举行的开幕式上，标语林立，锣鼓喧天，兄弟院校的工会代表到会祝贺，校团委的学生代表向大会献礼，会员代表杨槱、刘洪福等发言，汇报各工会小组的工作。中国教育工会上海市委员会代表吴衡槐发表祝词，希望交大继续依靠群众发动群众，充分发挥工会的组织性与战斗性，快马加鞭争取成为先进大学。第二届工会委员会副主席周志诚作基层工会工作报告，他介绍了自1957年9月以来，位于上海的交通大学、上海造船学院、南洋工学院三院合并为交大（上海部分）后，原交大及船院的两个工会基层组织合组了临时委员会，各部门委员会亦进行了适当的调整。在此期间，适逢党内开展整风运动，群众热情大大高涨，工会配合整风运动，帮助大家提高政治水平，充分发挥工会是工人阶级学习共产主义学校的作用。他代表工会号召全体会员，通过本次大会，学好马列主义理论，以十分认真的态度，投入社会主义建设热潮中，百花齐放、百家争鸣，使每个同志都能得到提高，使大会得到应有的收获。

会议期间，代表们围绕党委书记、校长彭康的讲话和工会报告进行了深刻的讨论。大家认为，本次工会大会的目的是解决学校的一个根本性问题——学校如何适应工农业生产全面大跃进，把教育与生产结合起来。为了使教育与生产更紧密的结合，学校一方面需要将生产中要解决的问题作为科研的对象，另一方面要在教学过程中使学生认识到自己的学习是为了将来的生产。教材要密切联系实际，多用现实例证，关心生产发展，同时纠正某些课程只强调自己的系统，不考虑各种专业的需要、相互脱节的现象。

交大

（上海）

1958年3月22日　本期六版　每份二分

第58期

交通大学上海部份校刊編輯室出版

地址：上海华山路一九五四号东十一宿舍　电話：370147—82 分机

一切为了培养工人阶

联系实际 結合生产 面

思想躍进 又紅又專 提高

我們向大会献礼

——工人部門委員会全体会員的保証書

为迎接全校工会会員大会的召开，我們决心以乘風破浪、生龙活虎的革命干勁，打破常規来保証做到：

四勤：（一）收集各种廢品勤；（二）清潔衛生搞得勤；（三）全校物資搬运勤；（四）文件書信轉送勤。

七好：（一）完成任务好；（二）服务态度好；（三）互助团結好；（四）鍛煉身体好；（五）爱护公物好；（六）文化学習好；（七）遵守劳动紀律好。

八保：（一）保証随时見到六害随时打；（二）保証我們的家属应回乡生产的尽量动員回乡生产；（三）保証洗全部公家的衣服及一切物件；（四）关心宿舍教室無明灯过夜；（五）保証全校無一只水龙头漏水；（六）保护全校綠化99%都是活的；（七）包干全校車輛自行修理（汽車自行車拖車）；（八）將全校可燒的垃圾运到老虎灶去燒，为国家节省煤，据目前用量降低一倍。

加速培养工人阶級知識分子赶上生产大躍进

工会大会昨天隆重开幕

交通大学（上海部分）工会全体大会于昨日下午一时半在大礼堂隆重开幕，这次大会正如同大会执行主席周志久同志所說：“我們这个大会是在全国社会主义大躍进的新形势下和我校双反运动取得偉大胜利的基礎上召开的。”因之就显得有其更重要的意义和任务了。

主席台旁的兩幅对联上写着：思想躍进、又紅又專、提高教学、开展科研，联系实际、結合生产、面向学生、全面負責。一共32个字，充分表明了这次召开工会大会所应担負和貫徹执行的任务。会議要求全体会員通过比干勁，比思想，比工作，比学習，比方法，来达到共同的提高，使我們的大学形成一个先进的社会主义大学。

会議在隆隆的爆竹声中，展开了青春的朝气与活力，全场兩千多教职員工的心沸騰起来了，誰都压抑不住自己的激情，代表2百多工友的孙廷瑛同志在發言中响亮地提出，他們要用四勤、七好、八保的工作干勁来作为对大会的献礼，来进一步显示工人阶級的力量。修配厂部門委員会的代表也不甘示弱的提出要拿出創造奇迹的勁头，为学校培养又紅又專的工人阶級知識分子而貢献一切力量。接着全体厨工同志的代表也向大会提出了25条保証，他們的口号是要使大家吃得舒服、滿意。

在会議进程中，主席团不断地收到各兄弟学校的賀信与祝辞，特别是我校共青团委員会的祝賀，他們特地帶着团代大会的保証書来向大会献礼，他們保証为做又紅又專的工人阶級知識分子而付出全部力量。为堅决貫徹勤工儉学、半工半讀而鼓起最大的干勁。

会議听取了工会主席周志誠同志所作基層工会工作报告（全文另發），接着彭康校長代表党委和行政向大会作了报告（全文另發）。

繼經久不息的掌声和爆鼓喧天的响音之后，緊随着是大会發言，發言的有楊稝副教务長（發言摘要另發），及修配厂刘洪顯同志，都一致同意周志誠主席的工作报告与彭康校長的指示，并結合各部門的工作向大会作了整改与躍进的工作报告。

会議还听取了中国教育工会上海市委会代表吳衡橈同志的發言：他指示我們应該在已取得的成績上，再接再厉一馬当先，依靠群众發动群众，充分地發揮工会的組織性与战斗性。最后他希望交大能快馬加鞭争取成为先进大学。自始至終，整个会場都充滿了干勁。大会將进行整整四天，今天大会將进行發言和小組討論。

彭康校長昨日在工会大会上的講話

同志們：

首先請讓我代表党委和行政向大会祝賀；同时也讓我代表党委和行政作檢討。过去从党委来講帮助工会进行工作不夠，行政上很好运用工会組織發揮它的积極性也是不夠的。现在特在这里表示今后要好好改进。

现在一方面會报行政工作，一方面对大会提出希望。

我校面对整風与双反从各方……在大躍进，我們工科大学也应培养出在数量与質量上滿足生产大躍进的需要的干部，也就是說要我們培养更多更好的干部。要更多更好，就是要我們很好發揮潜力，以更少的时間、人力、物力和錢来办好我們的学校。要培养出更好的干部即要培养出又紅又專的干部，也就是說要把我們的辦學工作来个改变，这首先就要……問題注意不夠。要提高業务水平，只注意多讀几本書，而沒有注意解决国家建設中的实际問題。腦力劳动与体力劳动相結合的問題也沒解决，有很多問題自己不会动手，也不願动手。輕視体力劳动、劳动人民，不能和劳动人民打成一片。同时各人各自为政，沒有合作沒有协作，有时不但不能發揮更大作用，而且使得力量……采取群众路綫的方法来办好我們社会主义大学。我們希望工会在这方面能發揮作用，使大家在这方面有个躍进。

我們要办社会主义大学，培养工人阶級知識，理論联系实际就必须貫徹教学結合生产的方針。要貫徹勤儉办学，不仅利用现有設备为国家增产財富，而且要在教学計划里使体力劳动与腦……

图2-1　1958年3月21日交通大学（上海部分）召开工会全体大会

22日起，工会大会进入了“百花争艳，各有千秋”的发言阶段，举行了多场大会发言，会员们就交大培养的学生应成为“实践与理论相结合，教授、工程师、科学家三位一体型人才”展开了大讨论。大会发言者有电气机车教研组主任许应期、船制系代副系主任杨代盛、船舶锅炉教研组樊应观、机制工艺教研组主任顾崇衔、船舶内燃机教研组主任李渤仲、体育教研组主任葛衢康、电器教研组吴建中、金相教研组胡赓祥、船电教研组徐记良、膳务科程知行等。其中，机制工艺教研组主任顾崇衔在大会上发表了“学先进，赶先进，让我们的干劲愈加旺盛”的主题报告，他表示机制工艺教研组尽管人数减少，工作任务加重，但教研组的职工们仍旧干劲十足。他表示，要“在学习兄弟教研组的先进经验下，特别是通过这一次工会大会，虚心学习先进的措施、先进的方法，使我们的干劲更加旺盛，挖掘潜力、改进方法，以实际行动贯彻党委提出的号召，全体同志要并肩前进，一切为着培养工人阶级知识分子而努力”。4月4日，第三届工会会员代表大会举行闭幕式。会上，与会代表继续就教学结合生产的议题发言，罗孝威、李渤仲、裘益钟、庄礼庭、金悫、徐兴华、薛绍清、程鸿炳、沈诚、王益志、张钟俊等20余人发表了自己的观点。船制系副教授林宏铨报告了前往农村蹲点，参加农业生产与劳动锻炼的体会。副校长陈石英兼任学校勤工俭学委员会主任，他就学生的勤工俭学问题发表讲话时指出，要大力推行勤工俭学，在推行的同时也能提高教学质量。首先，通过勤工俭学可以提高教学人员和学生的政治思想水平，对教学质量起促进而不是促退的作用；其次，可以使脑力劳动更好地结合体力劳动；再次，可以使知识分子与工农之间的区别隔阂逐步消灭；最后，从经济效果上看，不但可以大大节约办学的经费，还能养成勤俭朴实的优良风气。可以说是一举四得。

中共上海市委教育卫生工作部副部长舒文听取了3日的大会发言，在代表发言后，他讲话指出，许多同志的发言有材料有观点，所提出的问题都值得讨论研究，希望通过正反意见的充分争论，把问题讨论透彻。在理论联系实际的问题上，我们反对理论脱离实际，也反对实际脱离理论，不是仅要理论或是仅要实际，而是主张理论联系实际。为此，现在就有必要分析一下教学状况，有哪些是脱离实际的，在培养青年教师中主要倾向是什么，老教师在教学工作中主要倾向是什么？通过分析情况找出改进途径，目的是为了提高教学质量。

高教局李向群副局长在4日的闭幕式上发表讲话指出，大会所提出口号很鲜明，鼓起干劲，学先进、比先进、赶先进、向红专挺进，要理论联系实际，教学结合生产，完成教学革新。希望大家都要理论联系实际，多参加生产实践。但不仅是实践，而且要提高到理论，我们现在主要的倾向是理论脱离实践。希望交大进一步讨论，围绕教学展开批评与自我批评，更好贯彻团结—批评—团结的精神，彻底打破思想顾虑。现在上海工科性大学已开展评比，希望交大能树立旗帜，共同努力，成为高等学校的先进单位，成为其他学校的学习榜样。

党委书记、校长彭康参加了开幕式和闭幕式，并先后两次讲话，对学校工作和工会工作作出指示，并就大会代表们热烈讨论的问题进行了科学总结。

在开幕式上，彭康首先代表党委和行政向大会祝贺。他向大会报告了学校的主要工作，对广大教职工的成绩予以肯定，"教师们很积极，老教师都亲自开课，教师都下实验室，满足了教学上的需要。同时在教学内容与教学法上都准备改进，有的已有所改进。教研组加强了领导，发挥了集体作用，大家更关心教研组的工作。我们现在要搞生产，教育结合生产已开始，不仅各教学实验室在这样做，工人同志们也发挥了积极性，实习工厂、修配厂的劳动纪律更好了，出勤率也高了。职员方面工作效率也有提高，正在想办法改进工作"。他希望会员们"要站在工人阶级立场，努力学习马克思列宁主义，以此作为我们工作、生活的指导思想，以此贯彻到各方面，贯彻到教学与科研工作中去，只有这样才能培养出又红又专的工人阶级知识分子"。最后，他代表党委提出今后的努力目标："思想跃进，又红又专，提高教学，开展科研，联系实际，结合生产，面向学生，全面负责，一切为着培养工人阶级知识分子。"希望工会组织的所有会员充分发挥积极性，努力来达到这样一个目标。

在闭幕式上，彭康针对大会讨论中出现的争论意见再次发表讲话指出：我们这次工会会员大会，对以教学结合生产为纲革新教学、改进科研的问题进行了广泛的讨论。一周来，在讨论过程中，提出了许多问题，这对改进教学工作很有好处。这次会开得很好。教学结合生产是革新教学，也就是具体贯彻理论联系实际的关键。我们的任务是培养又红又专的工人阶级知识分子，因此在教学工作上必须贯彻这一方针。在这次讨论中大家对教学结合生产、理论联系实际取得了一致见解，但如何具体贯彻这一方针，还有着不同的意见、不同的看法。这很好，还可以进一步讨论。

彭康针对理论和实践的关系作了深刻阐述。他说：什么是理论？所谓理论就是要联系实际、解决实际问题，理论是从经验总结出来而又指导实践的，因此先理论后实际、先实际后理论或先以潜理论为主、实践次之，这样将问题截然分为先后主次的看法，实质上是不符合辩证唯物论的认识论的。书本知识既不是从天上掉下来的，又不是单凭人们头脑臆造出来的，而是从感性知识到理性知识，经过分析研究、推理总结出来的。就我们工科大学来说，实行勤工俭学，教学结合生产，是否就不要理论知识了呢？是不是就在培养技工呢？当然不是，我们培养的目标仍然是为社会主义建设服务的高级知识人才。教学结合生产，目的在于促进社会生产的发展，使教学和科学研究解决生产上所发生的实际问题。通过对实际问题的解决，改进技术，进一步促使生产力的发展。因此学生在学习期间，除授以基础理论知识外，还要训练其实际技能，并使之了解社会主义方针、技术政策以及国家生产需求，这样学生毕业后很快就能掌握工作。所以我们的理论教育必须与生产建设密切结合起来，使学生除用脑外，还要用手，做到手脑并重，这样才能更好地领会我们的理论，能很快地胜任工作。

周志诚作结束语指出，大会开展充分讨论，虽然尚有分歧，对理论联系实际、教学结合生产的原则取得一致意见，会后可在贯彻大会精神同时继续进行讨论。

本次大会选举产生了第三届工会委员会，由周志诚等12人组成，下设组织、业务、财务、文体、女工、福利等6个工作委员会，并产生了新一届经费审查委员会。4月12日，第三届工会委员会举行第一次全体会议，一致同意周志诚任工会主席，王希季、于邦卿、李心平、朱士亮任工会副主席。1961年1月，增补陈广文为专职副主席。

周志诚（1908—1998），浙江杭州人，工业管理工程学专家；九三学社会员。1930年毕业于复旦大学。1942年曾赴印度、缅甸承办抗战物资工作。1946年获美国宾夕法尼亚大学沃顿管理学院硕士。回国后，曾受聘于交通大学、复旦大学，从事工业企业管理工程的教学、科研工作；曾任交通大学、上海交通大学工会第三、四、五届主席（1958.4—

1983.11)。1979年后，任上海交大工业管理工程系主任、管理学院顾问等；历任中国机械工程学会管理研究会理事长、上海技术经济和管理现代化研究会副理事长等。

三、召开第四届工代会

1961年11月—1978年11月，上海交大工会召开第四次工代会，选举产生第四届工会委员会。校工会积极推动贯彻落实“高教六十条”、继续做好福利工作，开展文娱活动。“文革”期间校工会停止工作。“文革”结束后，1978年11月，校工会举行第四届工会委员会恢复会议，标志着交大工会恢复正常工作。

1961年，中共中央作出“调整、巩固、充实、提高”的八字方针。2月，决定上海交通大学划归国防科委领导，同时受教育部及上海市委领导。

9月，中央批准《教育部直属高等学校暂行工作条例（草案）》（“高教六十条”）。11月3日，学校接到中央文件后立即举行会议传达，党委副书记余仁宣讲，广大教职工热烈展开讨论。接着，“高教六十条”在全校传达，各系、教研组多次组织教师座谈讨论，加深对于条例的学习和理解，并根据中央的要求听取大家意见。教师们在发言中一致肯定了新中国成立以来高等教育取得的巨大成绩。大家认为，十多年来已经“建立了700多所新的高等院校和新的专业，师资培养速度也很快”。大家一致拥护“高教六十条”对于教学制度、教学秩序实行严格管理的规定，认为这是提高教学质量的基本保证；同时，大家又对“教育革命”中出现的混乱状况提出了批评。在学习讨论“高教六十条”的基础上，学校提出“教学为主、质量第一、全面安排”的原则，总结办学经验和特色，稳定教学秩序，不断提高教育、教学质量，并制定校内的教学规范《关于教学工作中若干具体问题的规定（讨论稿）》（即“教学十七条”）。

与此同时，学校召开第四届工会会员大会，这也是自分设两校以来上海交大的第一次工会会员代表大会。在大会上，学校坚决执行中央决定，明确提出办学总任务是“为国防工业服务，以造船为中心，军用为主，过渡时期可以军民兼顾”。11月17日，工会会员代表大会举行开幕式，为认真贯彻“高校六十条”创造条件是大会的主题，周志诚代表上一届工会委员会作工会工作报告。大会听取并批准了基层委员会的工作报告，选举产生第四届工会委员会委员35人。周志诚任主席，朱士亮、陈广文（专职）、李心平、夏安世任副主席。

12月1日，校工代会、学代会举办联合会议，党委副书记余仁到会作了关于学校工作方针任务的报告。余仁代表校党委向工代会、学代会的召开表示热烈祝贺。他指出，本次会议要认真学习、讨论“高教六十条”。这个文件是新中国成立12年来教育工作的总结，特别是近3年来实施教育革命的教育经验，从原则到具体，总结了过去的经验教训。余仁指出，高等学校的基本任务是贯彻党的教育方针，培养人才为社会主义建设服务。这个问题在许多同志的思想中明确起来了。在处理政治和业务的关系上，要坚持政治第一，但不能因政治第一而以政治代替业务；反之，也不应以业务代替政治。社会主义建设需要大量的专家，没有千百万专家是不能建设社会主义的。教师把工程技术课程教好即是完成政治任务；学生学好课程也是完成政治任务。这是党交给我们的政治任务。有些同学将政治与业务对立起来，认为两者不能兼顾。余仁引用陈毅同志的讲话，即专业是有政治的，脱离政治是危险的；但只注意政治而不顾业务也是危险的。使自己的火箭上天、原子弹爆炸，这是最大的政治。这些武器掌握在人民手中即成为保卫和平、保卫社会主义的武器。余仁还结合学校的工作分别对教工和学生提出了不同的要求。他着重讲到，必须做好知识分子工作。我们贯彻团结、教育、改造政策，当前要进一步发挥知识分子积极性为社会主义建设服务。他还对工会工作提出了具体要求，要继续做好福利工作，关心职工家属，调动人的积极性。最后，他希望全校师生员工在党中央、市委的领导下，团结奋斗，成为又红又专的建设人才。

第二节
西迁过程中的交大工会

一、交大西迁拉开帷幕

1955年，国际形势较为紧张。第一个五年计划确定把工业布局的重点放在内地，重要工矿企业内迁。同时根据全国工业布局和国防建设需要，对高等学校布局进行调整，沿海地区有关高等学校也要内迁。3月30日，高等教育部根据中央方针，提出并上报国务院《关于沿海城市高等学校1955年基本建设任务处理方案的报告》，决定将交通大学机械、电机等专业迁至西北设交通大学分校，并准备在2～3年内全部迁出。4月初，高教部部务会议文件《1955年到1957年高等学校院系调整及新建学校计划（草案）》明确提出："将交通大学内迁西安，于1955年在西安开始基本建设，自1956年起分批内迁，最大发展规模为12 000人。"7月21日，高教部正式发文通知交通大学："经我部研究并经国务院批准，决定你校自1956年开始内迁西安，并提前于1955年开始进行基本建设工作。"

1955年4月9日，党委书记、校长彭康已接高教部电话通知，迅即在校党委会议和校务委员会会议上传达中央指示精神和迁校西安的决定。5月，彭康与副教务长朱物华、总务长任梦林及程孝刚、周志宏、钟兆琳、朱麟五等老教授一行赴西安近郊勘察新校址选址，最后选定和平门外、东南近郊的皇甫庄一地块作为校址。5月25日，校务委员会召开扩大会议，讨论执行中央关于交大迁校的决定，通过《交大校务委员会关于迁校问题的决定》，提出要在两年内基本完成迁校任务，1955年和1956年入学班以及该等班级的教师和职工于1956学年度起在西安新址进行教学，其余的师生员工于1957年暑假前基本上完成搬迁任务。

9月24日，学校正式成立交通大学迁校委员会，由副校长陈石英任主任委员，教务长陈大燮、总务长任梦林任副主任委员；工会主席赵富鑫是迁校委员会成员。校党委、行政成立由苏庄、邓旭初和任梦林组成的领导小组，统一领导全校搬迁工作。11月24日，校务委员会讨论通过《交通大学迁校方案》(以下简称《方案》)。《方案》共有十个部分，涵盖计划迁移的教师、学生、职工及工友人数，还规定了迁校的日期、步骤和工作进程及迁校中的宣传工作，并计划于1956年在西安新址招收第一届学生。

1956年1月，由副校长苏庄任团长，工会主席赵富鑫、校办主任邓旭初[1]为副团长，全校教师、学生、职员、工人、工会、团委和家属会代表共33人组成的“交通大学西北访问团”，赴西北参观当地的工业建设、城市规划和文化教育情况，重点考察了西安新校舍、新环境的总体布局。回校后访问团成员分别向全校教职工、家属和学生作报告并介绍参观情况，推动了迁校工作的进展。

根据迁校方案的部署，1956年暑假，交大成功完成了第一批搬迁工作。9月初，西安部分共有2 133名新生报到。1956年秋，交通大学在西安有一年

图2-2　1956年1月师生代表53人组成的交大西北访问团由苏庄副校长带队启程前往西安

图2-3　1956年设备装箱准备运往西安

1　1955年三四月间交大西迁工作启动后，邓旭初的职务调整为校党委副书记。

级新生和上海迁来的二年级学生共3 906人；教职工815人，其中教师243人。至此，交大首批迁校工作顺利完成。

二、工会积极支持西迁工作

随着西迁工作的展开，工会作为学校的群众组织，始终积极支持学校西迁工作。校工会发动各系分会在会员中学习发动，落实迁校的有关规定和要求，广泛听取会员的意见和建议。当时，大家反映最大的还是集中在生活保障方面，毕竟上海和西安相距遥远，在自然环境、生活条件、饮食结构、风俗习惯等都存在重大差异，大家最为关心的衣食住行、一日三餐谁都心中无数，对于拖家带口前往异域他乡能否适应都心存疑虑。这些意见反映出来，引起学校领导重视。彭康多次对承担西迁筹备工作的部门提出要求，一定要十分关注并安排好西迁教工和家属的生活起居。据当时的总务长任梦林回忆道，彭康校长带领大家勘察校址时就曾提出，看来师生员工的生活问题，如理发、做衣服等不好解决，靠跑城里恐怕不行，后来又提出了许多建议。于是总务部门想出了许多办法，尽量满足师生们生活上的各项需求，在上海市政府的动员与协调下，理发、缝纫、洗染、修鞋、煤球厂等行业的技术工人随校迁来西安。同时，学校还报告教育部商请两地人事部门解决随迁家属的工作调动事宜，尤其着重解决教职员工的子女入学、婴孩保育、日用采购等问题，以解后顾之忧。许多西迁教工回忆道，乘火车到了西安，直接来到新落成的家属宿舍，一走进家门，从上海运来的家居物品已经摆放得整整齐齐，食堂供应许多南方口味的菜肴，住宅区里的商业合作社有蔬菜部、百货部、洗衣部等，和在上海一样方便。从中可以看出，为了保证西迁的顺利完成，学校领导与职能部门付出了辛勤努力，许多工会干部也花费了不少心血。

在西迁过程中，工会努力创造条件，丰富教职工的业余文娱生活。1956年6月20日，工会基层委员会举行扩大会议，讨论并通过了本年度暑期工作计划。由于迁校任务重，要求充分发挥现有力量，充实暑假活动内容，以达到消除疲劳、加强团结并收到一定思想教育效果的目的。暑期主要活动分为三部分：其一为旅行参观，组织教工参观本市工厂、农村及先进生产者展览会，拟组织教工100—200人赴青岛旅行；其二为组织各种文化休息活动，在校内开辟教工俱乐部、草坪俱乐部，组织高级知识分了前往市文化俱乐部活动，邀请专业剧团及教工汇演中的优秀节目来校表演，组织赴西安教工联欢会，组织教工浦江夜游及教工子女夏令营等；其三为举行教工休养活动，拟组织高级知识分子75人赴杭州休养；组织部分教职工到市教育工会疗养院休养等。此外，工会也十分重视文娱生活，例如在乐器方面，除了整修原有的许多乐器外，又拨出了4 000元经费购买了小号、黑管、手风琴、大小鼓等十余件乐器；同时成立国乐、西乐、钢琴、手风琴、舞蹈等社团，其中钢琴、手风琴、西乐等社团聘请了专业教员指导。截至1956年末，参加各类社团的教职工已有近百人。此外，组织了各类运动队，如网球队、游泳队、排球队等。

1956年，国家实行工资改革，交大工会在工资改革中发挥了宣传教育和协助执行的作用。根据《国务院关于工资改革的决定》和高等教育部的指示，工资改革将采用12种发放标准，并实行货币工资制，在增加工资的基础上重新评定教职工级别。工会主要开展了两项工作：一方面，通过“工会生活”油印刊物，把工资改革工作的方针、政策、原则进行解释，要求会员以正确的态度积极地参加工资改革工作。为了做好广泛的宣传解释工作，工会举行了小组长以上干部会议，邀请了人事处处长就工资改革方针政策、高等学校工资改革具体内容、本校工资改革工作准备情况等情况进行报告。另一方面，工会设立工资改革接待室，由基层工会主席等20位成员组成。自工资初步方案公布的第二次日起，接待室即开始工作，短短10天内接待受理了80余位教师、职员、教辅、技工学徒、勤杂员工等的意见。对于这些意见，工会均在工资改革委员会的会议上提出讨论和调整。最终，保证了工资改革圆满完成。据统计，此次参加工资改革的教职员工共1 514人，其中教师524人，职员

426人，工人309人，技工141人，教学辅助人员98人，业余中小学16人。按照工资性质的不同，共采用12种工资标准。总的增资额为20 219.86元，占工资总额的20.08%；其中教师增加26.64%，职员增加12.5%，工人增加4.13%，技工增加18.2%，教辅增加21.9%。工会在工资改革中所做的工作成为学校行政部门的重要参考，在工资改革中发挥了重要作用。

同年，全校校办工厂的工人开展劳动竞赛，校行政和工会共同组成评优委员会进行评选。在参加评优的184人中有87人被分别评出四个等级的优胜工人、两个等级优胜小组。11月17日，学校举行工人劳动竞赛颁奖大会，分别给优胜者授予奖旗、奖金、奖品等。

这一年，浙江、安徽、河南、湖北等地遭受严重的风灾和水灾。为表达广大群众爱国爱民的意愿，校工会发动会员和家属在自愿的原则下捐献寒衣，支援灾区人民。从10月15日—11月2日已有捐献者440人，共募得各种寒衣1 958件、寒衣代金437元，充分表现了交大会员对灾区同胞深厚的同情，涌现出不少动人事迹。顾逢时在捐献第一天就携带棉衣、棉被送到工会办公室；聂光墀带着40元前来捐献，并说："今天领到薪金，尽我的力量捐献此款，使灾区同胞能得到一份温暖。"顾崇衔在外地指导实习，特地写信委托其他同志领了薪水代为捐献。像这样的事例是很多的。校工会将所募捐衣物、代金等分别送交中国人民救济总会上海分会徐汇区募捐寒衣救济灾民办公室和中国人民银行上海分行徐汇区办事处。

三、西迁任务完成

在西迁进行过程中，党中央在全党开展整风运动，以解决党内外出现的新问题。交大师生中一度出现了关于西迁的不同意见。1957年4月，为了统一教职工的意见，工会在文治堂召开会员大会，就西迁问题展开讨论，连续举行7天。就学校是否应该西迁、应该怎样西迁等问题，会员们各抒己见，畅所欲言，充分地、自由地表达各种意见。学校把大家的意见整理汇总，上报有关部门，引起了中央的重视。6月初，国务院总理周恩来亲自主持座谈会，听取各方面意见，提出了解决交大西迁问题的基本原则与具体办法。经过反复讨论，大家基本明确了支援西北工业基地建设是交大西迁的重要原则。7月，西安市教育工会为交大全体教工写了一封公开信。信中对交大在西迁过程中克服了种种困难并仍能维持正常教学工作表示了深切的关怀和慰问，并提到："交大前来西安，对西安以及西北地区的建设有莫大的作用，而交大的工会工作的经验也值得西安各高等院校学习。"9月，国务院决定，同意交通大学分设两地办学的方案，交大分别设立上海部分、西安部分；其中上海造船学院、南洋工学院（筹）并入交大（上海部分）。方案指出：西安部分的任务是完整地设置机电方面的主要专业，同时逐步添设新技术和理科方面的专业，最终发展为理工类大学；上海部分的任务是，办好原有的机电各专业，在已有学科的基础上着重提高教学质量。

9月末，为庆祝国庆，工会和学生会为全校师生员工精心筹备了庆祝活动。例如，工会和学生会共同组织了联谊活动、交谊舞会、放映电影，并邀请上海京剧院来学校演出，力图保证教职工西迁过程中，仍能在业余时间放松身心。

1959年7月，国务院决定，交通大学上海、西安两个部分分别独立成为上海交通大学和西安交通大学。同年，两所交通大学都已被确定为全国重点大学。不久，上级分别任命谢邦治为上海交大党委书记兼校长，彭康为西安交大党委书记兼校长。

至此，历时四年的交大西迁工作终于尘埃落定。在交大西迁过程中，为了响应党的号召，支援国家社会主义建设，交大师生经受了各种考验，克服了重重困难，有些老教授、老教工做出了重大牺牲，爱国奉献，无怨无悔，凝聚出著名的"西迁精神"。习近平总书记曾指出："'西迁精神'的核心是爱国主义，精髓是听党指挥跟党走，与党和国家、与民族和人民同呼吸、共命运，具有深刻现实意义和历史意义。""西迁精神"是交大人的共同财富，将永远激励交大人在创建世界一流大学的道路上勇往直前。

第三节 工会推进学校教育工作

一、发动会员投入“教育革命”

1957年，在迁校工作开展得如火如荼之际，学校也开始进行整风运动。1957年2月27日，毛主席发表了《关于正确处理人民内部矛盾的问题》，拉开了全国整风运动的序幕。学校提出今后长期任务是提高教学质量，为此要开展科学研究；学习苏联要与中国实际相结合；要大胆创造，主要专业课的教材要自己编写。全校中心工作是动员一切力量为胜利完成迁校任务而努力。

7月10日，校党委邀请九三学社、民盟的负责人和基层工会正副主席召开联席会议，座谈整风和迁校的工作。党委副书记邓旭初发表讲话，他指出，关于迁校问题，目前主要是全面贯彻新的迁校方案，这个方案的实现必须依靠全校同志的努力。对于当前的整风运动和“反右派”斗争，我们要努力学习毛主席的《关于正确处理人民内部矛盾的问题》、周总理的《政府工作报告》等有关文件，提高认识水平。在讨论迁校问题时，不应该认为反对迁校的就是右派分子，应当以《关于正确处理人民内部矛盾的问题》中所提出的六项标准来衡量和作全面的分析。会上，与会者对于怎样理解六项标准、如何使学习深入及组织领导等问题发表了意见。

9月，根据高教部等有关部门的决定，交大（上海部分）和上海造船学院、南洋工学院合并，这一措施既贯彻了国家加强内地，以最大的可能支持西北工业建设，也照顾了上海的需要；既有利于交通大学内部的团结，也可以充分发挥交通大学现有的师资力量，进一步扩大和充实高等教育事业。校工会根据三校合并后的具体状况，及时调整工会委员会的组成人员，继续发挥工会的桥梁纽带作用，号召会员加强团结，要求有关基层部门工会事先做好联系交流，友好团结，互相合作，广泛举行联欢会，对合并工作的顺利进行起了一定的作用。

11月10日，校党委召开工会干部会议讨论整改问题。工会副主席夏安世和工会办公室主任王黎发言认为，目前工会会员较多，工会号召所有会员积极参加整改，基层工会委员会将召开有关会议，专门研究如何配合整改工作的问题。校党委副书记胡辛人则表示工会组织需要研究群众提出的各种意见改进工会工作。

12月，中国工会召开第八次全国代表大会，全面总结了第一个五年计划期间在经济建设和文化建设上工会工作的经验。工会工作报告指出，“工会会员中有教育工作者、科学技术工作者，我们是社会主义建设不可缺少的力量，我们是工人阶级的一个组成部分。”中国教育工会主席吴玉章也在大会发言中指出，教育工会正是教育科学工作者进行自我教育、自我改造的群众组织。交大工会组织工会会员学习大会精神，大家表示，要在党的领导下，将工会组织首先改造成为一个真正为教育工作者自我教育的共产主义学校；还要做好各方面的工作，如协助行政办好社会主义的工科大学，帮助大家交流经验，提高业务，调节人民内部矛盾等，这些都必须主动发挥工会应有的作用。

1958年1月，教职工大会在交通大学（上海部分）举行，工会主席周志诚汇报了工会参与整改的过程与取得的效果。在宣传教育及组织生活方面，工会协同党委对会员进行社会主义思想教育，并对学习情况进行检查。在业务工作方面，如何在大专院校开展工作仍处于摸索阶段，从下学期起，各部门委员会将每学期开1～2次业务会议，主要内容为协同行政澄清一些问题或交流经验；教师可进行教学方法、工作量制度执行的意见交流等。在生活福利方面，今后将主要负责会员的贷款，会员补助费则由行政及工会组织委员会审查改由行政发放。在文娱体育方面，为解决文娱活动单调且质量差的状况，已购入一台大型放映机，进一步整顿监票人员以维护观影秩序；同时与体育协会协商，增强力量加强体育场馆的管理。在财务经费方面，自下学期起，按照会费收入的60%向会员下放会费，并要求各部门将会费不要单纯用在茶点或电影中，应当多用在业务、文体方面；校工会也对会费收入进行了规划，即20%上缴，20%用作困难补助费，60%下放或充当基层经费，会费为会员工资的1%；今后将每三个月对外公布财务收支状况。在工会组织方面，将于本年4月末进行一次彻底的整理。

在1958年3月举行的工会代表大会上，把教育改革的任务和方法作为一项重要的议题。大家就“教授、工程师、科学家三位一体型人才”展开激烈的讨论。船舶锅炉组樊应观提出工业大学的专业教师应当是“教授、工程师、科学家”三位一体的，教师要进行教学工作，要能参加实际生产，也要进行科研工作。船舶蒸汽机教研组贺亚科不同意三位一体的看法，认为这种做法不符合我国教师的实际情况。电器教研组吴健中则认为三位一体完全有可能做到，认为这是我们努力的方向。船动系范恂如不同意樊、吴二人的意见，认为三位一体的要求是脱离实际、是困难的。工会会员们在大会上畅所欲言，碰撞出激烈的知识火花，投身教育大革命中。工会主席周志诚代表工会鼓励全校师生落实国家的教育方针，他表示“1958—1959年是党的教育方针取得伟大胜利的两年……工会的各位会员要提高政治自觉性，认真学习，联系实际，使我们在思想上向党看齐，把自己改造成为一个又红又专的知识分子，为我国培养出优秀的技术干部而奋斗”。

副教务长杨槱在发言中，结合教师们在教学改革大讨论中提出的意见，总结出14条经验做法，其中主要有：① 贯彻全面负责制，教师要做到管红管专，管教管学。教师要密切联系学生，主讲教师兼辅导工作，了解学生们学习上的困难，经常掌握每个学生的学习情况。主讲教师统一掌握各教学环节，专业课建立教学法小组，基础课以主讲教师为主、与辅导教师共同解决教学中的问题。② 加强培养工农调干生，安排优秀教师辅导，每周要增加一至二次辅导时间，保证一年内学习成绩大幅度提高。③ 保证授课质量，所有课程的讲课内容必须符合大纲的要求，并使绝大多数学生能够接受与消化。选配优秀教师上课，必要时合并大班；实行集体备课，研究教学内容和方法。保证教学进度，普遍进行检查性听课。推广用普通话进行教学，全校教师一年内要普及普通话。④ 加快教材编写，选定适用教科书或1～2年内编出讲义，争取在3～5年内提高教材质量，编写出反映最新科学成就、结合中国实际的自编教材。⑤ 制订全部专业教学计划，并在二年内编制完成全部较高质量的教学文件，包括：教学法指导书、设计指导书、实验指示书、生产实习指示书、习题集等。⑥ 结合勤工俭学，加强学生生产技能的训练。一年级利用暑期在本校工厂进行操作；二年级自本学期第六周开始轮流进行两周工厂操作；三年级以上，延长生产实习时间，在生产实习中增加操作时间。⑦ 提高实验课质量，教师亲自带实验，动手改进实验；实验课前实行预问制；低年级实验有计划地训练操作技能，逐步放手；三年级以上逐步提高学生实验能力，实行学生自选仪表、自接线路、自行操作。⑧ 上好习题课，加强个别辅导：教师必须根据学生作业及复习情况，针对存在的问题举办习题课，事先公布习题课内容；加强个别辅导，首先特别辅助工农生，其次对优秀生及有困难学生的辅导。⑨ 生产实习必须由教师亲自领导，培养学生独立工作和动手操作能力。⑩ 积极准备毕业设计。通过总结经验，对缺乏经验的教师进行系统培训，提早确定并公布设计题目及指导教师，便于及早准备；毕业设计题应多样化，并多注意结合生产实际；毕业设计应与课程内容密切配合，并加强学生独立工作能力。为提高设计质量，可考虑建立设计室接受生产任务，训练师资，锻炼学生。⑪ 教学中必须充分利用教具，争取在二年内能积累一套教具及其使用经验；各专业的陈列室一律开放，各教学大楼走廊、教室布置陈列教具。⑫ 改革考核法，实行不定期小测验，要求于年内各教研组都要总结积累经验。⑬ 改善排课，减少拖堂现象，教师必须做到按时上课、不拖时长、遵从整体。⑭ 加强教研组的集体主义精神，一律建立教学业务统一的领导核心，提倡“以教研组为家”。

这些意见，集中体现了老交大的教学传统，在教师中引起了极大反响，成为大家努力提高教育教学质量的基本遵循。

5月，党的八大二次会议制定了“鼓足干劲、力争上游、多快好省地建设

第2版 交大 1958.3.22

教育者必先受教育

联系实际，积极投入思想改造运动

——工会主席周志诚同志的工会工作总结报告——

办好社会主义大学 培养工人阶級知識分子

——改进教学工作的行动规划(草案)——

杨槱副教务长在会上的报告

图2-4 在1958年3月21日举行的工会全体大会上，周志诚、杨槱作报告

社会主义”的总路线，反映了党和广大人民群众迫切要求改变我国经济文化落后状况的普遍愿望，但违背了经济建设所必须遵循的客观规律。接着，出现了“大跃进”运动和人民公社化，工业方面掀起大炼钢铁的群众运动，农业方面引发了严重的浮夸风等现象。9月，中共中央、国务院发布《关于教育工作的指示》，明确提出“党的教育工作方针是教育为无产阶级政治服务，教育与生产劳动相结合”，号召进行教育大革命，争取15年内普及高等教育。在“大跃进”浪潮的推动下，教育改革成为1958—1960年间高校各项工作的中心。

二、在教学科研中建功立业

1959年1月，中共中央召开会议总结教育工作，明确了今年教育工作的方针是巩固、调整和提高，并在此基础上有重点地发展。为进一步加强大学建设，上海交大校务委员会通过了《1959年上海交通大学规划》，强调本年的中心任务是“巩固、发展教育革命的成果，切实贯彻上海市委提出的‘教好、学好、劳动好、安排好’方针，提高教学质量”。3月7日，学校召开全校师生员工大会，校党委副书记邓旭初在会上发表题为《交大1958年工作回顾及1959年工作任务》的报告，并在全校讨论的基础上先后制定了各教研室、班级、系、学校的规划，报告得到了全校师生员工的积极响应，中共中央和上海市关于稳定教学秩序的精神也受到了普遍欢迎。12日，校务委员会通过了《交通大学（上海部分）1959年规划》。

4月11日，交通大学（上海部分）召开全校师生员工大会，校长彭康发表了《提高教学质量，适应国家需要》的报告。他要求提高教学质量，第一把学校规模、专业设置、招生人数稳定下来；第二，培养人才既要有较高的政治觉悟和社会主义、共产主义思想，又要有较高的专业水平；第三，订教学计划要充分体现理论联系实际，教育与生产劳动相结合，以及解决青年、老年教师相互学习等问题。

4月18—19日，举行年度工会会员代表大会，会议以如何提高教育质量为中心内容，围绕彭康校长的报告，发动会员讨论如何提高教育质量。参加这次大会的有正式代表、列席代表及特邀代表共300余人。发言的有周铭、杨槱等14人，陈石英副校长代表学校行政在会上讲了话。

工会主席周志诚在会上所作工会工作报告中指出，在去年“大跃进”的一年中，校工会发挥组织作用在贯彻党的教育方针、开展教育结合生产劳动的辩论，负责组织教职工中的政治学习和时事学习，组织劳动锻炼、文体活动、生活福利等许多方面，都取得了重要成绩。这些成绩的获得，主要是紧密依靠各级党组织的领导，发挥了各级工会组织的应有作用；同时改进了工作方法，采取了权力下放的办法，发挥了部门委员会的积极性和主动性。今后，工会工作要在党委的统一领导下，充分发挥工会组织的作用，团结群众，深入细致的配合行政迅速完成继续贯彻党的教育方针的任务；继续鼓励全体会员不断发挥积极性，创造经验，做好师生平等，教学相长，搞好三结合，使教育质量不断得到提高。

在大会上发言的有教师，有职工，他们有的代表专业，有的代表部门，都以如何提高教育质量为中心，汇报了本单位讨论彭校长报告的情况、提高教学质量的措施打算；有的介绍了提高教学质量的经验等。大家一致拥护学校“以提高教学质量为主”的方针，感到这一任务的艰巨与光荣，表示一定要鼓足干劲，开动脑筋，想尽办法，提高教育质量，为国家培养质量优秀的建设人才。老教授周铭兴致勃勃地说，提高教育质量，牵涉各个方面，我们学校是一个整体，需要每个人贡献出自己的力量，把各部门工作都提高一步，才能更好地保证教育质量的提高。船制系理论力学教研组陈启源，介绍了他们为发挥教师在教学中的主导作用，采取一竿子到底的办法，即主讲教师对讲课、辅导、试验等教学环节负责到底，因而加强了主讲教师与辅导教师及同学间的联系，不仅提高教学质量，而且做到教学相长，对培养师资也有很大好处。结构力学教研组陈铁云，介绍了船制专业试行四种教改方案的经验。外语教研组凌渭民，针对彭校长提出毕业生要掌握两国外文的要求，介绍教研组讨论研究的初步打算。机械厂工人黄金生，代表机械厂和实习工厂表示要很好完成生产及配合教学与科研的各项任务，特别是要让前来实习的学生达到三级工的水平。膳食科代表田永超，表示一定要提高伙食质量，做好饮食卫生工作，使大家吃饱吃好，更好地工作和学习，以保证教学质量的提高。不少教师还提出，希望工会在已取得成绩的基础上，更好发挥组织作用，开展各种配合提高教育质量的活动，培养学校的学术风气。

副校长陈石英代表学校向大会热烈祝贺。他说，提高教育质量是一项政治任务，与各方面都有关，应该人人有责。这次工会会员代表大会抓住这一中心任务展开讨论，动员全体会员为完成这一任务而努力是非常必要的。

工会副主席朱士亮作大会总结发言，他说：这次大会根据党委的指示和行政的建议，讨论了如何提高教学质量问题。大家发言中一致拥护、赞同彭康校长关于提高教育质量的报告，并表示认真贯彻执行。今后，在党的领导下，青老教师间、师生间团结一致，共同努力，就一定能够很好完成培养高质量人才的任务。

船舶动力系的会员代表参加了大会后表示，为了保证提高教学质量，必须要充分发挥工会部门的组织作用。如在政治思想方面，要促进会员自我改造的积极性，要积极努力搞好目前的社会主义思想教育和今后政治理论学习，加强时事政策的学习。为加强平时经常性的政治思想工作，部门工会规定每一部门委员直接联系1～2个小组，协助小组长积极开展各小组的民主生活，加强会员间的了解和团结，使大家心情舒畅，工作愉快。在业务方面，工会部门还将组织各种形式的经验交流会、座谈会、讨论会和报告会等，相互交流工作经验和科研心得；组织一些参观或邀请外单位来报告。系工会每学期举行1～2次业务会议，交换对教师培养和师生关系的意见，及教学过程中的工作经验；并参照各专业委员会的规划，组织1～2次面更广一些的学术报告会，活跃学术空气。

这一时期，学校规模趋于稳定，教育视野也得到了发展，同时涌现了一批新兴学科和专业，广大师生在教学科研方面取得了一定的成果。1958年9月，为保证卫星上天和原子能动力装置的建成，交大（上海部分）设置工程物理、原子能动力装置、无线电技术、工程力学等9个新专业。11月，又将上述9个专业筹建为无线电系（4个专业）、工程力学系（2个专业）、工程物理系（3个专业，1959年4月根据中央专业调整决定，调整为1个专业）3个新系。1959年，上海交大在教学方面修订了27个专业的教学计划，开出近百门新课，编写244种教材和16种教科书，调任105名教师深入学生班级任学习指导教师。同时，学校新建和扩建了27个实验室，增加实验设备500万元，开出各种实验近400项。

学校同时也承担了许多国家及地方重点科研项目，取得了重大科研成果。1958年，在钱学森的直接指导下，学校参与筹建了中国第一家研制火箭的科研机构“上海机电研究院”。动力系系主任、教授王希季任研究院总工程师，教师潘先觉任首枚探空火箭主任工程师，同时从交大（上海部分）应届毕业生中选拔一批尖子学生参加研制。1960年2月19日，由新中国自行设计、制造的第一枚探空火箭在上海发射成功。同年5月28日，毛泽东主席在上海视察了火箭实物，并听取潘先觉关于“火箭研制”的汇报。1960年初春，学校抽调部分教师和四年级学生100余人，参与“106科研项目”会战。经过2～3个月的集体攻关，5月初的一天，JT号气垫船在黄浦江上游进行首次水上飞行试验并取得成功。

新中国成立以后，党和国家实行了对优秀劳动者的表彰制度。表彰活动由国家和地方分别组织实施。随着国家社会主义建设事业的不断发展，对于优秀劳动者的奖励逐渐形成了多领域、多渠道的表彰制度，可由不同机构根据不同标准评选产生，面向不同行业、不同领域，各有侧重。在新中国成立初期，交通大学许多教职工获得了党和政府的先进表彰。据不完全统计，周铭教授于1956年荣获全国先进工作者称号；朱文娟于1953年、吴寿民于1955年获上海市劳动模范称号；余爱芳、严似松于1956年获上海市先进工作者称号。每年评选先进人物的工作，都是在校党委的领导下，由校工会承办具体事务性工作。

20世纪60年代前后，由于经济领域的“左”倾冒进错误和自然灾害的影响，新中国面临着严重的经济困难。学校党委和工会对全校师生员工的生活问题给予了高度重视，即便是在经济困难的情况下，工会也仍在坚持尽可能为会员争取更多福利。寒假期间，各部门组织了参观人民公社和工厂的活动，并结合不同的业务，安排会员参观上海各区举办的技术革新、技术革命有关展览会。文娱活动方面，工会尽量安排丰富多彩的文艺演出活动，放映了多部电影，先后组织、邀请红旗歌舞团、上海越剧院、东风越剧团、新民京剧团等来校进行演出；钟声体育协会亦在积极改进工作，吸收更多的体育爱好者参加活动。1960年寒假期间，工会为教职工安排了多种活动以欢度春节。在春节第一天，工会组织全校教职工在体育馆举行春节团拜会，各部门还代表学校党政工团向本部门烈士家属及病员进行慰问，为部分群众发放补助金，举行老年工人座谈会等活动。

图2-5　1965年交大教工艺术团演出话剧《三人行》

图2-6　工会组织的拔河比赛

三、全面落实中央调整方针

1961年1月，中共八届九中全会决定对国民经济实行“调整、巩固、充实、提高”的方针（即“八字方针”）。党中央在调查研究基础上，纠正错误，调整政策，对各行各业进行全面整顿，国民经济转入调整的轨道。根据中共中央的指示，教育部召开全国重点高等学校工作会议，提出要在全国高等学校中实行“定规模、定任务、定方向、定专业”。7月，学校开始对原有“左”倾激进的做法予以纠正和调整。

9月15日，中共中央批准试行《教育部直属高等学校暂行工作条例（草案）》（简称“高教六十条”）。“高教六十条”明确规定高校的基本任务是贯彻执行党的教育方针，培养社会主义建设所需要的各种专门人才；强调“高等学校必须以教学为主，努力提高教学质量”，并提出了恢复教学秩序、提高教学质量的一系列规章制度；重申“双百”方针，改进高校思想政治工作，正确执行知识分子政策，对高校的领导和管理体制也做了相应的规定。该条例对高等学校各项工作起到了规范性作用，成为各高校调整、改进学校工作的纲领性文件。

1961年“高教十六条”公布下达后，学校立即组织全体教师学习并领会其精神，形成了《对48名老教师使用情况的调查报告》《关于当前进一步提高教学质量的工作报告》等文件，强调要在调查研究的基础上，按照“教学为主，质量第一”的原则，全面修订教学计划，提高课堂教学质量，加强基础理论课程的教育和基本技能的训练，切实保证学生学好基础课、练好基本功；发挥各系与各教研组对教学工作的领导作用，开展教学法研究，贯彻“加强三基（基本理论、基本知识、基本训练）”“劳逸结合”“因材施教”“勤俭办学”等原则。

图2-7 1962年5月上海交通大学数学教研组全体教师合影

1964年，在全国人大四届一次会议上，国家提出了“四个现代化”的目标，建设社会主义要实现工业现代化、农业现代化、国防现代化、科学技术现代化。交大的师生员工也将这一号召落实到了日常的教学工作中。

学校还根据国防科委的要求，开展学习郭兴福教学方法的运动，并结合学校的特点和实践经验，提出要以“革命化、少而精、启发式、理论联系实际”为重点进行教学改革，在教学为主的前提下，密切联系生产实际，积极开展科学研究。学校注意正确处理教学工作与科学研究、生产劳动、社会活动之间的关系，全面安排教学、科研、实验室三方面的力量，广大教职工相应开展了许多工作，努力实践老交大“门槛高，基础厚，要求严”的教学传统。

四、为国防教育事业贡献力量

1961年2月6日，中共中央决定将上海交大划归国防科委直接领导，并同时受教育部和上海市委领导。2月7日，中央决定的通知下达到校。教育部通知上海交大从3月10日起，正式移交给国防科委领导。校党委立即召开党委常务扩大会议传达和讨论这一决定，一致表示拥护，并且向上海市委领导作了口头汇报。2月25日，学校派主持工作的党委副书记余仁、人事处负责人岳清林晋京向国防科委和教育部汇报，请示有关问题。2月27日，国防科委路扬副秘书长、庞展局长和海军政委苏振华、副政委杜义德、刘道生，教育部部长蒋南翔、黄辛白司长听取了汇报。蒋南翔说："交大改变体制，为国防服务是主要的，但不同于哈军工、北航等校，交大是一所有历史传统的学校，不应有大的变动，特别是老教师不要调出，否则就没有交大传统。"

3月7日，根据国防科委和教育部规定，学校主要为国防工业服务，以造船为中心，军用为主，过渡时期可以军民兼顾；学校规模定为8 000人，设置28个专业。12日，党委常委会讨论迎接国防科委工作组来校的准备工作，并进一步研究如何贯彻中央关于学校改为国防科委领导的指示。余仁提出，要在3个方面跟得上：一是思想跟得上，把中央、国防科委、聂总指示传达好，有步骤地分期分批地传达；二是工作跟得上，专业要作相应调整，加强保卫保密工作，本着积极稳妥的方针，审查人员，整顿和纯洁队伍；三是领导跟得上，学习中央、军委办好国防工业院校的方针政策，贯彻"三八作风"等。

1961年4月8日是交通大学建校65周年纪念日。在庆祝大会上，谢邦治作报告，他回顾了交大所走过的道路，重温了交大优良的办学传统和光荣的革命传统，鼓励全校师生员工在党的领导下，把学校办好，不断提高教学质量，办好国防工业院校，为国家培养更多的国防建设人才。

6月，校党委根据学校向国防工业院校过渡的要求，专业设置必须遵循从"军用造船为主，兼顾民用，同时设置部分舰船导弹专业"的方针，校内各部门接触国防机密的范围越来越广，国防尖端专业的分布已扩大到全校各系。调整后全校设船舶制造、船舶动力机械、无线电工程、电机工程、自动控制、冶金、机械制造、机车8个系及所属32个专业，师生及教学设备也有了相应的归属。在调整专业设置的同时，学校贯彻国防科委有关规定，修订了原有的教学计划，并在培养目标上增加了"开展国防科学研究"和"培养国防工业高级技术人才"的内容。12月5日，学校贯彻国防科委《关于国防工业高等院校修订教学计划的规定》，提出具体措施改进教学工作，提高教学质量。经过"高教六十条"的学习讨论，教学领域的"左"倾思想得到了一定的纠正和调整，国家和学校的经济建设状况也有所恢复。学校培养目标上的重大调整，也给工会提出了新的任务，需要进一步组织教职员工，适应学校工作的变化，为培养国防工业高级技术人才作出贡献。

1962年12月，党委副书记余仁在上海交大第二次党代会上，要求全校教工统一思想，明确任务，团结一致，鼓足干劲，进一步贯彻"高教六十条"，为更好地完成中央所规定的"加速培养政治质量好、技术专业好、身体健康的高质量的国防工程技术干部"这一根本任务而奋斗。大会明确了今后的基本任务，要"进一步贯彻党的教育方针，全面深入地执行高校工作条例，继续大力提高教学质量，力争使过渡到国防工业院校的工作前进一大步，为加速培养政治质量好、技术专业好、身体健康的、高质量的国防工程技术干部作出最大的贡献"。

交大在国防部门的直接领导及管理下，逐渐建立起教学、科研工作与国防工业的紧密联系。广大工会会员在校党委领导下，积极投身社会主义教育和科技事业，在培养高素质国防工程技术人才和承担重大国防科研任务两方面为新中国的国防建设作出了重大贡献。据不完全统计，1961年至1970年，上海交大向国家输送本科毕业生11 620名，其中分配至国防部门工作的有6 162人，占毕业生总数的53%。1961年至1965年期间，学校进一步确定了科学研究工作在高等学校中的重要地位，积极开展科学研究工作。1963年，学校共承接国家十年规划任务、国家任务、地方任务、协作任务和自选课题37

项，国防科委下达的26个课题，另外还有国防尖端任务、为国民经济服务和基础理论研究任务等课题，并与42个研究单位，51个工厂、企业建有密切的协作关系。1964年，学校共承担国家十年规划任务和国家任务27项，承担国防科委下达的任务8项。

第四节
“文革”时期与“拨乱反正”

一、“文革”期间工会停止活动

1966年5月，中央政治局扩大会议通过“五一六通知”；8月，党的八届十一中全会通过《关于无产阶级文化大革命的决定》。这两次会议的召开，标志着“文革”的全面发动。随着红卫兵运动的全面兴起，“文革”进入“全面夺权”阶段，逐渐发展为“打倒一切”以及“全面内战”。

上海交大迅速被卷入“文革”。6月2日，校内出现了全校第一张大字报；随后，8 000多名师生员工举行声讨“反党反社会主义分子黑帮”动员大会，停课3天“闹革命”。到了8月5日，上海市委根据中央指示，正式宣布大中学校一律“停课闹革命”。不久，校党委也被中止了领导职能，学校处于无政府状态。在这种形势下，校工会无法开展日常活动，各项工作均告终止。

“文革”十年动乱是在极左思潮泛滥的环境下，党的领导者错误发动，被反革命集团利用，给党、国家和各族人民带来严重灾难的内乱，留下极其惨痛的教训。上海交大的发展步伐也受到严重阻碍，发生了严重倒退。

二、“拨乱反正”后重焕生机

1978年，党的十一届三中全会召开，中国共产党开始纠正“文革”的混乱与错误，正本清源，拨乱反正，使整个社会重新走向发展正轨。上海交大也开始重振雄风，各方面工作陆续显露生机。10月29日，交大党委办公室发布《我校贯彻落实市组工会议精神的情况》，文中指出要学校要继续进行拨乱

图2-8 1977年10月30日上海交通大学荣获“上海市教育战线先进集体”奖旗

反正、正本清源的工作。学校要通过“三会一课”，加强党的思想教育，在完成全校组织工作的同时加强校、系组织干部们自身思想建设。学校日常工作得以恢复后，教学活动又焕发了新的活力，教学科研出现崭新面貌，1977年荣获中共上海市委员会评选的“上海市教育战线先进集体”称号。

在学校日常工作得以恢复的同时，工会工作也逐步恢复。11月18日，工会举行第四届工会委员会恢复会议，校长朱物华，党委副书记夏平、刘克，工会委员会主席周志诚等出席。会议由校党委委员岳清林主持，朱物华、夏平、刘克等分别发表讲话。他们要求同志们树立工会工作的光荣感、责任感和紧迫感，把交大工会办成“工人之家”，办成广大职工学习管理的学校，学习共产主义的学校。参会的成员都感到欢欣鼓舞，斗志昂扬，畅谈了毛主席于1950年8月为中国教育工会上海市委员会题字的往事，一致认为交大教育工会自成立以来工作成绩是主要的。他们决心在党中央领导下，依靠群众，把交大工会组织建设好，为早日实现“四个现代化”而奋斗。会议宣布调整后的工会委员会由25名委员组成。周志诚继续担任工会主席；夏安世、陈广文、岳清林、杜洪金、任肇鉴、何迎华任副主席。各工作委员会的分工是：业务委员会主任李渤仲，副主任吴硕麟、奚心雄，委员归绍升、杨翠莲、余传文、张铁群、沈嘉猷；宣传教育委员会主任苏华，委员叶云棠；组织委员会主任孙志先；妇女委员会主任郑佩芝，委员吴望、冯薇；体育文娱委员会主任孟长富，委员潘孝鑫。任肇鉴兼任工会办公室主任，程鹤年任副主任。

24日下午，在全校教职工大会上，工会副主席任肇鉴传达了中国工会“九大”精神，党委副书记刘克向大会宣布了调整后的工会主席、副主席的名单，并阐述了恢复工会的意义和做法。从此，交大工会恢复日常工作，重新又承担起组织、团结、服务全校教职工的职责。

第三章

改革启新程

1978
—
1992

1978年10月，中国工会第九次全国代表大会在北京召开，标志着全国总工会作为全国工会领导机关的活动正式恢复。邓小平在大会致辞中强调了工会的本质属性和维权属性，要求工会组织必须密切联系群众，让工人信得过、能替工人说话、为工人办事，为工会工作的健康发展奠定了坚实的思想基础。从此，中国工会工作进入新的阶段。是年，恰逢具有伟大历史意义的中国共产党十一届三中全会召开。随着党的工作中心转移到社会主义现代化建设，中国高等教育进入快速发展的新时期。

1978年3月和4月，中共中央和国务院先后召开全国科学大会、全国教育工作会议。邓小平分别讲话，强调科学技术是生产力，知识分子是工人阶级的一部分，科学技术人员的培养，基础在教育，要提高教育质量，更好地为社会主义建设服务。这两次会议确立了尊重知识、尊重人才、尊师重教的根本方针，为我国制定科教兴国战略、人才强国战略奠定了基础。十一届三中全会拉开了中国改革开放的序幕。在新时期党的教育方针的指引下，我国高等教育事业进入跨越式发展的新阶段。上海交通大学也开启了改革与发展的新征程。1978年2月，国务院批准上海交大恢复为全国重点高校。学校全面恢复教学科研工作，率先实行校内管理体制改革，中心任务转向提高教学质量，为“四个现代化”建设培养德、智、体全面发展的人才。20世纪80年代初期，在中央和上海市政府的支持下，上海交大在全国率先启动新校区建设。1983年，教育部和上海市政府批准上海交大建设闵行二部。1984年，学校被国务院批准列为国家重点建设、重点投资的10所大学之一。在国家和上海市政府的支持下，学校以“上水平、创一流”为目标，以学科建设为龙头，先后恢复和兴建了理科、管理学科、生命学科、法学和人文学科等。1987年，闵行新校区启用，成为学校发展史上新的里程碑，为后期学校实施发展重心向闵行战略转移、创建世界一流大学奠定了基础。

1979年6月15日，邓小平在中国人民政治协商会议第五届全国委员会第二次会议的开幕词指出，我国广大的知识分子，包括从旧社会过来的老知识分子的绝大多数，已经成为工人阶级的一部分，正在努力自觉地为社会主义事业服务。在党中央的关怀下，在全国总工会的领导下，中国教育工会于1979年恢复工作。在学校党委和上级工会的领导下，上海交大工会以昂扬进取的姿态，团结广大教职工发扬主人翁精神，为学校改革发展建言献策，为提高教学质量、培养“四个现代化”建设人才而努力奋斗。

1978—1992年间，在新时期党的教育政策和工会工作方针的指引下，上海交大工会根据学校改革发展中出现的新情况、新问题，积极探索新形势下高校工会发展新思路，围绕学校“提高教育质量，为‘四个现代化’建设培养人才”的中心工作，从以往重点抓福利工作转向参政议政、参与学校管理及教师队伍建设。在创建“教工之家”实践中，积极开展“整组建家”活动，被上海市总工会授予“模范职工之家”称号；作为学校教代会的工作机构，筹备和组织学校首届和二届教代会，充分调动教职工参政议政的积极性；提出“三育人”理念并被教育界广泛接纳；从思想政治教育、师德师风教育、教学技能培训等多面，多举措加强教师队伍建设；创设具有交大鲜明特色的“十必访”送温暖工程并形成规范化制度，提升教职工幸福感和归属感；从改善生活条件、解决教工子女教育与就业困难等方面，想方设法为群众办实事、做好事；吸收文体骨干分子成立数十个群众性文体社团，积极参与校内外文体活动，极大丰富教职工精神文化生活。这些工作开创了工会工作新局面，有效团结和凝聚全体教职员工，为上海交通大学教育事业的振兴发展作出积极贡献。

第一节 召开工代会与教代会

在校党委和上级工会的领导下，1978年11月上海交大工会恢复工作，并逐步整建二级工会组织。1978—1991年间，校工会先后召开第四届工会委员会恢复会议，第五、六、七届工会会员代表大会，并作为教代会的工作机构，筹备组织召开了上海交通大学第一届和第二届教职工代表大会，推动学校管理民主化进程。

一、上海交大工会恢复与整建

在中国工会九大精神的鼓舞下，1978年11月18日，工会举行第四届工会委员会恢复会议。24日，上海交通大学召开全校教职工大会，党委宣布调整后的工会主席、副主席名单，周志诚继续任工会主席。校工会决心在党中央领导下，依靠群众把交大工会组织建设好，为早日实现“四个现代化”而奋斗。

1979年3月，为贯彻中国工会“九大”提出的整建基层工会的精神，经校党委批准，校工会下发了《关于整建工会工作的意见》。该意见结合学校实际情况，提出恢复建立系、处一级的二级工会委员会，登记、发展会员，改选工会基层委员会等任务。该年5月，全校各单位工会整建工作顺利完成。1980年4月，校工会新老会员共计4 530人，占全校教职工总数的98%，成为党领导下的十分重要的群众组织。

学校各级工会组织的恢复建立，为生机勃勃开展工会活动提供了组织保障。在校党委和上级工会的领导下，经过一年多的整顿和发展，工会团结广大教职员工，在肃清“四人帮”流毒和影响，恢复和建立正常的教学秩序等方面做了大量工作，受到教职员工的欢迎。

二、召开第五、六、七届工代会

1980年4月—1987年6月，校工会先后召开第五、六、七届工代会。其中，1980年4月和1982年5月先后召开了五届一次和五届二次工代会，1983年11月召开第六届工代会，1987年6月召开第七届工代会。由于1983年学校建立了教职工代表大会制度（简称教代会），1983—1998年工代会与教代会逐渐融合，从第六届工代会开始到第九届工代会每届仅召开换届大会，到2004年后合称“双代会”同时召开。

1980年4月26—29日，上海交通大学第五届工会会员代表大会召开，这是校工会停止活动以来第一次盛会。出席会议的有顾问朱物华，党委副书记、副校长夏平等校领导。在29日的闭幕式上，全国教育工会副主席方明到会并致贺词。他强调要学好中央领导同志关于教育工会性质、任务、作用的讲话精神，希望交大工会的广大会员，在校党委领导下，发扬交大的光荣革命传统，鼓足干劲，做有出色贡献的教育工作者，使交大这所有悠久历史的大学，为四化建设培养出大批优秀人才。出席大会的会员代表514人，工会积极分子95人。会议由校第四届工会主席周志诚主持。夏平作题为《努力办好工会，团结广大教职工，为实现学校工作重点转移多做贡献》的报告。工会副主席任肇鉴代表校第四届工会委员会作工作报告，总结工会工作的经验教训，回顾恢复工会活动一年多以来的工作情况，并对下一阶段工会的工作任务提出意见。代表们听取和审议工会工作报告，交流工会工作经验。大会选举产生上海交通大学第五届工会委员会委员35人以及工会经费审查委员会委员5人。第五届工会委员会委员为：周志诚、岳清林、周天宝、苏华、张轶群、程鹤年、任肇鉴、裘益中、杨翠莲、杜洪金、姚林根、尉迟斌、吴世华、周国成、沈嘉猷、王鹭、冯薇、孟长富、归绍升、孙昌荣、蒋明、蔡大忠、郑经

校工会第五届会员代表大会胜利闭幕

校工会第五届会员代表大会经过三个下午的会议，已于四月二十九日下午胜利闭幕。

学校领导朱物华、夏平等和校四届工会的一些负责同志，以及上级工会负责同志方明等出席了闭幕大会。大会由校工会副主席岳清林主持。

（陈静摄）

会上，代表们以无记名差额投票，选举产生了由三十五人组成的校工会第五届工会第五届委员会。任肇鉴同志代表校工会宣读了我校被评为市劳动模范的名单和九十四位工会积极分子的名单，并由校领导同志给他们分别发了奖。

大会提案委员会的代表向全体代表汇报了广大会员和各位代表给大会提案的处理情况。校工会主席周志诚宣读了“关于会员缴纳会费的说明”。全国教育工会副主席方明在大会上讲了话。他向大会表示热烈的祝贺，并强调了要学好中央领导同志关于教育工会性质、任务、作用的讲话的重要性。他希望交大的广大会员，在党委领导下，发扬交大的光荣革命传统，鼓足干劲，做一个有出色贡献的教育工作者，使交大这所有悠久历史的大学，为四化建设培养出大批优秀人材。

校党委副书记夏平代表党委在大会上作了《努力办好工会，团结广大教职工，为实现学校工作重点转移多做贡献》的报告。

晚上，在大礼堂演出了芭蕾舞和放映电影，招待全体代表和列席代表。

（卢银涛）

我校吴镇 林依藩二同志光荣出席市劳模大会

月二十九日，市人民政府开上海市劳动模范大会。条战线一千零六十八名劳，四百七十个模范集体光。其中高校系统有二十七模范，八个模范集体。系理论力学教研室主任、吴镇，六系6101实验室工师林依藩被为上海市劳，出席了市会。镇副教授三如一日，教真负责，一，深受同学；他编写教益求精，在年教师方面也作出了贡献。

林依藩同志工作一贯勤勤恳恳，刻苦钻研业务，在电工实验方面每年有创造，出成果。他试制成功的电蚀显刻机，获得一九七九年上海市科研成果三等奖。

在校工会等五届会员代表大会闭幕式上，我校工会受市劳动模范评选委员会委托，授予吴镇、林依藩二同志劳动模范证书、金色奖章一枚、七管二波半导体收音机一架。并号召全校教职工学习他们忠诚党的教育事业，一心为四化贡献力量的优秀品质。

吴镇(左)、林依藩在大会上领奖

图3-1 1980年4月29日上海交通大学第五届工会会员代表大会胜利闭幕

黎、刘若萍、韩德苏、高鹗、钱家声、谷正太、谢金元、李秀治、梁晋清、陆启祥、戴妙国、蔡文超、梁国钧。五届一次委员会议推选周志诚任主席，任肇鉴（常务）、岳清林、杜洪金、沈嘉猷、吴世华、姚林根任副主席，组成核心领导班子。任肇鉴主持日常工作。苏华任第五届工会经费审查委员会主任。

1982年5月7日，学校召开工会五届二次代表大会，有关负责人作工作报告，交流开展工会工作的先进经验。大会着重讨论并通过上海交大教职工《住房分配条例》，民主选举住房分配领导小组和工作班子。会议于5月28日闭幕。

第五届工代会的召开，适逢学校工作重心转向提高教育质量，培养“四个现代化”建设人才之时。工会下一阶段的工作以调动广大教职员工为教学、科研作贡献的积极性和提高业务水平为重点，对充分发挥教育工会的组织作用，团结、教育、鼓舞广大教职员工，努力提高教育质量，加速培养德、智、体全面发展人才具有重要意义。

1983年11月29日，上海交通大学第六届工会会员代表大会召开。大会由校第五届工会委员会主席周志诚主持，党委书记邓旭初、副书记陆中庸出席会议。大会代表511名，实到383名，上海市教育工会领导陈浩传达了中国工会十大的精神。邓旭初作了讲话，要求全校广大教职工在党委的领导下，乘势而上，进一步提高教学、科研水平，真正把交大办成国际水平的第一流大学。工会常务副主席任肇鉴作工会工作总结报告。大会审议通过《上海交大工会工作暂行条例》，选举产生上海交通大学第六届工会委员会委员27人和经费审查委员会委员7人。第六届工会委员会委员为：陆中庸、王宏禄、季学玉、吴世华、孙文卿、杜洪金、孟长富、高鹗、王熙和、王丽霞、俞丽娟、段佩良、程鹤年、李长寿、胡坚、孙昌荣、刘若萍、杨绮玉、李胜华、施菊芳、蔡文超、王士璋、林依藩、肖国风、韩德苏、梁国昀、徐定中。六届一次会议选举陆中庸兼任工会主席，王宏禄任常务副主席（专职），季学玉（专职）、吴世华、孙文卿、杜洪金任副主席，由正副主席组成常务委员会。由于工作需要，1986年2月起，工会主席一职改由王守仁担任。第六届工会经费审查委员会委员为：苏华、吉毅、王坚、王鹭、周国成、郑钦钦、蔡大忠。苏华任工会经费审查委员会主任，吉毅任副主任。

陆中庸（1929—2007），上海人。1949年6月在上海市学生联合会任执行委员，1949年8月在共青团上海市嵩卢区、嵩山区工委任秘书。1953年在中共上海市嵩山区委任工作组组长，1956年3月在中共上海市卢湾区委任工业系统肃反小组负责人。1956年9月在上海交通

大学机械系学习，1961年2月在上海交通大学先后任机械系总支副书记、机关党总支书记、党委组织部副部长、党委办公室主任、党委副书记兼纪委书记与第六届工会主席（1983.12—1986.2）。

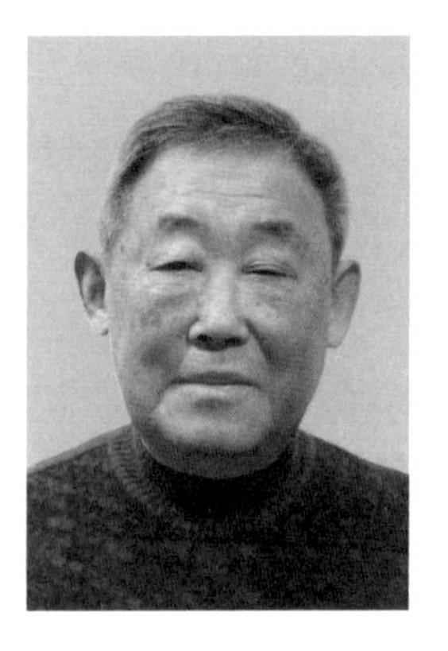

王守仁，1938年生，山东掖县人，副研究员。1965年8月毕业于上海交通大学船舶动力系，毕业后留校参加工作，曾任上海交通大学船舶动力系教师、副主任、党总支书记，上海交通大学总务长，上海交通大学党委常委、副校长，第六届（届中）、第七届工会主席（1986.2—1992.11）。曾获上海市和上海高校系统先进工作者、体育先进个人等称号。

第六届工代会是与学校首届教职工代表大会接续召开的，适逢学校管理体制改革深入发展、教职工参与民主管理热情高涨之时。自此之后，作为教代会的组织机构，组织教职工参与学校民主管理，开好教职工代表大会，成为工会履行参与职责的重要工作。

图3-2 1983年11月29日上海交通大学第六届工会会员代表大会召开

1987年6月20日，上海交通大学第七届工会会员代表大会召开。出席这次会议的代表有399人，特邀列席代表200余人。上海市教育工会副主席鲁巧英到会致辞。党委书记何友声讲话中强调，工会必须在加强学校民主化建设中充分发挥作用，健全以教师为主体的教职员工代表大会制度，最大限度发挥广大教职工建设社会主义积极性和创造性，把上海交大办成国际水平的第一流的大学。工会常务副主席季学玉作《发扬教职工的主人翁精神，为创建第一流大学培育社会主义新人而团结奋斗》的工作报告。大会选举产生上海交通大学第七届工会委员会委员26人和工会经费审查委员会委员5人。第七届工会委员会委员为：王守仁、季学玉、张重超、吴世华、王士璋、李胜华、韩振东、林依藩、俞丽娟、杨培庆、水晓平、范宝玲、姚卫平、邵世明、朱文琴、钱学宝、段佩良、曹柱中、梁文清、李辉只、舒培丽、郑钦钦、高鹗、陈大新、孟长富、李长寿。王守仁任工会主席（专职），季学玉任常务副主席（专职），王士璋（专职）、张重超、吴世华任副主席。1988年5月，林润汤增补为副主席。第七届工会经费审查委员会委员为：石羽文、马肇俊、王来如、刘业妹、刘素英。石羽文任工会经费审查委员会主任，马肇俊为副主任。

第七届工代会召开之后，工会的重点工作除了承担参与职能推进民主管理外，还重点强调要抓好师德教育，持续深入开展“三育人”活动，这是工会履行教育职能的重要内容。

三、召开第一、二届教代会

教职工代表大会是学校民主管理和民主监督的基本制度和形式，是校务公开的主要载体。1983年11月，上海交通大学建立教代会制度。此后，教代会定期召开。教代会制度的建立，巩固了教职工在学校中的主人翁地位，增强了民主办校的特色，调动了广大教职工参与学校事务的积极性，为办好学校打下良好群众基础。

（一）教代会的筹备

1. 召开背景

粉碎“四人帮”后，党中央拨乱反正，明确提出知识分子是工人阶级一部分，是党的依靠力量。为此，1979年，部分高校就进行了在党委领导下实行教职工代表大会的试点工作。1980年4月，在上海召开了部分省市教职工代表大会试点经验交流会。6月，全国总工会党组向中共中央书记处呈交《关于在学校试行建立教职工代表大会制度的报告》。中央领导批示“可以在各地试点，总结经验，逐步推开”。1981年1月，教育部、中国教育工会召开教代会试点汇报座谈会，并写成“纪要”在全国推广。1983年7月，教育部、中国教育工会在北京召开九省市15所学校党政负责人和工会主席参加的高等学校教职工代表大会座谈会，进一步总结经验，明确党委领导下的教职工代表大会制和党委领导下的校长负责制，两个制度并行，相辅相成，体现“党委领导，行政负责，民主管理”的根本原则。1983年9月之前，全国高等学校有66所已实行教职工代表大会制。其中上海高等学校已有8所。可见，高校实施教职工代表大会制已经成为大势所趋。

1983年7月26—31日，校工会在浙东雁荡山召开“如何开创工会工作和班主任工作的新局面”座谈会。13个系的党总支书记、二级工会主席和校党委领导、校工会干部一起学习讨论中央对工会工作的指示，特别是1983年3月中央书记处对工会工作的指示和全总九届八次常委（扩大）会议的精神，学习有关教职工代表大会制的文件材料。会议认为，学校召开教职工代表大会的条件已经成熟，应该召开教代会，充分发扬民主，依靠广大教职工办好学校。

2. 工会筹备教代会

1983年11月，上海交通大学决定正式实施教职工代表大会制度，并确定第一届教代会与第六届工代会“同步筹备，相继召开”的原则。根据《高等学校教职工代表大会暂行条例》，校工会承担教代会工作机构的任务，工会常务副主席兼任教代会秘书长。

在校党委领导下，校工会积极承担了教代会工作机构的任务。教代会筹备过程中，校工会着重做了四方面工作：第一，深入基层，广泛听取教职工对实行教代会制度的意见、期望和要求，有针对性地进行教代会的宣传教育；第二，根据学校的中心工作和教职工迫切关心的问题，广泛吸收群众意见，精心选择大会议题，激发代表们以主人翁态度参与学校事务；第三，选好代表和代表团团长。工会做好代表产生的指导工作，确定代表的适当比例，选择合适的代表团长，抓好代表的会前学习。首届教代会代表中，教师及工程技术人员代表占61%，大学以上文化程度占83%，体现以教师为主体；第四，做好征集提案的准备工作。根据《高校教代大会暂行条例》（草案）的有关规定，结合学校实际情况，工会拟订了《上海交通大学首届教职工代表大会关于提案工作的暂行办法》，对提案的立案、范围等做了规定，明确提案的处理办法，确保提案质量。首届会共征集456条提案。其中关于管理改革、学校发展规划、重点学科建设、引进人才、精神文明建设等方面的提案就有324条，占总数的71%，体现了代表们对学校的改革和发展的高度关注。

（二）教代会的召开

1.第一届教代会

1983年11月—1984年10月，第一届教代会共召开了三次会议，听取校长作有关文科建设、教师职称复查与整顿等方面的报告和提案审查情况及处理意见等，重点讨论和审议学校管理改革、发展规划、住房分配、教师工作规范、教师工作量与年度考核、教师聘任制等议题。

第一届教代会于1983年11月22—23日隆重召开。出席大会的正式代表511人，列席代表370人，特邀代表42人。大会主要议题：① 审议《1980年来学校管理改革工作总结》；② 审议《198—1990年学校发展规划》。教代会的召开得到中央领导、上海市委和市总工会的重视和关怀。中共中央政治局委员、交大校务委员会主任王震和教育部给大会发了贺电。王震在贺电中指出:“高等学校试行党委领导下的教职工代表大会制，不仅是广大教职工参加学校民主管理的有效组织形式，而且是高校管理制度的进一步改革和完善。我相信，上海交大教职工代表大会制度的实行，必将使交大的管理改革提高到一个新的水平……希望上海交大全体共产党员和师生员工，为建设社会主义精神文明发挥积极作用，为进一步办好社会主义新交大作贡献。”上海市总工会主席袁张度、副主席陈秀凤等到会祝贺。教代会的全体代表和全校教职工深受鼓舞。大会听取党委副书记刘克作《1980年来学校管理改革工作总结》的补充说明、校长范绪箕作《关于加强文科建设的意见》、副校长朱雅轩作《1983—1990年学校发展规划》的补充说明、副校长张定海作《大会提案审查情况及处理意见》。审议通过《关于搞好教职工住房分配工作的决议》及《关于修改教师工作量的决议》。

代表们认真行使参加学校管理的民主权利，对学校的教学、科研、行政管理等工作提了许多好的意见和建议，促进学校各项工作的开展。广大教职

000-3

王震同志的贺电

上海交大第一届教职工代表大会：

欣闻上海交通大学第一届教职工代表大会召开，我因事不能前来参加，谨向大会代表并向全校师生员工致以热烈的祝贺。

上海交通大学，是一所造就了一批杰出的科学技术人才的学校。近几年来，上海交大党委坚决贯彻党的十一届三中全会的路线、方针和政策，带领全校师生员工，对学校的管理工作进行了一系列富有成效的改革，促进了教学质量和学术水平的提高，为开创高等教育工作的新局面作出了贡献。这都是值得赞赏的。

高等学校试行党委领导下的教职工代表大会制，不仅是广大教职工参加学校民主管理的有效组织形式，而且是高等教育管理制度的进一步改革和完善。我相信，上海交大教职工代表大会制度的实行，必将使交大的管理改革提高到一个新的水平。

邓小平同志最近在党的十二届二中全会上代表党中央提出了清除精神污染的重要问题，这是关系到国家、民族兴旺发达的大事。我希望上海交大全体共产党员和师生员工，认真学习和领会十二届二中全会的精神，在教学与学习活动中清除精神污染，为建设社会主义精神文明发挥积极作用，为进一步办好社会主义的新交大作贡献。

预祝大会圆满成功

王　震

一九八三年十一月二十一日

教　育　部　贺　电

上海交通大学：

热烈祝贺你校第一届教职工代表大会隆重召开。谨祝大会取得圆满成功，你们的事业从此更加蒸蒸日上，兴旺发达。

中华人民共和国教育部

一九八三年十一月二十一日

图3-3　1983年11月21日中共中央政治局委员、交大校务委员会主任王震和教育部发贺电，祝贺上海交通大学第一届教代会召开

图3-4 1983年11月22日上海交通大学第一届教职工代表大会开幕

图3-5 上海市总工会主席袁张度（右二），校党委书记邓旭初（左二），校党委副书记刘克（右一），校党委副书记陆中庸（左一）在主席台上

工和各级干部都认为这次会开得好，开得很成功。教师们纷纷表态，要把教学科研搞上去，把上海交大办成国际水平的第一流大学。

1984年5月17日，一届二次教代会召开。大会听取翁史烈作《教师职称复查、整顿》报告、刘克作《开展干部岗位责任制和教师工作规范执行情况考核》报告。校长办公室副主任曾勋良向大会汇报《教师工作规范》《从事科研工作的教师年度考核办法》《教师工作量试行办法》的修改情况。大会审议通过修订后的上述三个文件。

1984年10月26—27日，一届三次教代会召开。大会听取朱雅轩作《一届一次教代会"两个决议"落实情况》报告、刘克作《上海交通大学管理改革继续深化及教师聘任制问题》报告，审议通过《上海交通大学教师聘任制试行办法》。

上海交大教代会制度的建立，受到上级领导部门的赞扬。1984年11月27—30日，中国教育工会在上海交大召开"推广教代会制度现场会"。来自全国23个省市教育工会和部分高等院校的80余名党、政、工的负责人，上海市教育工会、高等院校、部分中专的90余名党、政、工负责人出席会议，对上海交大首届教代会的成功召开表示充分肯定。校工会编印《上海交通大学首届教职工代表大会资料汇编》，印发9 000多本，受到全国高校欢迎。1985年5月，上海交大第一届教代会开幕式照片收进全国总工会编印出版的《中华全国总工会六十年》大型专刊。

2. 第二届教代会

1988年1月—1991年5月，第二届教代会共召开了三次会议，听取校领导作住房建设、建设优良校风、财政工作报告、提案审查情况及处理意见等，重点讨论和审议学校教职工住房建设、住房分配条例、教书育人、“八五”发展计划等议题。

1988年1月3日下午，上海交通大学第二届教代会在大礼堂开幕，530名代表出席大会。大会听取副校长范祖德作《上海交通大学教职工住房建设问题》报告。大会审议通过《关于进一步做好教书育人工作的决议》以及《关于修订“上海交通大学教职工住房分配条例”的决议》。大会收到提案207件，其中194件立案处理。

1988年1月15日，二届一次教代会继续讨论并审议《上海交通大学教职工住房建设问题》报告，审议并通过《上海交通大学教书育人守则》(见附录2)，审议并通过修订后的《上海交通大学教职工住房分配条例》，听取提案工作委员会关于提案处理的报告。

1989年4月7日，二届二次教代会在大礼堂开幕。党委常委、校工会主席王守仁主持大会，563位代表出席会议。党委副书记王宗光代表学校作《振奋精神，建设优良校风》报告。副校长张定海、总务长范祖德分别作财政、住房情况报告。

1991年4月2日—5月17日，二届三次教代会召开。大会听取翁史烈校长作《上海交大“八五”发展计划》报告和范祖德副校长作《上海交大“八五”住宅建设》报告，审议并通过《关于上海交大“八五”发展计划的决议》。代表们充分行使民主权利，广开言路，畅所欲言，为办第一流的社会主义大学献计献策。

二届教代会召开后，在校党委领导下，校工会积极参与学校“八五”规划、整顿“三风”、教书育人、制定分房条例等工作，充分发挥民主管理和民主监督的作用，调动广大教职工积极性，为办好学校，培养合格人才做出积极努力。

（三）检查督促落实提案和决议

提案工作是教代会的一项重要任务。每次教代会举行期间，代表向大会提出提案，反映教职员工的建议和要求，行使教职工民主权利，为学校的改革和发展献计献策。

校工会把征集提案与落实提案有效结合起来。教代会提案内容涵盖学校工作的方方面面。校工会协助提案工作委员会对提案进行分析与处理，学校有关职能部门对提案进行认真研究与答复，校工会与提案工作委员会督促有关部门制订提案实施计划和实施进度。教代会闭会期间，工会主动检查有关部门落实教代会提案和决议的情况，力求使代表的提案“件件有交代，案案有着落”，同时使大会决议贯彻执行到位。

首届教代会共收到提案456件。对于一些比较难解决的提案，工会亲力亲为，从中协调斡旋，最终得到解决。例如，上中路分部住有100多户青年教工，那里存在不少困难，诸如乘车难、做饭难等。教代会上代表们就改善上中路分部生活设施提了16件提案。但时隔一年，16件提案基本未落实。1984年11月，工会了解情况后，利用一个周末晚上到上中路召开群众座谈会，并将收集到的10多个问题编写成一期《情况反映》。校领导看了这期《情况反映》后十分重视，带领有关部门负责人到现场办公，落实解决困难的措施。前后仅用10个月时间就解决了搭建自行车棚、安装传呼电话、整修下水道、接通煤气、开出上下班母子车等五大问题及其他一些问题。

第二届教代会收到提案207件，其中194件立案处理。在校工会与学校其他部门一起努力下，代表提出的一些关乎切身利益的提案基本得到落实。例如：① 要求开办老年浴室；② 在校内锅炉房安装净水器以改善饮用水质；③ 对学校自管房水箱清洗；④ 健全体检制度，分批为各类人员定期体检；⑤ 为宿舍加隔热层；⑥ 建自行车棚；⑦ 改造下水道，解除交大经常性水患，等等。教职工反映良好。

在落实教代会提案及贯彻大会决议的工作中，校工会发挥协调沟通、监督检查的积极作用，受到学校和教职工的充分肯定。

（四）多途径沟通民主渠道

在教职工代表大会制度实施之前，校工会负责沟通教职工参加学校民主管理的渠道。每年召开一至二次工会会员代表会议，听取代表的意见和建议，并且不定期召开部分代表会议或工会代表小组长会议。在学校实施教代会制度后，校工会除了承担教代会工作机构任务外，还通过多种途径，继续承担起沟通民主渠道的职责。

工会经常深入基层了解教职工诉求，把了解的情况及时编写成《情况反映》《情况交流》，向校领导和有关部门反映教工的呼声，这是另一种形式的参政议政。例如，有教工反映，徐汇、闵行两校区往返的部分教工常因校车缺少座位而站立到终点，致使教师站在讲台前有气无力，影响教学效果。校工会对此作了实地调查和问卷调查，获得第一手材料后写成调查报告送校领导和总务二处。总务二处立即采取改进措施，使乘车难问题有所缓解。此外，子弟小学教室紧缺，教工子女入学难等问题，经反映后均得到较好解决。

以下三个是校工会反映教职工呼声解决实际问题的典型事例。

1983年教代会制订《分房条例》，并通过相应决议。第一批房源严格按《分房条例》规定分配，教工反映满意。可是时间一长，又一批新工房建成后，有教工反映出现了违反《分房条例》规定的情况，在群众中造成不良影响。校工会用简报形式向校领导报告，同时在有关会议上批评这种违反教代会决议和《分房条例》的现象。学校行政很快作出冻结待分房源的决定，并加强对分房工作的监督。此后，在工会的参与和监察下，分房工作进展顺利，教工反映较好。

1985年，学校发文决定在教师节向教师颁发庆35年教龄证书。女教师向工会反映，历经求学就业后55岁退休，女教师很难达到35年教龄，庆35年教龄等于把女教师排斥在外。工会把这些意见报告给校领导，得到校领导认可，并在校长办公会上正式决定颁证对象为30年教龄。

1986年初，国家投资数百万拟在上海交大建一座现代化的风浪流水池。学校决定在校园中心区拆除一幢五千平方米的大楼来建造一个5 200平方米的实验室。由于学校教学用房、办公用房都十分紧张，教工对此反映强烈。工会把这些意见向校领导报告。校领导很重视，安排有关部门再次论证，最后否定了原先的决定，另择地址建造。

1990年后，为使民主沟通渠道更加畅通，校工会实行每月一次接待师生的制度。每月5日上午，校工会领导和校内的区人民代表在校工会办公室接待师生来访。到1992年共接待近400人次来访，起到“了解民意，沟通信息，反映情况，解决问题”的作用。该民主渠道受到上海市人大常委会副主任陈铁迪的关注，专程来校了解情况，给予充分肯定。

第二节
健全工会组织

工会要起到桥梁纽带作用，除工会干部必须懂得党的方针政策、熟悉党的工作外，工会组织系统本身要健全，工会干部素质要提高，工会积极分子队伍要壮大。基于这种认识，校工会非常重视抓好工会自身建设。

1978年11月，上海交通大学工会正式恢复后，由于二级工会组织尚未恢复，开展工作碰到了困难。1979年3月，校工会开始整顿建设二级工会。1981年9月，中国教育工会上海市委员会下发《关于加强高学校工会组织建设的几点意见》。校工会从整顿各级工会组织、加强工会干部队伍建设、建立规章制度等方面做了大量工作，工会组织面貌焕然一新。

一、工会组织建设

（一）民主选举工会委员会

1978年校工会恢复后，第四届工会委员会由25名委员组成。但这届委员会还是1961年11月产生的，情况发生了很大变化。1980年4月，选举产生上海交大第五届工会委员会，由35名委员组成。工会内部结构也进行了调整，改设成六个部：宣传、组织、文娱、体育、女工、生活福利。1982年5月召开五届二次工会会员代表大会时，校工会下辖二级工会32个，工会小组247个，工会会员4 249名。

1983年11月，根据干部“四化”标准，民主推荐选举产生上海交大第六届工会委员会，由27名委员组成，并由正副主席组成常务委员会。从委员情况看，具有四个特点：① 年龄呈梯形结构；② 文化程度高；③ 委员各具特长，工作积极性高；④ 有广泛的代表性。这是开展基层工会工作最重要的组织保证。第六届工会委员会下设八个部：组织部、宣传部、青年部、女工部、业务部、文娱部、体育部、生活福利部。

1987年6月，选举产生上海交大第七届工会委员会，由26名委员组成。第七届工会委员会与第六届部门设置相同，工会机关工作人员14名，下辖二级工会48个，工会小组352个，工会会员5 915名。

（二）整顿二级工会组织

工会加强组织建设，重点是抓好基层工会建设。大学的组织体系由校、系两级组成。二级工会是充满生机活力的基层组织。建设好二级工会，校工会的工作就有坚固的前进阵地。校工会在积极推进自身组织建设外，还大力整顿二级工会组织。1979年3月，经校党委批准，校工会下发《关于整建工会工作的意见》，指导基层单位恢复工会组织。1980年5月，学校各基层单位工会基本恢复运行。

1983年10月，中国工会“十大”通过的工会章程中指出：“工会要全心全意为职工群众服务，把工会办成职工之家”。1984年6月，根据全国总工会和上海市教育工会的统一部署，校工会开展“整顿工会组织，建设教工之家”活动。分四个环节进行。第一环是调整充实二级工会班子，选出一批德才兼备、年富力强的群众代表担当二级工会主席。这批人富有开拓精神，民主管理意识强，热爱工会工作，成为领导二级工会的中坚力量。第二环是抓“建家”措施的制定和落实。校工会首先制定了学校二级工会“建家”标准和细则，并利用暑期组织二级工会主席参加“建家”学习班，对照“标准”找差距，抓落实。第三环是抓二级工会总结汇报交流。校工会召开应用数学系工会工作总结汇报现场会，用典型引路，并邀请了校、系党政领导出席会议，反响良好。第四环是抓评比先进与经验总结，巩固“建家”成果。1985年12月25日，校工会召开工会工作会议，对“整顿工会组织，创建教工之家”活动进行总结交流，公布该年度18个优秀（先进）二级工会名单，并颁发奖状和活动奖励费。

经过从上到下、从下到上的工作，校工会开展的“整组建家”活动卓有成效：一是各单位党政领导对工会工作的重视程度比以往明显增强；二是通过“建家”实践，工会干部开阔了眼界，加强了对工会性质、地位、作用的理解，增强了搞好工会工作的信心；三是改变了教职工心目中“福利工会”的形象，从而在更广阔的领域内支持工会工作，为新时期全面推进工会工作打下坚实基础。

1986年1月17日，上海市教育工会在上海交大召开验收“教工之家”现场会。1月18日，由13所高校工会组成的验收组认为交大工会符合创建“教工之家”的六条标准，工作扎实有效，一致同意通过验收，并现场颁发“职工之家”合格证。通过创建“教工之家”活动，校工会为学校两个文明建设作出了积极贡献，获得多项荣誉。1986年4月，校工会被上海市高教局授予“1985年上海市高教系统文明单位”称号。1986年11月，上海交大工会被上海市总工会授予“上海市模范职工之家”光荣称号。1991年5月，又被上海市总工会授予“1990年上海市先进工会集体”称号。

（三）组建交大青年教师会

20世纪80年代以来，随着上海交通大学教育事业的发展，学校陆续补充了数百名青年教师加入。根据青年教师的要求，1984年底，经校党委同意，校工会拟筹建一个便于互通信息、加强横向联系、活跃学术气氛、促进共同提高的青年教师组织，为青年教师创造脱颖而出的环境，帮助他们更快成长起来，为祖国“四个现代化”大业和交大发展作贡献。

经过半年多的筹备，1985年9月28日，校工会召开“上海交通大学青年教师会成立大会”，正式组建“上海交通大学青年教师会”（简称“青教会”），直属校工会领导。大会通过了《上海交通大学青年教师会章程》，规定“青教会”的宗旨是：继承发扬交大光荣传统，团结广大青年教育工作者，积极参加教育改革，努力学习，勤奋工作，为中华之振兴，交大之发展而奋发进取，建功立业。

“青教会”聘请翁史烈校长为名誉会长。动力机械工程系青年教师倪军被校工会委任为第一任会长。另外，根据会长提名，聘任了副会长及理事。上海交通大学青年教师会的领导机构是理事会。第一届理事会组成情况是，名誉会长：翁史烈，会长：倪军，副会长：张国华、陈康燕、席元鸿，秘书长：席元鸿（兼），理事：马二鸣、马汉军、王友琪、王诗斌、许建文、沈志坚、张伟民、张建武、胡君明、黄伟华、黄进安。

校工会充分依靠“青教会”中的积极分子，开展适合青年特点的文体活动；组织学术交流、进行社会调查、参与学校重大问题的讨论、向学校提交制订培养青年教师政策的建议方案等，并从学校申请到14万多元的青年科研基金。“青教会”成立后，充分利用自身力量，做了很多受青年教师欢迎的工作。例如，积极向校领导反映青年教师的呼声和诉求；业余时间办起“英语口语班”“英语阅读班”，开展多项文体活动；青年教师与学生骨干、中老年教师开展联谊活动等。此外，“青教会”还主动与学生联系，做学生的思想政治工作，受到校领导的称赞。“青教会”的出色工作，为工会工作开拓了新领域，不仅为工会培养了一大批积极分子和后备干部，更重要的是为学校广大青年教师的成长创造了良好环境，搭建了交流平台，受到各方好评。

（四）成立妇女工作委员会

1979年以前，学校妇女工作主要由工会女工部组织各类活动。为了适应学校改革发展的需要，按照女性特点和特长把“半边天”组织起来，在上海市教育工会和上海市妇女联合会的支持下，1979年2月26日，校党委批准成立上海交通大学妇女工作委员会（简称妇委会）。该会是上海市妇联的基层组织，也是从属于学校的二级组织机构，在当时是工会和妇女工作体制的重大突破，打破了在高校没有专门妇女组织机构的状态。这也是上海交大改革开放中的一次制度性创新。

上海交大首届妇委会由15名委员组成，孙礼芙任主任，程鹤年、孙璧嫊、田惠卿任副主任。1979—1985年，妇委会设专职干部2～3人，主持日常工作。1983年12月，第二届妇委会由15名委员组成，王宗光任主任，程鹤年任常务副主任，田惠卿、余爱芳任副主任。下设3个工作组：知识妇女工作组、少年儿童工作组、维权组。1984年，校党委调舒培丽任专职副主任。1985年起，妇委会与工会合署办公。1989年，第三届妇委会由21名委员组成，王宗光任主任，舒培丽任专职副主任，田惠卿、余爱芳任副主任。

校妇委会的主要工作是贯彻执行市妇联的工作精神，围绕学校中心工作，发挥妇女组织的宣传、维权和协调职能，把提高全校女教职工的素质作为工作基点，开展具有女性特色的各项活动。努力为全校女教职工、少年儿童办实事，扩大妇女工作的辐射面，关注女大学生的成长。积极开展争创“三八”红旗手、“三八”红旗集体活动。

二、工会干部队伍建设

（一）转变思想凝聚共识

加强工会干部的思想建设，首先要提升对教育工会的性质和作用的认识。党的十一届三中全会后，党对教育工会提出了更高的要求。校工会非常重视提高工会干部的政治业务素质，经常组织工会骨干学习时事政策，建立每周二下午政治学习制度，集中学习党和国家领导人对工人阶级和工会工作的重要论述，学习党在各个时期的方针政策，工会九大、十大、十一大和全国教育工会的一系列指示精神，不断提高理论水平与思想认识。校工会根据新时期工会工作的方针，结合学校探索改革发展的实践，及时更新观念，转变思想，认识到工会是教职工的代表者，应该维护教职工的民主权利、主人翁地位以及他们的物质利益；应该贯彻党的教育方针，服务学校全局与中心工作，围绕培养高质量的人才开展工作，这是新时期教育工会最主要的任务。同时，工会还认识到，学校的管理改革、教育改革为教育工会提供了广阔的活动舞台。工会支持改革，参与改革，围绕“教育”多做文章，就一定会得到教职工的拥护赞同。

在学校1979年开始的管理体制改革中，校工会充分发挥自身优势，从以前重点抓“福利”工作转向参政议政、参与学校管理及教师队伍建设，积极为改革献计策，为育人出力量，为建设具有中国特色的社会主义新交大作出积极贡献。

1990年，校工会将思想认识凝练成三句口号：“一切为教职工服务”，这是全心全意为人民服务的思想在群众组织工作中的具体化；“为一切教职工服务”，这是就工作对象、服务对象的范围而言；“为教职工一切服务”，这是指为教职工服务的内容而言，凡是一切关系到职工的合理需要都要关心，都应顾及，涉及一切合法权益都应主动去维护。这三句口号精辟概括了校工会在新时期的宗旨和任务，成为工会开展一切工作的出发点和立足点，成为指导工会工作的原则和准绳。

（二）加强学习提升业务能力

为提高脱产工会干部的工作能力，校工会做了大量工作。

首先，建立学习制度。每月安排一次星期六下午，为校工会委员、经审委员、二级工会主席集中学习时间。工会每年都会举行工作交流会，组织基层工会干部进行工作经验交流，统一思想、凝聚共识，表扬先进工作工会积极分子，探讨如何适应学校发展和改革的新形势，进一步发挥工会的作用。

其次，安排岗位培训及专业学习。先后派出多人参加国家教委和上海市委党校轮训、市教育工会主办的“工会干部上岗培训班”。安排符合条件的工会干部到本校土建系工业造型设计专业、秘书专业大专班学习，提升工会干部的业务能力和专业知识。

最后，工会有意识安排工作人员下基层了解情况，搞调查研究，倾听教职工呼声，主动反映教职工诉求，从接触群众、接触实际的工作实践中增长才干。此外，还有意识安排工会干部轮流写调查报告，编写《情况交流》，让平时独当一面的工会人员有机会接触到多项业务，做到一专多能。

经过教育培训，工会脱产干部的精神面貌焕然一新，业务素质得到提高，为工会做好参政议政、民主管理、为教职工说话办事、维护教职工合法权益等工作打下扎实基础。

（三）开展国内外交流

校工会正式恢复以后，积极派代表参加全国及上海市工会代表大会，学习和传达上级工会的精神指示。1978年9月，夏安世及任肇鉴参加上海市第六次工会代表大会。同年10—11月，夏安世出席全国工会第九次代表大会。1984年，陆中庸、吴世华、季学玉、华南盾、吴吉锋、王大璞、任慕农、施亿生、韩德苏、陆少华参加中国教育工会上海市第三次代表大会。1987年5月，季学玉出席中国教育工会第三次全国代表大会。

校工会也与中国教育工会系统积极开展交流。1984年，校工会接待了中国教育工会代表团。中国教育工会为了推广教职工代表大会制度，于该年11月27—30日在上海召开"中国教育工会上海片教职工代表大会情况交流"现场会，主要会场设在上海交大。会议的主要内容是由上海交大介绍实行党委领导下教职工代表大会制的有关情况。中国教育工会党组书记方明来沪主持会议并作了讲话。出席会议的有黑龙江、山东、湖南、贵州、江西、河南、内蒙古、宁夏、新疆、吉林、广西、浙江、青海、安徽、福建、广东、江苏、河北、山西、天津等21个省市教育工会和部分高等院校的80余位党、政、工负责人，以及上海市教育工会、高等院校、部分中专的90余位党、政、工负责人。

会议期间，应与会代表的要求，外省市代表80余人在校工会阅览室举行了座谈会，由校工会专职副主席季学玉介绍上海交大工会开展工作的情况。校应用物理系党总支、二级工会等介绍该系工会工作，引起代表极大兴趣。校工会还把《上海交通大学首届教职工代表大会资料汇编》与应用数学系合编的《教书育人》两书发给代表，受到欢迎。会议开得热烈而富有成效，有效加强兄弟高校工会之间的工作经验分享和情感交流，受到与会人员一致好评。

此外，校工会与国际上的有关工会的交流，也有一定进展。

1978年12月21日，校工会参与接待日本国营铁路动力车工会代表团。该团一行15人，由该工会副委员长福田一雄带领，应中华全国总工会的邀请来华参观。张炳钰、任肇鉴、骆振黄、刘岳元、许焕章等陪同，参观了学校内燃机试验室、全相试验室、610实验室、船模试验室等。总工会孙盛泉、张圣纯等陪同参观。

1979年5月30日，校工会参与接待美国工会工作代表团。该代表团由6人组成，分别为港口工会、木工工会、店员工会、电子学会工会的负责人，还有2人是机械师协会的负责人。任肇鉴、董育常、严礼宏等陪同代表团参观了学校的610、船池和计算中心等实验设施。中华全国总工会和上海市总工会的相关人员陪同接待参观。

1982年4月12日，校工会参与接待埃及工人工会总联合代表团一行3人。奚心雄、任肇鉴、吴世华参与接待，向代表团介绍学校概况、教学情况及工会活动情况。上海市工会的相关人员陪同接待。

三、工会工作制度建设

在上级工会精神的指引下，根据开展工作的现实需要，上海交大工会逐步建立起一系列规章制度，厘清工会组织的各项职能，规范业务管理和经费使用。工会工作逐渐向制度化方向迈进，有力地推动各项工作的顺利开展。

工会制度建设是随着工会工作的不断发展而逐步推进的。交大工会正式恢复后，1979年，工会制定《工会常务副主席兼办公室主任岗位责任制》，规定工会常务副主席的职责范围。1983年，随着工会工作的进一步发展，出台《工会工作暂行条例》，明确了工会在学校工作中的地位、作用和任务，该条例在校第六届工会会员代表大会上审议通过。同年，工会制定《校工会职责范围》，重新修订《工会常务副主席兼办公室主任岗位责任制》，出台《工会办公室副主任兼妇女委员会副主任岗位责任》《校工会办公室职责范围、各项职责的要求、岗位责任制考核办法》等，初步形成交大工会工作的制度规章体系，为提升工会工作效率与工作质量提供了制度保障。1985年，为了规范工会经费使用和管理，制定《上海交大工会经费管理及使用的试行办法》，在征得上海市教育工会同意试行后，实行“部分经费下放，校系两级管理”的办法，为搞活工会工作发挥了良好作用，有效促进工会经费的合理使用。1992年，根据工会工作发展的需要，对《工会常务副主席岗位职责》进行再次修订，并出台《妇委会岗位责任制》。

校工会组织管理规章制度的逐步完备，进一步促进了工会工作的体系化、规范化、程序化，增强了各项业务工作的指导与管理效果，有效提升校工会组织和工会干部的工作成效，保障了工会组织在实现学校总体目标任务中的积极作用。

第三节
加强教职工队伍建设

提高教师的思想品德修养和业务素质，是社会主义大学为“四个现代化”建设培养合格人才的关键。开展群众教育，不断提高教职工队伍的政治觉悟和文化水平，是教育工会的重要任务之一。1978年，上海交大工会正式恢复后，积极适应改革开放的新形势，围绕党的教育方针，充分发挥教育职能，从师德师风建设、思想政治教育、科学文化知识培训等方面，开展了一系列形式多样、生动活泼的群众教育活动，在提高教职工综合素质方面发挥了积极作用。

一、推进“教书育人”师德师风建设

1979年9月，党的十一届四中全会提出要在建设高度物质文明的同时，建设高度社会主义精神文明。1981年2月，全国总工会等9个单位联合提出“五讲四美”活动的倡议，号召开展“讲文明、讲礼貌、讲卫生、讲秩序、讲道德”和“心灵美、语言美、行为美、环境美”活动，旨在提高广大人民群众的道德水平，加强社会主义精神文明建设。随后，全社会掀起了“五讲四美”活动热潮。教书育人是每个教师应遵守的重要师德。1981年，中国教育工会发出《关于建设社会主义精神文明，开展“五讲四美”为人师表活动倡议书》，首次明确提出“教书育人”口号。1982年，教育部发出《关于支持开展“五讲四美”为人师表活动倡议的通知》，号召在全国开展教书育人活动。

教师的思想道德状况是能否完成教书育人任务的关键。校工会积极投入“五讲四美”为人师表活动，组织开展一系列群众性的教书育人活动。从20世纪80年代积极开展“为人师表，教书育人”活动，到率先提出“三育人（教书育人、服务育人、管理育人）”理念推广到全国教育界，校工会围绕“育人”工作，与学校相关部门联手，开展经验交流，组织全国、上海市和学校的各类师德先进评选活动，持续加强以弘扬师德师风为主要内容的职业道德建设，有效提升全体教职工为“四个现代化”建设培育合格人才的责任感和使命感。

上海交大工会是上海高校中最早开展“教书育人”活动的单位之一。从1981年起，校工会积极响应中国教育工会和教育部号召，从三个环节入手，推动“为人师表，教书育人”活动从起步走向深入：第一步，组织教书育人座谈会，提高认识，总结经验，提高对“教书育人”重要性的认识，总结出“教书育人”经验。第二步，推广典型，把应用数学系开展“教书育人”活动的经验先后在各院系推广。第三步，把“教书育人”活动进一步推广到服务部门和管理机关。

1982年3月，在“文明礼貌月”活动中，校工会向教师提出了“教书育人，身教言教”的具体要求。5月，我国著名德育教授李燕杰到上海介绍经验，工会组织全校教职工听看李燕杰报告的录音、录像，并进行认真讨论。接着在会员代表大会上表彰一批“五讲四美”积极分子，交流教师做学生思想工作的体会，这些活动声势浩大，反响良好，有力推动了教书育人活动的开展。

1982年8月6—12日，为推动“为人师表，教书育人”活动深入开展，校工会在雁荡山召开教书育人座谈会，邀请在教书育人方面有经验、在学校有影响的34位教师举行座谈会进行交流，分析当前学生的思想品德状况和教师在教书育人中存在的问题，总结出上海交大教师开展“为人师表，教书育人”活动的九条经验，即：

（1）教师要有一颗为“四个现代化”精心培育人才的园丁之心，这是做好“教书育人”工作的根本。

（2）要努力提高教学质量，把书教好，这是做好“教书育人”的前提。

（3）寓育人于教学过程之中，这是教师做好“教书育人”的主要方法。

（4）教师要严于律己，为人师表，处处做到身教言教统一，这是做好“教书育人”的基础。

（5）主动接近学生，了解学生，建立良好的师生关系，这是做好“教书育人”的关键。

（6）对学生进行教育要从青年特点出发，以表扬为主，从正面引导，这是做好“教书育人”工作的一个原则。

（7）在教育中要赏罚分明，区别对待，这是在“教书育人”中应体现的政策。

（8）政工干部、政治教师、业务教师要紧密配合，这是做好“教书育人”的保证。

（9）既要看到百年树人任务的艰巨，又要坚定必胜的信心，为培养合格人才不遗余力地工作，这是每个教育工作者的责任。

校工会将这次座谈会的成果写成“暑期雁荡山教书育人座谈会纪要”，连同30多篇教师心得体会的文章汇编成《教书育人专辑》发刊，每位任课教师人手一册。实践证明，“为人师表，教书育人”活动的开展，有利于把思想和行动统一起来，是教师教育学生与自我教育相结合的好形式。

9月，新学期开始，工会逐级传达、贯彻暑期雁荡山教书育人座谈会精神。学校行政也把教书育人作为新学期中心任务之一进行部署，各系工会、教研组积极开展工作，有的系工会还进一步总结在各个教学环节如何做学生思想政治工作的经验，召开全系教师座谈会进行交流。

9月28日下午，校工会召开大型教书育人座谈会，积极推进“爱本职、做主人、为人师表”活动，提出忠于党的教育事业，搞好教书育人，进一步交流经验。来自图书馆、实验室、车间、食堂、后勤等单位的200余人参加。来自不同工作岗位的代表介绍自己勤奋学习、热爱本职工作、给学生以良好影响的事迹和体会。教师代表也热情发言，以亲身感受讲述实验室、食堂、水电、图书馆等各部门对教学、科研的支持。座谈会激发了广大会员奋发进取的热情和作为教育工作者的责任心。

二级工会在深入发动群众“爱本职、做主人，为人师表”活动的基础上普遍召开座谈会，进一步交流各单位的先进经验，表彰各单位的先进人物和先进事迹，组织义务服务日、文明服务周，学习赵春娥发扬共产主义闪光点等活动。通过一系列活动交流经验，树立典型，发扬先进，认识到学校各方面工作都与“育人”紧密相连，教职工思想面貌发生很大变化。11月，工会组织各系工会进行对口检查，发现教书育人已不同程度地成为教师的自觉行动，如电工及计算机科学系任课教师中，能深入联系学生，严格要求学生，关心学生全面成长者有86位（占90%以上）。

为了在全校形成有目标、有组织的全员“育人”氛围，1984年，校工会在总结前两年开展“教书育人”经验的同时，在全国高校工会中首先提出“服务育人”“管理育人”，与1982年全国教育工会提出的“教书育人”相配合，提倡“三育人”理念，并被中国高等教育界广泛接受。

1988年，为将“三育人”落到实处，学校采取了几项措施：

（1）成立由副教务长牵头的“教书育人”工作小组，协调日常教书育人工作。

（2）把“教书育人”列入教师工作规范。每学年考核一次。规定各单位每学年结合考核，普遍进行“三育人”工作总结交流。

（3）学校特设“教学优秀奖”特等奖，作为学校对教师最高奖励等级，专门授予教学和育人工作都出色的教师。学校规定“教书育人”的实绩和论文，在晋级和升职时予以承认。

（4）学校把“教书育人”工作列入对各系工作的评估体系中，作为考核内容之一。

（5）在二届一次教代会上，制订了《上海交通大学教书育人守则》从而使教书育人工作有章可循。

为推动“三育人”活动深入开展，校工会从“评选先进典型、开展总结交流、把育人活动与学习榜样结合”三个环节着手。首先，校工会积极组织院系、教师参加校内外教书育人先进评选活动。每年年初和教师节，校工会都要会同有关部门召开大会，表彰师德师风模范榜样，评选教书育人组织管理工作先进单位。1987年，在上海市教育工会和高教局联合举办的上海市高校教书育人成果发布评选活动中，上海交大应用数学系获“教书育人优秀集体奖”，王嘉善获“教书育人一等奖”，白同朔获“荣誉奖”，侯文永、朱佛容获“鼓励奖”。1989年，孙薇荣、王嘉善、张益杰等参选的《教书育人，提高高数教学质量》荣获上海高教局“上海市一九八九年优秀教学成果优秀奖”。其次，1988—1991年间，校工会先后三次召开大型“三育人”交流会，由师德高尚、成绩卓著的教师代表和先进单位介绍“三育人”方面的丰富经验和深切体会，号召全校教职工为党的教育事业多作贡献。最后，还把“育人”活动与学习先进榜样结合起来。1990年2月24日，校工会与团委联名发出“学习唐坤发，振兴我中华”的倡议，把学习唐坤发与自觉做好“育人”工作结合起来，在全校形成“学习唐坤发，榜样在身边，从我做起，不断进取”的良好环境。唐坤发是上海交大应用物理系的副教授，是青年教师的优秀代表。他在工作中勇担重任，教书育人双肩挑，勤勤恳恳，任劳任怨，把全身心献给祖国的科教事业。1989年1月20日，唐坤发因病逝世，年仅34岁。在短暂的人生旅途中，唐坤发始终坚守对党和国家的忠诚，对知识的祈盼，对科学事业的执着追求，对学生、对同志的无限热爱。他曾于1988年被中国技术情报所确认为在国际杂志发表学术成果最多的我国前十名作者之一，还曾获得上海交大首届青年教师优秀科研教学成果一等奖。

多年来，校工会扎实开展“为人师表教书育人”“三育人”活动，塑造教职工积极向上、潜心育人的良好风貌，有效推动学校形成“为人师表、教书育人”的良好氛围，使得“教书育人”成为教职工的思想自觉和行动自觉，有效提升了教师的职业道德修养，取得显著成效。

二、开展“三热爱”思想政治教育

1981年8月，共青团中央决定在全国青少年中开展热爱祖国、热爱社会主义制度、热爱党的“三热爱”教育活动。从此“三热爱”与“五讲四美”一道，成为我国社会主义精神文明建设的重要内容。

多年来，上海交大工会在开展教职工思想政治教育上，始终把“三热爱”教育放在首位，充分发挥教育工会的优势，推出形式多样、内容丰富的教育活动，厚植“三热爱”情怀，有效提升教职工的思想政治觉悟。

1982年，校工会在青工中开展“振兴中华”读书活动，配合爱国主义教育，把该活动与“谁最爱我们伟大的祖国”百科知识竞赛有奖活动结合起来，吸引了1 000多名青工参加读书竞赛活动。1983年底，校工会根据《工人日报》的知识竞赛试题，又组织了一次竞赛，学校有1 500多名青年教职工参与答题，收到良好效果。这以后，各二级工会普遍结合形势任务的学习，组织知识竞赛。党的十二大召开后，为推动会议文件的学习，校二级工会组织测验或竞赛，收效良好。1985年，校工会在全校教职工中开展“献身改革，振兴中华”知识竞赛，把读中国现代史与学习中央的经济体制改革决定结合起来，教职工踊跃参与，深受教育。

在“振兴中华”读书活动中，校工会组织400多名青工以读书小组的形式，重点品读《高山下的花环》这部红色经典名著，还举行读书讲评报告会、讨论会等辅导活动，表彰16名读书积极分子、3个优秀读书小组和4名优秀读书组织者。为了加深对英雄战士高尚品德的理解，校工会还组织了向工业战线因公负伤的英雄人物作社会调查、缅怀革命前辈祭扫宋庆龄墓等活动。此外，校工会还契合时势，积极召开各种大型座谈会，号召青工向先进榜样学习：召开“学习张海迪开展振兴中华读书活动”大型座谈会、“纪念毛主席九十诞辰”青工座谈会、“纪念五四”青工座谈会等。这些活动都有学校党政领导参加，青工踊跃发言，沟通思想，交流经验。每次会议都开得催人奋进，使教职工深受思想教育和灵魂的洗礼。

校工会在开展爱国主义教育活动中，除了举行读书、竞赛、座谈会等活动，也组织教职工走访考察爱国主义教育基地和历史文化古迹。1983年暑假，校工会组织90多名青工去绍兴，开展振兴中华学习考察活动，组织参观鲁迅纪念馆，三味书屋、百草园、秋瑾故居、大禹陵、越王台、兰亭等。工会事先印发鲁迅的小说《药》和近二十份有关绍兴历史文化典故的材料，介绍秋瑾、鲁迅的生平事迹。每参观一地，由青工自己介绍有关中华传统文化、革命历史等。晚上结合参观学习的内容，举行政治、历史、地理、文学常识测验，举行“读书求知百科知识”智力争答等活动，参观兰亭还举办书法比赛，回来后每人写了一篇调查报告。通过这些活动，对青工进行集体主义教育、纪律教育和爱国主义教育，既提高了他们的思想认识，又拓展了知识与视野，非常有意义。

此外，为了提高青工的政治素质，工会还组织他们观看思想性比较高、有教育意义的电影、话剧，每月一次。有些电影或话剧看过以后组织讨论。通过耳濡目染，日积月累逐步达到教育转化的效果。工会还组织开展戏剧、音乐、歌咏、摄影、绘图、书法等群众活动，寓教育于活动之中，引导教职工积极参与健康向上的精神文化生活。

多年来，通过开展内涵丰富、意义隽永的教育活动，教职工的思想面貌发生很大变化，焕发出积极向上、奋发有为的精神风貌，有效调动了教职工为学校多作贡献的积极性。同时，也培养了一大批思想觉悟高、政治水平过硬的工会骨干积极分子，很好地起到了团结、教育群众的作用。

三、提升教职工科学文化素养

教师队伍的业务素质对学校人才培养至为关键。改革开放以来，校工会根据学校培养“四个现代化”建设人才对教职工队伍提出的要求，与时俱进，积极创造条件，为提高教职工的科学文化素质服务。

（一）多举措为教师知识更新补缺

“文革”结束后，学校百废待兴。1978年，上海交大党委书记邓旭初率领教授代表团访问美国获得成功。这以后美国学者络绎不绝来校访问、讲学。

十年内乱中业务有所荒废的教师们急待更新知识，提高外语水平。根据教师们的要求，校工会举办了三期外语学习班，200多名教师利用业余时间学完了《英语900句》《新概念英语》等课程。由于当时想学习的人多，而教材奇缺，校工会还组织力量翻印了1 000册《新概念英语》教材。

随着教育事业朝着现代化方向发展，许多新的教学科研设备不断补充进校。尤其是计算机，不但进了各个实验室，而且进了办公室，为此要让更多的人懂得计算机知识，掌握使用技术。由于当时计算机知识远未达到普及程度，特别是操作使用计算机的实验室工作人员对计算机了解不多，直接影响了工作，有关人员急需补充计算机知识。校工会急教工之所急，与实验室管理处一起，从1981年初起，先后共同举办过两期"微机基础知识班"，两期"计算机原理和应用班"，两期"BASIC计算机语言班"，两期"微机接口技术班"，还自编一系列学习教材。这些教材通俗易懂，又结合学校已有微型计算机的实际，加上教师讲课深入浅出，因此学习效果很好，参加学习者逾1 000人次。校领导称赞工会和实验室管理处举办这些讲座非常重要，为学校建设办了好事，作了贡献。

（二）花大力提高青年职工的文化素质

校工会在提高青年职工（简称青工）文化素质方面作了很多工作。学校在"文革"期间进校的青工多达1 036人，文化素质普遍不高。1979年，校工会曾对500名青工进行文化知识测验，结果只有10人（占2%）达到高中水平，60%多的人只有小学水平，甚至还有少数是文盲。这种状况不能适应高等学校开展教育工作的需要，如何提高青工的文化素质是学校非常关注的问题。

为了提高青工读书学习的兴趣，1982年，校工会开展"谁最爱我们伟大的祖国"百科知识竞赛，编制了有关政治、经济、地理、历史、人物等主题的100道题目，实行开卷答题，对获得好成绩的个人和单位颁奖。该活动引起青工的极大兴趣，全校1 000多名青工积极参加知识答题竞赛活动。为了找答案，大家看书、找资料，连休息吃饭走路也讨论研究答题，掀起前所未有的群众学习热潮。最后800多名青工提交答卷参加评奖，对青工普及文化知识起到积极推动作用。后来工会还组织了多起问答测验活动，青工参与踊跃，同样收到良好效果。

为了给青工系统学习文化知识提供良好条件，学校决定职工业余中学由校工会代管，增加经费，补充师资。校工会把组织动员青工学习作为重要任务，根据青工文化程度分别编班开展培训。从1984年3月至1986年12月共举办16期青工轮训班，轮训学员637人，占全校应轮训青年职工的80%。

经过两届工会的努力，青工中有600多人拿到初中或高中文凭，其中有300多人考取了各类大专院校，并有7名考取了研究生，其中4人出国深造。青工素质提高了，在校内各个岗位上发挥重要作用，不少人入了团，入了党，成为先进分子，有的还成了领导骨干。鉴于学校青工文化补课成绩显著，1985年4月，上海市人民政府授予上海交通大学职工业余中学“1984年度上海市职工教育先进集体”称号。

第四节
做好民生保障服务

关注民生、保障民生、改善民生是工会组织履行维护职责的具体表现。全心全意为教职工服务是教育工会工作的宗旨。校工会正式恢复后，在校党委领导下，一直将民生工作作为推进工会改革的出发点和落脚点，从学校建设和发展的全局出发，代表和维护教职工利益，多层次、多渠道、多方面地为教职工办实事，谋福利，团结和凝聚广大教职工同心同德为学校发展作贡献。

一、营建和谐人际关系

多年来，校工会从关心教职工出发，努力做好尊重人、理解人、关心人、送温暖的工作。每年组织春节团拜活动，游艺活动；在节假日组织联欢会，座谈会，茶话会；开展家访谈心活动；主动关心老弱病伤的教工及离退休教工；组织庆教龄活动，祝寿活动等。

（一）关心广大教职工生活

1978年，工会恢复活动，正值教职工深受“四人帮”之害心灵备受创伤之时。为了消除隔阂增进感情，从1979年春节起，校工会恢复了停止十多年的春节团拜活动。1979年团拜是粉碎“四人帮”以后第一次团拜活动。工会认真作好准备，各方面也都非常重视，曾担任上海交大党委书记的副市长杨恺专程到会恭贺新春。老教授、老干部、老职工们很早就到了会场，大家久别重逢，无限感慨，气氛热烈，群情激动。此后，每年一度的春节团拜成为

图3-6 1986年上海交通大学党委书记何友声在春节团拜会上祝词

学校教职工喜迎佳节、融洽感情、共话发展的传统活动。

校工会还组织夏令季节的纳凉晚会；各二级工会、工会小组在节假日也组织茶话会、联欢会，普遍开展家庭访问，谈心活动，主动关心生病的或有困难的群众，把温暖送到群众心坎里，让教职工感受到组织关怀的同时，也增进了相互了解和感情交流，和谐了人际关系。

1980年冬，附属工厂的一位工人家中失火，房产衣物全部烧光，一家几口无法生活。工会广泛开展发扬工人阶级优良传统进行互助互济的活动。全校教职工和附属工厂员工都积极参加捐献，一人有难大家帮。通过群众的捐赠和组织上的救济，不仅使受灾者很好地安排了家庭生活，感受到组织上、同事间的关怀与温暖，也使每个职工特别是青年职工受到了一次生动的友爱互助教育。

校工会开展的祝寿活动富有人情味，深受欢迎。1985年3月起，工会决定给50岁以上男教工、45岁以上女教工逢五、逢十生日时送生日蛋糕。各二级工会、工会小组非常重视这项工作，把本单位会员生日逐一登记造册，届时会同有关领导前往教工家中祝寿，送生日蛋糕，并把祝寿与家访、谈心、了解情况等有机结合起来进行，既融洽感情，增强了团结，又调动了积极因素。祝寿活动有很多生动的例子。社会科学及工程系肖国风教授生日那天，工会干部带着蛋糕向她祝寿。肖教授万万没想到工会来给她祝寿，见此情景不由愣住了。肖教授丈夫早已去世，她和孩子们都把她的生日忘记了。肖教授感动不已，一再向工会表示谢意。电力系王蔼教授六十岁生日那天下着雨，该系工会干部和系领导冒雨赶到王教授家祝寿。此举深深感动了王教授一家，王教授夫人一再感谢交大领导的关心。1987年11月12日，上海市顾问委员会委员、原校党委书记邓旭初及校工会等部门的负责人前往江苏太仓，祝贺退休老工人朱洪福百岁寿辰。校工会向朱老赠送刻有“福寿骈臻”4字的寿章，一时传为佳话。

图3-7　1987年1月3日上海交通大学党委副书记、原校工会主席陆中庸代表学校祝贺朱物华教授八十五寿辰并执教六十年

校工会非常关心退休教工的生活。1984年12月23日，校工会在交大新村开办“老年之家”，开展“老帮老、心贴心、互帮互助送温暖”活动。工会还帮助“老年之家”开展一些文体活动，实现自娱自乐，从此退休教工有了一个“老有所学、老有所乐”的活动场所。1986年5月，在校党委领导下，校工会与统战部一道，在国内高校率先成立“上海交大退休教师协会”，遵循“老有所养、老有所为、老有所乐”精神，组织退休教职工开展活动，既丰富

退休教工们的精神文化生活，也对学校发展起到积极作用。1988年10月，校工会又力促“退休教职工管理委员会”成立，统一安排退休教工活动，办了许多实事。此外，校工会对老干部处工作也从精神和物质两个方面给予大力支持。

校工会还特别关心青年教师的成长。1988年10月，校工会配合党办、校办对学校青年教师的思想、工作、学习生活状况作了一次深入调查，起草了一份关于“搞好学校青年教师队伍建设”的报告呈交校党委。这次调查引起了全校重视，各单位纷纷制订青年教师培养计划，学校有关部门也把解决青年教师后顾之忧提上议事日程，想方设法为青年教师解决高级职称评审、住房、子女入托、入园、入学等方面的困难。

1988年，为创造让青年教师脱颖而出的环境，校工会集资近3万元设立“交大青年教师优秀教学、科研论文和成果奖”基金，每2～3年评选一次。1989年首届“交大青年教师优秀教学、科研论文和成果奖”评出一等奖王跃云等3人、二等奖7人、三等奖23人、鼓励奖27人。该奖设立深受青年教师欢迎，每届申报人数之多超过预料，有效激发了青年教师进行教学科研的积

图3-8 1991年上海交通大学庆祝第七届教师节暨表彰大会颁发优秀教学成果奖

极性。

为了增进教职工之间的友爱互助，1990年4—5月，校工会先后在徐汇、闵行两校区举行“学雷锋，为您服务日”活动。全校30多个单位共400多人参加“学习雷锋，为您服务”队，在校园内设摊，热情为全校师生提供“维修、理发、咨询”等义务服务，受到师生们的热烈欢迎。从此，每年的春夏之交，校工会都会组织举办“学雷锋，为您服务日”活动，成为交大校园里增进友爱互助、融洽群众关系的一项传统。

这些关心人、理解人、尊重人、激励人、帮助人的系列工作，充分发挥了工会联系群众的桥梁和纽带作用，营建了团结和谐的校园人际关系，增强了教职工办好交大、为国争光的凝聚力。

（二）“十必访”制度规范化

在长期开展关心广大教职工的工作实践中，上海交大工会于1990年在全国高校率先总结出“十必访”关心教职工的制度，得到上海市教育工会称赞，在全市高校推广。

所谓“十必访”就是，当教职工在工作上、生活上发生重大事件时，工会要前往家中访问、探视，从精神和物质两方面送上组织的关怀和温暖。详细内容如下：

（1）婚：交大教职工中男女青年结婚，二级工会前往祝贺，并送纪念品。

（2）育：女青年生育，妇女干部上门探望，送慰问品。

（3）寿：男50岁、女45岁起逢五、逢十时，二级工会祝寿，或上门或集体祝寿，每人送一盒蛋糕。

（4）病：会员生病住院或生病一个月以上者，工会干部前往探望，并送慰问品。

（5）伤：会员因公受伤，送慰问品。

（6）亡：会员病故，工会干部参加追悼会，校、系工会各送一只花圈以慰抚亲属，寄托哀思。

（7）灾：因自然灾害造成损失，工会视具体情况给予关心。

（8）献：会员献血，二级工会上门慰问，送母鸡一只或慰问品（费用由校工会报销）。

（9）退：会员离退休，赠纪念品（由校工会报销）。

（10）出（回）：会员出国，工会给予多方关心。凡学校批准且手续完备拟出国一年以上者，二级工会均需召开欢送会或座谈会或茶话会。正在国外深造且在国外过新年者，由校工会以校、系工会名义寄圣诞卡和春节慰问信。对于出国归来的教职工，校工会多关心其思想和生活状况，为他们排忧解难。

“十必访”制度成为上海交大工会的一项优良传统，保障了广大教职工依法享有工会福利待遇，成为学校各部门党政工共建“教工小家”的重要活动，有效增强了教职工的凝聚力、向心力，营造了温暖、和谐的校园人际关系，提升了教职工幸福感与获得感。

二、解决教职工后顾之忧

教职工的后顾之忧涉及多方面，其中最主要的是子女的教育与工作问题。多年来，校工会一直积极回应教职工的诉求，关心教职工子女的入托、入园、入学、工作等问题，想方设法解决教职工后顾之忧。

粉碎“四人帮”后，大批教职工子女从农村回城待业，这对教职工来说既是高兴的事，但也是发愁的事。1978年正是高考制度恢复的第二年。教职工找到了工会，希望举办“高考补习班”。为满足教职工的需求，从1978年起，校工会连续多年为教职工子女举办“高考复习班”，开展语文、数学、英语、物理、化学等多门学科补习，聘请交大附中高水平的教师任教，深受欢迎。先后参加学习者共有1 500人次，其中许多人后来都升了学或走上了工作岗位。此外，为帮助解决教职工子女的就业问题，校工会举办多期“就业补习班”，学制图、中英文打字、缝纫技术等。1984年，还增加学习计算机知识的课程。由于制图大受欢迎，1984年，经校党委同意，徐汇区工商管理部门批准，成立了自负盈亏、自主经营的交大青年制图社，先后培养了30多名学员。其中，有些学员被安排在学校各教研室参加制图，承担起学校20多项重大科研项目的制图工作，绘制了数百张教学挂图，完成了10多本出版物的插图，为学校节约了大量劳务支出；有些学员被推荐到合适的工作单位，深受用人单位的好评。直至1986年制图培训才结束。校工会举办的“就业补习班”非常成功，《人民日报》曾对此发过相关报道。

1985年10月，为缓和教职工子女入托难问题，工会请“老年之家”办了一个托儿所；为早期开发儿童智力和培养能力，工会配合妇委会在交大幼儿园试办儿童英语训练班，举行少儿生活能力比赛；开办家长学校，举办科学育儿讲座，给孕妇举办胎教学习班；在暑假为小学生举办科普学习班，学习计算机、船模、书法、美术、电工、手风琴等；为鼓励小学生全面发展，从

图3-9　1987年1月3日校工会主席王守仁在上海交通大学新建的幼儿园落成典礼上致贺词

1986年“六一”起，工会在小学设立“苗苗奖”；为了提高交大附中、小学、幼儿园教师的办学积极性，1987年，工会设立“上海交通大学中、小、幼教师奖励基金”；1990年，为开发儿童的艺术天赋，工会设立“儿童课外教育基金”……所有这些都受到教职工的欢迎。

工会还特别为教工解决一些急事、难事。1986年9月初，交大子弟小学开学后，校附属工厂食堂锅炉突然坏了，300多名在工厂搭伙的小朋友吃中饭问题没法解决，令身为家长的教职工忧虑不已。有些家长找到工会寻求解决办法。工会急家长之所急，多方奔波寻找解决途径。最终在交大工厂、一年级教学部等单位的支持下，仅花三天时间解决了小学生的吃饭问题，学生家长对此十分感激。

1992年，为解决交大子弟小学教学楼紧张，导致部分教工子女无法入学的困难，校工会与人事处、妇委会联合发起募捐活动，为子弟小学教学楼加层集资，当年7月底完成集资任务。9月10日，加层后的子弟小学开学。同年，校工会还与人事处、妇委会承担起筹建交大子弟中学的任务。在交大附中、杨浦区教育局的大力支持下，交大子弟中学挂靠交大附中一事得到落实。

三、为教职员工谋福利

为教职工谋福利是教育工会的传统工作。改善生活条件，安排休息休养，组织健康体检、落实人寿保险等，事事关心，校工会一直担负起教职工“贴心娘家人”职责。

粉碎“四人帮”后，市场副食品一度奇缺，商店很少有生活日用品供应。当时，校工会干部花费相当大的精力，四处采购鱼、肉、禽、蛋、瓜、果、蔬菜供应教职工。工会还与华山路菜场商妥，从1979年12月中旬起，对学校教职工供应每月18元的包菜和周末套菜。

同时，工会又了解到有些教职工家庭缺少必需的家具。于是，工会干部亲自到福建采购木材，并请木匠做了600多只书橱、近百只沙发，130多张写字台，为教职工雪中送炭。鉴于市场上电气产品紧俏，校工会又发动教职工自己组装了1 600多台落地电风扇，还利用分期付款的办法为教职工代购电视机、电冰箱，并供应衣料、瓷器、餐具等用品，受到教职工欢迎。

1985年后，市场经济日益活跃。校工会改变由工会专职干部外出采购农副产品、自己销售的“统购包销”的老办法，代之以请农村专业户、个体户、商店、公司来校销售水果，开办商品展销会等，实行“限价自销”。这一改革，有效拓宽了工会为教职工谋福利的面，可谓量大面广。1986年效果就相当明显，代购家具达1.2万多元，代购电冰箱、彩电、洗衣机等家用电器达13.3万多元，全年销售梨、苹果等时令水果重达21万多斤。此外，还多次进行服装展销、补品展销、日用百货展销等。教职工对送上校门的价廉物美的商品乐于购买，人人称便。

1988年，根据教职工的需求，校工会与包玉刚图书馆、电教中心、总务处共同筹建交大有线电视台，为教职工安装闭路电视。其资金全部自筹，在工会的组织下，经过多方努力，共筹款25万元。1989年3月，建成交大有线电视台，不仅使1 500户教职工家庭电视图像更清晰，而且通过自设的电视频道，还可播放交大新闻等，受到教职工普遍欢迎。

1980年代起，在上海市教育工会的组织下，校工会每年开展教职工暑假休息休养活动。1985年起，根据上海市高教局和上海市教育工会规定，学校每年按教职工总数的3%～5%的比例组织休养。1988年，为了照顾到多数教职工的利益，校工会提出“权限下放，经费包干”的改革办法，得到上海市教育工会首肯并在上海交大成功试点，受到教职工欢迎；于1989年在全市高校推广，成为一项延续至今的传统制度。

值得一提的是，为了给为教职工谋福利活动提供经济上的支持，校工会根据当时政策，积极兴办第三产业。1987年起，先后建立了“职工技术协会”“民康服务部”“新地公司”等，年创收10万元左右，从经费上支持了工会办福利工作。

第五节
推广教职工文化活动

多年来，为了丰富教职工精神文化生活，增进身心健康，校工会一直积极开展以群众性文娱体育为主要内容的校园文化建设，每年都组织全校性文娱比赛与运动会，还大力支持组建业余文体团队，充分满足教职工精神文化的需求。由于上海交大工会在群众文化建设方面取得优异成绩，1984年，上海市总工会授予上海交通大学“群众文化先进单位”称号。

一、举行重要纪念及庆祝活动

以重要节日或纪念日为契机开展活动，是营建积极向上的校园文化氛围的重要途径。20世纪80年代以来，校工会结合元旦、国庆、五一、五四、教师节、中秋节等节日，与校内机关部处联合举办座谈会、联欢会、读书会、庆教龄等活动，唱响时代主旋律。

1980年12月31日，校工会、团委、学生会联合举办青年教师、青年工人庆祝元旦游艺活动，共有300余人参加。

1983年12月，为纪念毛泽东诞辰90周年，工会、妇委会召开大型纪念座谈会，举办多种文艺活动，教授、讲师、青工50多人组成合唱队，演唱毛泽东诗词歌曲，在青年教职工中间重新掀起学习毛泽东思想、《邓小平文选》的热潮。

1984年5月，校工会召开纪念“五四”振兴中华读书表彰会，对阅读《中国现代史常识》一书表现优秀者进行表彰。近百名来自学校教学、科研、后勤、生产等部门的读书活动积极分子、优秀读书小组、优秀读书组织者和青工干部参加了会议。

1984年9月29日，校工会组织庆祝新中国成立35周年活动，邀请校领导、校内上海市劳动模范、“三八”红旗手、全国工会积极分子等200名代表出席大型座谈会，回顾新中国成立35年以来取得的伟大成就和上海交大管理改革取得的成果，还邀请了学校老教师演唱歌曲、表演相声节目，激励教职工为加速我国“四个现代化”建设多作贡献。

1985年9月10日，学校隆重举行第一个教师节庆祝活动，表彰一大批爱岗敬业、德艺双馨的优秀教师，弘扬尊师重教的良好传统。为了迎接这个有意义的节日，校工会发动广大教职工办了很多实事，如解决部分职工住房困难、为老年职工开设专门浴室及专科门诊、为住在上中路的青年教师开辟母子车等。

1990年中秋，工会举办以“明月照我把家还，一腔热血献中华”为主题的座谈会。20多位不同年代回国的教师应工会之邀欢聚中秋，畅谈感想，抒发“爱国、爱家、爱交大”的情怀，气氛温馨感人。《解放日报》《文汇报》对该座谈会分别发了专访通讯，在社会上引发良好反响。

1992年中秋，工会举办以“改革、发展、责任”为主题的座谈会，邀请教师代表畅谈学校的改革和发展，为学校发展献计献策，会议开得十分热烈而富有成效。

这些主题丰富、形式多样、参与面广的庆祝活动，具有振奋人心、积极向上的教育意义，引领和激励全体教职工积极投身于上海交大教育事业的改革与发展中来。

二、发展文体社团

校工会充分利用工会俱乐部等阵地，把教职工中文体爱好者组织起来，组建了京剧团、话剧团、教师合唱团、篮球队、足球队、乒乓队、游泳队、象棋队、桥牌队等数十个教职工文体社团，并以这些社团成员为骨干，在教职工中开展经常性活动，调动特色专长人才的积极性，充分发挥其在“文明校园”建设中的积极作用。

（一）组建文艺社团

20世纪60年代，校工会就组建了京剧团等社团。1978年以来，京剧团率先恢复后，多次在天蟾剧场、劳动剧场等校内外舞台上，演出《空城计》《宇宙锋》《柜中缘》《霸王别姬》《苏三起解》《天女散花》《失街亭》等经典曲目。不仅为京剧在上海交大的普及和宣传作出一定贡献，还曾去部队、医院，为解放军、病员进行慰问演出，也曾应邀参加市工人文化宫国庆京剧清唱晚会的演出。广播电台、《文汇报》、《新民晚报》等媒体，对京剧团的演出作过多次报道。

图3-10　1992年上海交通大学校友美籍华人张殿民与校京剧团同台演出

1979年，校工会成立话剧团，当年就在工人文化宫演出大戏《雾重庆》，被电视台转播，受到社会普遍好评。1981年，话剧《坎坷》在上海市职工业余话剧会演中获创作奖和演出奖。演出一些小戏如《群猴》《飞来的新娘子》《养猪女人》《如此多情》《房老爷乔迁》等。

尔后又相继成立“教工合唱团”“越剧团”“舞蹈队”“中老年女子健美

队”“小乐队”等社团。1983年成立的教工合唱团尤其活跃，不仅每年为学校春节团拜会演唱助兴，还积极参加上海市内外的重大演出，取得优异成绩，赢得高度赞誉。1984年，曾获得上海“十月歌会”二等奖，多次为学校争得荣誉，为校园精神文明建设作出重要贡献。

1988年5月，校工会成立“上海交大教工艺术团”，下辖京剧团、教授教师合唱团、女教工合唱团、越剧团、轻音乐队、舞美队等。这支业余文艺队伍，经常活跃在校内外舞台上，受到学校师生和社会各界的肯定和赞誉。

1990年，校教工女子舞蹈队参加上海市自编中老年迪斯科比赛获优胜奖。

1991年初，校教工合唱团去“好八连”，与八连战士同台演出。同年2月，校京剧团参加全国八大城市京剧汇演，获优秀奖。

多年来，上海交大教工文艺社团越办越多，越办越兴。在业余时间，校园里锣鼓铿锵，琴声悠扬，歌声悦耳，使繁忙的教学、科研工作得以舒缓，教职工也在活动中受到熏陶，得到锻炼。

（二）组建校、系两级运动队

在广泛开展群众体育活动基础上，校工会组建了校、系两级运动队。校教工业余运动队有篮球队、足球队、乒乓队、游泳队、象棋队、桥牌队、中老年长跑队等。运动队积极参加上海市、区比赛，经常获得好成绩、好名次，为学校争得许多荣誉。

1979年9月，上海市总工会举办的“搏浪杯”游泳比赛上，上海交大教工游泳队七名男女运动员参加比赛，先后打破女子100米仰泳与100米自由泳上海市工会记录、女子200米个人混合泳与200米仰泳上海市工会记录。

1985年6月，在上海市教工游泳比赛中，上海交大教工游泳队夺得男子组团体总分第一，女子组团体总分第四，荣获6项冠军。

1989年12月，在上海市高校桥牌联合会举行教工桥牌团体赛上，上海交大教工桥牌队获得冠军。

1991年11月，在上海市教育工会等单位与上海交大联合举办的上海市

"佳友杯"教工象棋团体赛中，上海交大教工象棋队获亚军。

各二级工会一般也都组织二至三个运动队，经常开展小型多样、群众参与度高的体育活动。

三、开展群众性文体活动

为了满足职工群众的精神文化需求，提高教职工群众综合素质，多年来校工会依托教职工文体社团，大力开展群众文化体育活动，使教职工在工作之余能够愉悦身心，强身健体，有力促进校园精神文明建设。

（一）广泛开展文化活动

为丰富教工文化生活，校工会每年都组织群众性文艺演出活动，举办全校性的歌咏比赛、文艺会演、家庭演唱赛、艺术展示会等。

1983年10月28日，学校师生员工1 500余人在大礼堂隆重举行"十月歌会"。由党委中心组成员、各系教工和学生以及子弟小学和幼儿园组成的22个合唱队先后演唱了《国歌》《国际歌》《新四军军歌》《交大校歌》等44首歌曲。校音乐教研室主任瞿维和孟波、黄贻钧、陈良、司徒汉、马革顺等著名人士应邀亲临指导和担任指挥。为《新四军军歌》谱曲的作曲家何士德专程从北京赶来参加歌会并亲自指挥合唱《新四军军歌》。10月29日，《文汇报》对此作了报道。

1987年12月25日，校工会和党委宣传部组织的教职工歌咏比赛在大礼堂举行，教职工踊跃参与，现场歌声嘹亮，气氛热烈。

1988年12月，学校举行交大文化艺术节，校工会组织教工艺术团参加了文化艺术节专场演出。演出节目包括合唱、独唱、舞蹈等。专场演出中的大合唱《祖国颂》以及男女声三重唱《回娘家》，被入选为文化艺术节闭幕式上的表演节目，将晚会推向高潮，为文化艺术节增添了光彩。

1989年5月，为发扬光大美育教育的优良传统，校工会、宣传部、文学艺术系联合举办“首届交大教职工业余爱好展示会”，展出教职员创作的绘画、书法、篆刻、雕塑、摄影、剪纸、编制、盆景、美术设计等一批优秀艺术作品。展示会先后在校文学艺术系美术画廊和静安区文化馆举行，吸引大批观众参观。

1991年7月1日，中国共产党成立七十周年之际，校工会组织全校性歌咏比赛，声势很大，振奋人心。该活动受到上海市委宣传部和市文化局表彰，并颁发一座奖杯。同年下半年，校工会还组织热爱文娱的教工参加闵行区“华坪之春”系列活动，获声乐专场赛二等奖，舞蹈专场赛二等奖，交谊舞专场赛三等奖。

此外，为了进一步丰富教工的业余文化生活，校工会常态化组织舞蹈、声乐、钢琴、书法、国画等培训班；举办音乐欣赏、摄影照相、美术、乐理知识、乐器等艺术讲座；邀请专业文艺戏曲剧团来校演出；每周放映电影2～3场。丰富多彩的文化活动提升了教职工文化艺术素养，深受教职工欢迎。

（二）持续推广体育运动

20世纪50年代，校工会在教工中广泛开展“劳卫制”、工间操、太极拳、赛跑等群众性体育活动。除平时开展多样化的体育活动外，上半年一般各二级工会都会举行一次小型运动会，下半年校工会组织举行全校运动会。比赛项目突出群众性、趣味性，每次运动会都吸引很多教职工参加。1986年下半年，为体现教职工特点，首次单独举行全校教工运动会。此后，校工会每两年组织一次全校教工运动会，教职工参与非常踊跃，对塑造朝气蓬勃、积极向上的校园风貌起到重要作用。

此外，校工会每年都组织“元旦杯”乒乓赛、群众性迎春长跑赛、象棋擂台赛、“青铜杯”足球循环赛、篮球赛等大型活动，也积极开展跳绳赛、踢毽子赛、拔河赛、女子健美操赛等小型多样、生动活泼的群众业务体育运动；举办太极拳、少林拳、剑术、气功、交谊舞、健美操、游泳等多种学习班；

图3-11　1990年第三届校教职工运动会运动员入场

组织开展冬拳锻炼、长跑、针灸、推拿等保健活动，有效带动了院、系、机关部室日常体育活动的开展，对增强教职工身体素质起到良好作用。

第六节
评选先进集体与先进个人

1978—1992年间，上海交通大学工会围绕学校提高教学质量、培养“四个现代化”建设人才的中心工作，团结动员广大教职工为学校改革发展贡献力量。多个集体与教师先进分子获得系统内上级部门的表彰荣誉。同时，校各级工会组织和先进个人也获得上级部门多项表彰荣誉。

一、国家和省部级先进集体与先进个人

（一）先进集体

（1）全国科技先进集体：船舶流体力学研究室（1978）。

（2）六机部教育红旗单位/学大庆红旗集体/先进集体：上海交通大学（1979）、外语教研室（1979）、船舶流体力学研究室（1979）。

（3）全国群众体育先进集体：上海交通大学（1983）。

（4）全国高等学校科技工作先进集体：振动、冲击、噪声研究所（1990）。

（5）上海市教育先进单位：上海交通大学（1979）。

（6）上海市工会系统先进集体：1984年上海交大职工业余中学获评“上海市职工教育先进集体”；1985年广播台被上海市总工会和市人民广播电台授予“优秀广播台”；1987年应用数学系获上海市教育工会和高教局颁发的“教书育人优秀集体奖”；1990年上海交大动力工程系获评“上海市群众工作先进集体”。

（二）先进个人

（1）全国劳动模范：周尧和（1979）。

（2）全国五一劳动奖章：戚飞虎（1985）。

（3）全国教育系统劳动模范：刘延柱（1986）、郑宝隆（1986）。

（4）全国科技先进个人：阮雪榆（1978）、朱物华（1978）、周志宏（1978）。

（5）全国优秀工会工作者：吴世华（1983）。

（6）全国优秀工会积极分子：李胜华（1988）。

（7）全国总工会先进女职工工作者：舒培丽（1992）。

（8）六机部先进工作者/造船工业劳动模范：陈章亮（1979）、吴锦华（1979）、吴镇（1979）。

（9）上海市劳模：吴镇（1979）、林依藩（1979）、翁史烈（1981）、姜焕中（1981）、刘应中（1983）、华南盾（1983）、王祖善（1983）、黄镜明（1985）、陈益新（1987）、陈廷莱（1987）、张馥宝（1989）、马志良（1991）。

二、工会及工会工作者荣誉表彰

（一）校工会所获荣誉

（1）1984年上海市总工会"上海市群众文化工作先进单位"

（2）1985年上海市高教局"上海市高教系统文明单位"

（3）1986年上海市教育工会"职工之家"合格证

（4）1986年上海市总工会"上海市模范职工之家"

（5）1990年上海市总工会"上海市先进工会集体"

（二）工会工作者所获荣誉

（1）1986年季学玉获评"上海市优秀工会工作者"；李胜华获评"上海市优秀工会积极分子"。

（2）1990年季学玉获"上海市支持妇女工作荣誉奖"；孟长富获评"上海市优秀工会积极分子"。

（3）1990年王士璋、钱学宝、舒培丽获评“上海市教育工会优秀工会工作者”；孟长富、马肇俊、邵世明、郑钦钦、朱文琴、韩振东、王来如获评“上海市教育工会优秀工会积极分子”；傅钰芳、周水华、夏春旺、沈淑珍因从事工会工作10年以上获上海市教育工会颁发的工会工作荣誉证书。

第四章

转型谋发展

1992—2004

20世纪90年代是全面推进中国特色社会主义现代化建设第二步战略目标的关键时期，国际形势风云变幻，国内改革风起云涌。1990年4月18日，时任国务院总理李鹏代表党中央国务院宣布“开发开放上海浦东”，掀开了改革开放向纵深推进的崭新篇章。1992年10月，中国共产党第十四次全国代表大会正式召开，强调以上海浦东开发开放为龙头，进一步开放长江沿岸城市，尽快把上海建成国际经济、金融、贸易中心之一，带动长江三角洲和整个长江流域地区经济的新飞跃。

在市场经济发展的过程中，经济关系和劳动关系都发生了深刻的变化，调整日趋复杂多元甚至是严峻的劳动关系矛盾，保护劳动者的合法权益已成为工会工作的关键问题。1994年，全国总工会提出了“以贯彻《劳动法》为契机和突破口，带动工会各项工作，推动自身改革和建设，努力把工会工作提高到一个新水平，在改革发展稳定中更好地发挥作用”的工会工作总体思路。

伴随着改革开放的不断深入，为迎接世界新技术革命和日益激烈的国际竞争，中国高等教育吹响“建设世界一流大学”的号角。1995年5月6日，中共中央、国务院作出《关于加速科学技术进步的决定》，提出科教兴国战略，开启了中国科技事业发展的新时期，开创了中国科技教育工作的新局面，为高等教育的快速发展奠定了基础。上海交通大学也因此进入发展的“快车道”。1994年4月，国家教委和上海市政府在上海正式签署国家教委、上海市政府关于共建上海交通大学的意见，标志着学校进入由部属院校转变为中央与地方共建的新时期。1994年12月，上海交通大学成为首批通过“211工程”部门预审的7所学校之一，1998年7月又成为全国第一批进入“985工程”建设9所高校之一。1999年，上海农学院并入上海交通大学，2001年，上海海洋水下工程科学研究院并入上海交通大学。两个单位的工会组织也并入上海交大工会，成为校工会的二级组织。

上海交大工会在改革深化过程中迎来发展的新时期。在学校党委和上海市教育工会领导下，校工会认真学习贯彻邓小平理论、“三个代表”重要思想和科学发展观，围绕学校改革、发展与稳定的大局，着力抓好以提高工会组织整体合力为目标的自身建设，切实履行工会组织的各项职责；积极推进以校务公开、民主管理与监督为主要内容的校园民主政治建设，采用“同步筹备、相继召开”的办法召开“双代会”，建立健全以校、院两级教代会制度为基本形式的民主管理制度；全心全意依靠和服务于广大教职员工，不断强化维护、建设、参与和教育四项基本职能，以改革的精神认真做好以帮困、住房、医保和休养为主要内容的生活保障工作，推动“送温暖”工程取得切实成效，将关爱洒向校园内外；多举措深入组织开展以弘扬师德师风为核心的教师队伍建设，重视青年教师的培养，将“三育人”活动向深度和广度推进；广泛开展具有交大特色的校园文化建设，不断提高教职工的思想政治素质和科学文化素养，努力满足教职工精神文化需求。

第一节
健全“双代会”制度

1992年，党的十四大向全党和全国人民发出“加快改革开放和现代化建设步伐，夺取有中国特色社会主义事业的更大胜利”的伟大号召，交大工会在时代的号召中迎来改革发展的新时期。在校党委的领导下，工会紧密结合学校各项工作实际，着力把握新形势下社会主义民主政治建设的新要求，充分发挥“双代会”的作用，落实会员在工会事务中的各项权利，积极拓宽民主渠道、注重扩大民主参与，团结全校教职工以主人翁的态度投入学校的改革发展事业。考虑到教职工代表大会和工会会员代表大会的性质不同，“双代会”按“同步筹办、相继召开”的办法进行筹备。

一、召开第八届工代会和第三届教代会

在举国上下认真学习、贯彻邓小平南方重要谈话，加快改革开放步伐之际，上海交大工会坚决贯彻党在社会主义初级阶段“一个中心，两个基本点”的基本路线，在校党委领导下，先后组织召开第三届教代会和第八届工代会。

（一）第八届工代会

1992年11月17日，上海交通大学第八届工会会员代表大会在徐汇校区包兆龙图书馆演讲厅召开。会议由工会主席王守仁主持，实到会员代表378名，上海市教育工会副主席江晨清、校党委副书记徐凤云出席会议。

校工会常务副主席季学玉作题为《努力学习，解放思想，实事求是，开拓前进，为培养大批适应社会主义市场经济需要的合格人才而团结奋斗》的

报告，总结回顾第七届工代会以来的工作情况，提出上海交大工会在该阶段的全部工作就是要围绕完成党的十四大提出的各项任务，围绕深化学校管理体制综合改革重点工作，团结全校教职工，为全面贯彻党的教育方针，培养大批“有理想、有道德、有文化、有纪律”的合格人才而奋斗。

大会审议并通过第七届工会经费审查委员会关于经费审查的书面报告，审核1987—1992年9月工会经费会费收支及使用情况、工会经费管理使用办法改革情况等。大会同时表彰校附属工厂工会等5个优秀二级工会，校总务处工会等10个先进二级工会，蔡惠康等74名优秀工会工作者和280名优秀工会积极分子，还给主动关心教职工生活、积极提合理化建议的精密仪器系教师姬树森授奖。

大会根据《上海交通大学第八届工会委员、经费审查委员选举办法》，选举产生第八届工会委员27人，工会经费审查委员7人。选举结果如下。第八届工会委员会委员：马伟敏、王民、王光宏、王鹤祥、朱文琴、向隆万、邵世明、吴刚、陈进、陈敏逊、沈忠明、李家维、孟长富、季学玉、郑钦钦、周伯兴、周莲英、金晓东、杨惠龙、胡企平、侯伯勤、张增泰、徐道荣、高鹗、龚发志、程龙根、舒培丽。第八届工会经费审查委员会委员：丁仁才、马波、马肇俊、王来如、戎敏、金仲元、郑丽萍。工会委员会选举季学玉为工会主席（专职），向隆万、邵世明、陈进、张增泰、龚发志、舒培丽6人为兼职副主席；选举马肇俊为工会经费审查委员会主任，戎敏为副主任。

季学玉（1943—2022），副研究员，安徽无为人。1970年毕业于上海交通大学冶金系铸造专业，毕业后至上海交通大学团委工作，曾任上海交通大学工会专职副主席、常务副主席、第八届、第九届工会主席（1992.11—2002.5）。1998年当选中国人民政治协商会议第九届上海市委员会委员。曾获“上海市优秀工会工作者”等荣誉称号。

（二）第三届教代会

1992年10月—1996年11月，第三届教代会共召开4次会议，分别听取与审议了每年的校长工作报告、提案审查及初步处理意见等，重点讨论和审议学校教工住房基建调整方案、住房制度改革、出售优惠公房、迎接百年校庆、“九五”建设计划、医疗制度改革等议题。

1992年10月29日，上海交通大学第三届教代会开幕，实到代表395名，上海市教育工会主席鲁巧英出席开幕式并致贺词。校长翁史烈作题为《解放思想，深化改革，努力把上海交通大学办成第一流社会主义大学》的报告，回顾和总结十一届三中全会以来学校十年的改革与发展，指出学校面临的主要问题，并提出深化改革的基本思路。副校长张定海作《交大“七五”以来教工住宅建设分配情况及部分调整“八五”计划后三年住宅基建方案》的报告，明确提出“基建工作三个重点转移”的指导思想。大会秘书长季学玉作《关于制订交大住房制度改革文件的说明及主要实施修改意见》的汇报。闭幕式于11月13日召开，实到代表381名。会议听取季学玉作关于大会三个报告的讨论意见及再次修改交大房改文件的汇报，听取提案审查委员会主任杨德和作提案审查及初步处理意见的报告。会议还审议通过关于《上海交通大学“八五”教工住房基建调整方案》的决议和关于《上海交通大学住房制度改革实施办法》的决议。党委书记王宗光作总结发言，提出“每年变个样，百年校庆大变样”的奋斗目标。

三届二次教代会于1993年12月2—17日召开。这次教代会主要是通报与教职工切身利益相关的学校重大工作进展情况。会议议程有4项：校长翁史烈在会上作《上海交通大学面向21世纪战略发展目标及迎百年校庆实施方案》的报告，副校长张定海作《关于建造“瓶颈”住房》的报告，工会主席季学玉作关于修改《上海交通大学优惠房出售及售后管理办法》的情况通报，人事处副处长王民作关于《上海交通大学实施养老保险办法》的情况通报。此次教代会着重解决教工关心的热点问题，尤其在出售优惠公房工作上，教代会起到很大促进作用，由于统一了教工的认识，学校相关售房工作进展迅速。

三届三次教代会于1995年5月16—23日召开。本次教代会有两大议题：一是迎百年校庆动员，二是集中精力讨论深化交大住房制度改革的问题。大会听取校党委副书记陶爱珠作关于《动员起来，为迎接百年校庆作贡献》的报告，听取副校长张定海作《关于集资建造交大新村一号高层及置换虹桥路60号高层住宅》的报告，听取季学玉作关于修改《上海交通大学住房制度改革实施办法》的情况通报。大会于5月23日以无记名投票方式通过上海交通大学三届三次教代会关于《"上海交通大学住房制度改革实施办法"的若干修改意见》的决议，关于《上海交通大学住房津贴实施办法》的决议，关于《集资建造交大新村一号高层住宅》的决议，关于《置换虹桥路60号高层住宅》的决议。

三届四次教代会于1996年11月27日—12月27日召开。大会听取副校长谢绳武作《关于制订上海交大"九五"建设计划和2010年远景目标》的报告，听取校党委副书记潘永华作《关于制订上海交大社会主义精神文明建设"九五"规划》的报告，听取校长助理沈忠明作《关于进一步深化学校住房制度改革》的报告，听取副校长盛焕烨作《关于学校医疗制度改革问题》的报告，听取人事处处长王民作《关于学校教职工福利费使用和管理问题》的报告。大会审议5项议题，并以无记名投票表决方式通过4项决议：《上海交通大学"九五"建设计划和2010年远景目标》《上海交通大学社会主义精神文明建设"九五"规划》《上海交通大学医疗制度改革方案》《上海交通大学教职工福利费使用及管理办法》。

二、召开第九届工代会和第四届教代会

1998年，上海交通大学第七届党代会和七届二次全委会相继召开，确定了学校跨世纪任务，提出"三年有标志，五年大变样，十年创一流"的发展

目标，对学校学科建设、管理体制改革、“辉煌计划”的实施等重大举措进行战略部署。根据新任务、新形势，上海交大工会经过酝酿筹备后，先后组织召开第九届工代会和第四届教代会。

（一）第九届工代会

1998年6月12日，上海交通大学第九届工代会召开，共327名代表参加会议。校工会主席季学玉在会上作题为《发扬教职工的主人翁精神，为把交大建成世界一流大学而团结奋斗》的报告，总结回顾第八届工会委员会的工作情况、基本经验和存在问题，并提出今后工会工作指导思想和主要任务的建议。会议审议并通过第八届工会经费审查委员会的书面报告。大会还对杨文华等88名工会干部、朱本华等79名工会组长进行表彰。校党委副书记陈龙作总结讲话，从继续深入、认真地组织学习邓小平理论和十五大精神，继续围绕教学科研上水平、为学校发展献计出力，密切联系群众、为教职工办实事等方面对工会工作提出期望。

会议根据《上海交通大学第九届工会委员、经费审查委员选举办法》，选举产生第九届工会委员27人，第九届经费审查委员5人。选举结果如下。第九届工会委员会委员：马伟敏、王殿成、石忠贤、朱敏骏、向隆万、任慕农、吴伟、吴刚、陈进、邵世明、李家维、张宝康、张增泰、季学玉、周莲英、胡企平、赵成学、赵蒙疆、钱永华、袁廷亮、贾金平、徐道荣、龚发志、董阿龙、景继良、舒培丽、廖盈。第九届工会经费审查委员会委员：王耕、毛立忠、王来如、杨长俊、童品苗。工会委员民主选举季学玉任工会主席，朱敏骏、吴刚、陈进、龚发志、景继良、舒培丽6位任工会兼职副主席；选举张伟为提案工作委员会主任、李家维为副主任。选举王耕为工会经审委员会主任，王来如为副主任。2001年9月19日，上海交大工会召开全体委员会议，增补倪浩为工会委员、专职副主席。2002年5月23日补选张增泰为工会主席，接替季学玉的工作。

张增泰，1947年生，江苏省泰州市人，教授，国务院特殊津贴专家。

1970年7月毕业于上海交通大学材料工程系高温合金专业。曾任上海交通大学材料工程系铸造教研室党支部书记、教研室副主任兼实验室主任，上海交通大学实验室处处长、实验室与设备处处长、教务处处长、工会副主席、第九届（届中）、第十届工会主席（2002.5—2007.11）、党委委员、中国教科文卫工会全国委员会委员、上海市科技教育工会委员会兼职副主席、浦东新区第四届人民代表大会代表。曾获国家科技进步二等奖、省部级科技进步一等奖与三等奖5项，上海市与全国教科文卫系统教育工会“优秀工会工作者”荣誉称号。

（二）第四届教代会

1998年12月—2003年12月，第四届教代会共召开了5次会议，分别听取与审议了每年的校长工作报告、提案审查及初步处理意见、学校财务工作报告等，重点讨论和审议学校“辉煌计划”、住房制度改革、全面推行学分制、“十五”建设计划、劳动人事制度改革等议题。

1998年12月2日，第四届教职工代表大会在徐汇校区大礼堂召开，现场实到代表306名。大会听取校长谢绳武作《关于1998年学校工作的报告》，全面回顾学校一年来的工作情况，并明确今后三年学校工作的8项主要目标。副校长张圣坤作《关于“辉煌计划”》的报告，提出以人为本的师资队伍建设战略，要厘清引进人才与校内人才、中青年人才与年龄较大的人才、管理人员和第一线人员、长期目标和近期目标等之间的关系。副校长盛焕烨作题为《抓住机遇、深化改革、走出困境，加速教职工住房和公寓建设的报告》，介绍学校现行住房政策及住房建设计划。闭幕式于12月23日在包图演讲厅举行，实到代表272名。大会执行主席兼秘书长季学玉作《关于教代会代表对校长三个报告审议意见》的汇总报告，提案审查委员会主任张伟作《关于提案审查及初步处理意见》的报告。会议审议学校人才高地建设、职工住房改革

图4-1 1998年12月2日上海交通大学第四届教职工代表大会在徐汇校区大礼堂召开

新政策，围绕学校新一轮改革措施，收集、听取教职工的意见和对学校工作措施的提案91件，并对88份有效提案作立案和处理。

四届二次教代会于2000年4月26日—6月7日召开。大会听取校长谢绳武作《学校1999年工作总结和2000年工作规划》的工作报告，副校长盛焕烨作关于深化学校住房制度改革的报告《积极深化房改，彻底打破瓶颈》，校工会主席季学玉作《上海交通大学教职工医疗互助补充保险基金》的报告。会议期间，教代会秘书处共收到代表提案79件，涉及住房、劳动、人事、工资制度改革及后勤工作等方面，在闭幕会上，教代会提案审查委员会主任孙龙作《提案审查及初步处理意见》的报告。代表审议《上海交通大学1999年工作报告》时，最集中的一条意见是学校“辉煌计划”的制订未经过教代会审议，走群众路线不够，群众议论纷纷。党、政领导反复听取代表的意见后，在教代会闭幕会上校长谢绳武针对代表的意见又作一个详尽的补充报告，会后学校根据代表的讨论意见“辉煌计划”作修改与完善。

四届三次教代会于2001年11月28日—12月14日召开，校第五届妇代会100多名代表列席开幕式。校长谢绳武作《学校2001年度工作报告及交大“十五”建设计划的说明》，副校长叶取源作《关于全面推行学分制》的报告。30个代表团（组）进行两次审议和讨论。大会主席团分二次听了各代表团的汇报，并及时将审议结果进行整理汇总。在闭幕大会上，党委副书记陶爱珠、副校长盛焕烨、副校长叶取源等校领导又就代表们在审议过程中提出的问题作补充说明，大会表决通过《关于谢绳武校长工作报告和学校“十五”建设计划的决议》。提案委员会主任姬兆亮作《本次大会提案及提案初步处理情况》的报告，校党委书记王宗光作了讲话。本次教代会共收到提案150份，有效提案148份，提案内容从后勤服务、教职工住房、校园建设和管理，到学科建设、科研工作、闵行校区的发展，几乎涵盖学校工作的方方面面。

四届四次教代会于2002年12月30日—2003年1月8日召开。校党委书记王宗光作《关于闵行校区二期建设与发展》的报告，校长谢绳武作《关于学校年度工作》的报告，副校长盛焕烨和副校长张文军分别就学校财务工作和新一轮劳动人事制度改革的思路作报告。在各代表团（组）讨论中，代表们充分肯定校领导的报告，并就报告中涉及的学校改革发展的重大问题发表看法，提出补充与修改意见。闭幕式上，党委书记王宗光作总结报告，从七个方面提出2003年学校工作设想。副校长张世民就闵行校区二期建设的进展情况、深化住房制度改革、有关房地产地块的开发、后勤保障工作和后勤社会化改革向代表们作说明。2002年5月届中调整上任的工会主席张增泰和提案工作委员会主任曹荣瑞在会上分别作大会召开情况的汇报和提案工作报告。此次教代会中，代表们共递交83份提案，会议期间，校领导和有关部门对提案进行认真研究，并提出初步的答复意见。与会代表一致通过《上海交通大学四届四次教代会决议》。

四届五次教代会于2003年12月17—24日召开，为了提高会议效率，本次教代会的会期由过去的两周压缩为一周。大会听取校长谢绳武作《学校年度工作报告》，副校长盛焕烨作《学校财务工作报告》，副校长张世民作有关《上海交通大学住房制度改革补充办法》的说明。闭幕式上，校党委书记马德秀作讲话，谢绳武就改革与发展的相关问题作补充说明，张世民就《上海交通大学住房制度改革补充办法》修改意见作说明，大会主席团秘书长张增泰报告各代表团（组）讨论与审议的情况。教代会提案工作委员会主任曹荣瑞作提案工作报告，本次会议共收到提案91件，其中有效提案88件。与会代表一致通过《学校年度工作报告》《学校财务工作报告》的决议，通过《上海交通大学住房制度改革补充办法》。根据《上海交通大学住房制度改革补充办法》的规定，学校资源配置与资产管理领导小组进一步制定房改实施细则，该细则于2004年6月1日经四届五次教代会常任主席团审议通过。

三、教代会制度化与规范化建设

作为法定的“承担教代会工作机构任务”的上海交大工会，通过规范教代会工作程序、提高教代会工作质量和参政议政能力、建立健全院（系）级教代会制度等举措，进一步发挥校和院（系）两级教代会在学校民主管理与民主监督中的作用，以教代会为基本载体全面推进校务公开工作。广大教代会代表对教代会的重视程度日益增长，参政议政的意识不断增强，以对学校高度负责的态度就学校改革与发展的重大问题、有关广大教职工切身利益的大事各抒己见、认真讨论，为学校重大决策和改革措施的出台创造良好的群众基础。

（一）不断提高教代会工作质量

随着学校教学科研的大发展和学校各项事业改革的不断深化，校工会通过每年举行一次教代会和闭会期间召开常设主席团、代表团（组）长联席会议和专门工作委员会会议等形式，全面落实教代会的职权。教代会常任主席团和各位代表充分发挥作用，在教代会组织筹备和提案征集与落实等工作上尽心尽责，充分保障教代会的质量，为学校大政方针献计献策，为学校工作“上水平、求发展”贡献智慧和力量。

1. 教代会筹备工作

认真贯彻执行教职工代表大会相关法律法规条例。为保障教职工依法通过教代会参与学校民主管理，完善学校治理制度，促进依法治校，充分发挥教职工在实现学校总体目标任务中的积极作用，更好地保障与维护教职工的合法权益。根据《上海市职工代表大会条例》《学校教职工代表大会规定》《上海市企事业单位职工代表大会工作规范》等有关制度和规定，校工会认真履行职责，做好学校与教职员工沟通的纽带与桥梁，全面落实教代会的“四项职权”，即审议建议权、审议通过权、审议决定权、评议监督权。

精心选择好每届教代会议题。在教代会召开前，校工会根据学校发展的要求和教工关心的问题，组织与会代表讨论、审议学校当年度工作报告和有关专题工作报告，在会议期间大会秘书处安排有关职能部门的领导分别参加代表团的审议活动，组织教代会主席团听取各代表团的汇报，集中归纳分析各项审议意见并与校党政领导一起对有关文件进行修改。经代表们表决，最终讨论、通过学校一系列的重大改革发展方案和同教职工切身利益相关的重大事项，使教职工的积极性、主动性、创造性得到充分发挥。特别是在学校规划制定、“211”和“985”工程建设、闵行校区二期建设、人事分配制度改革和住房制度改革，以及维护教职工切身利益等方面做了大量工作，发挥了重要作用。

2. 提案征集与落实

为使提案征集工作有针对性，1992年校工会草拟“提案征集暂行办法”，提出可列入提案范围的参考意见。同时，为了鼓励教工积极参与学校民主管理、献计献策，多提提案、提好提案，教代会结束后还评选若干最佳提案在校刊刊登，并给予物质鼓励。代表们对教代会的重视程度日益增长，参政议政的意识不断增强，他们以对学校高度负责的主人翁态度，就学校改革与发展的一系列重大问题和有关广大教职工切身利益的大事各抒己见、认真讨论。

代表们的提案内容主要涉及住房制度改革、医保制度改革、总务后勤、综合管理、基础建设、人事工资制度改革、教学工作、精神文明建设等方面。一些提案角度新颖、观点敏锐，不仅反映问题，而且提出解决问题的建议方案，具有很强的代表性和重要的参考价值。其中，关于建房、分房、买房等住房制度改革的提案占比最高，充分体现代表们对学校教代会及校领导寄予很大期望，体现了全校上下团结一致，为开创教学、科研、开发工作创新局面共同努力的决心。

教代会提案工作委员会负责对提案进行分析与处理，学校有关职能部门对提案进行认真研究与答复，校工会与提案工作委员会督促有关部门制定提案实施计划和实施进度。根据提案类型的不同，一般分为三种处理落实方式：要求比较具体、建议比较明确、案由比较充分的提案会被学校直接采纳；涉及面比较广、政策性比较强、需要进行专题调查研究的提案经归纳整理后成为校领导重要的决策参考；着眼于反映某一问题或希望了解有关情况的提案会由有关职能部门向提案人做好解释说明工作。

（二）建立完善二级教代会的制度

随着学校管理重心的下移和院为实体的逐步落实，在院（系）实行民主管理、民主监督尤为必要。在校党委和各级党组织的重视与领导下，在各级工会组织的推动与指导下，通过建章立制、培训指导、总结交流和检查督促等措施，积极促进二级教代会制度在全校的建立健全。

1. 推进二级教代会工作

以贯彻上海市教育党委的《关于全心全意依靠教职工办好高等学校的意见》为契机，围绕学校“上水平、创一流”的中心，进一步推动学校民主管理、民主监督工作。1999年，根据上级要求和兄弟院校经验，校工会提出在建立校一级教代会的基础上，还应普遍建立院（系）二级教代会制度。为此，工会向党委提交《关于建立上海交通大学院（系）一级单位二级教代会制度的请示》及实施意见草案。2000年下半年，校工会制定并印发《上海交通大学院（系）级教职工代表大会暂行条例》，同时多次与院（系）领导沟通，积极做督促与推进工作，使认识逐步统一。

2001年，建工、电信、机械、船院、人文、电力等6个院（系）相继召开首届一次教代会，使二级教代会的工作开展取得零的突破。此后，在党委的统一部署下，校工会加强督促，院（系）二级教代会制度很快在全校推广开来。2002年，学校先后有外语、体育、农院、管院、生命、化工、环境、材料和物理等9个院（系）和海科院、技术学院、成教院3个直属单位分别召开首届一次教代会。参会代表分别审议并通过行政工作报告和有关“十五”计划的报告与说明等，各单位党政负责人在会上作动员讲话或会议总结，不少院（系）、直属单位还征集代表提案。

2003年4月3日，为了进一步推进学校的基层民主建设，校工会和党委办公室联合召开上海交通大学二级民主管理工作会议。农业与生物学院、建工与力学学院、成人教育学院和海洋水下工程科研院工会主席先后作“开好二级教代会，切实推进院务公开”的经验交流发言。在校工会的指导下和各级工会组织的努力下，全校二级教代会召开率大幅提升。自2001年下半年起至2004年，全校原有的18个院（系）和5个新建学院100%建立二级教代会制度，有80%以上的院（系）已连续二年或三年召开教代会，还有10个直属单位也建立起二级教代会或教职工民主管理大会制度，标志着二级民主管理制度已在全校普遍地建立起来，基层民主建设取得显著进展。

2. 院（系）召开教代会实施方案

选好教代会代表。按照院（系）级教代会条例的规定，院（系）教代会代表人数为本单位总人数的10%左右，各院（系）教代会代表的产生，都是经过自下而上的民主酝酿、协商推选出来的。代表的构成基本上以教学、科研等一线的教师为主体，而且具有高级职称的代表占有相当比例，这就使代表质量得到保证。

选择适当的会议形式。院（系）召开教代会的形式大致有三种：① 全部由学校教代会正式代表参加的二级教代会；② 以学校教代会正式代表为主体，吸收部分院（系）办学骨干作为列席代表参加的二级教代会；③ 以院（系）全体教职工参加为基础，教代会代表行使表决权的二级教代会。

确定好会议的议程与议题。学校各院（系）教代会的议程，主要有三种类型：① 单元型，即由院长（或系主任）一人向代表作工作报告；② 二元型，即由院长、书记两人分别向代表作工作报告；③ 多元型，即由院长和各分管副院长（副书记）分别向代表作报告。如2001年度，各院（系）教代会的议题，大多数是关于院（系）的行政工作报告和“十五”等规划制定的说明，有的院（系）教代会议题还涉及经费使用、教师工作量的考核办法、师德建设、思想政治工作和精神文明创建等。

加强对会议的组织领导。各院（系）教代会的筹备召开，需在会前向校工会请示，校工会负责人到会祝贺，并从经费上给予支持。院（系）工会组织则在院（系）党组织的领导下，承担会议的具体筹备、组织工作，多数院（系）会组织成立由书记、院长和工会主席等人组成的主席团。

（三）全面推进校务公开工作

积极组织广大教职工参与学校的民主管理、民主监督与民主决策，代表教职工对学校工作进行民主监督。在参与学校决策中反映教职工的意见，是工会的性质和国家法律赋予校工会的重要工作任务和社会职能。积极参与和推进校务公开是工会执行维权基本职责的重要抓手，也是工会贯彻党的十六大精神和实践“三个代表”重要思想的集中体现。

2002年10月17日，根据中共中央办公厅、国务院办公厅《关于在国有企业、集体企业及其控股企业深入实行厂务公开制度的通知》和教育部、中华全国总工会《关于全面推进校务公开工作的意见》，学校成立校务公开领导小组，设立校务公开办公室，工会负责人是领导小组重要成员之一。校工会负责校务公开的协助运作与信息反馈，并参与监督。为进一步推动校务公开工作制度化、规范化和程序化，校工会起草制定了《上海交通大学关于全面推进校务公开工作的实施意见》(见附录3)，明确了校务公开的原则、内容、形式与各部门的责任。在校工会的积极参与及大力推动下，学校不断探索以教代会为基本形式和主要载体的校务公开制度与实现途径，逐步建立起较完善的校务公开工作体系，有力推进学校民主建设的进程。

2004年10月20日，上海市科教系统暨上海交通大学校务公开工作检查汇报会在学校总办公厅举行。以洪纽一为组长的上海市厂务公开领导小组调研检查组一行四人，以及上海市科教党委副书记翁铁慧、上海市教育工会主席夏玲英等及学校相关领导出席会议。校工会协同党办、纪委承担学校校务公开检查的各项准备工作。常务副校长叶取源以《全面推进校务公开工作，加快建设世界一流大学》为题，从五个方面向检查组汇报了学校近年来全面推进校务公开工作的情况。校务公开工作通过了检查，并得到检查组的充分肯定与好评。上海交通大学被授予“2004年度上海市厂务公开民主管理工作先进单位”称号。

图4-2 2004年10月20日上海市科教系统暨上海交通大学校务公开工作检查汇报会在学校总办公厅举行

四、上海农学院工会

上海农学院是上海交通大学农业与生物学院的前身，创办于1959年8月，是上海市历史上第一所由地方政府主办的高等农业院校，掀开了上海高等农业教育的新篇章。1963年8月，因国家出现经济、财政困难，上海农学院停办。1978年10月，上海农学院在上海县七宝镇（现属闵行区）恢复重建。

随着上海农学院的创办与变迁，上海农学院工会也经历了一段曲折历程。

1961年5月12日，中国教育工会上海农学院委员会成立。选举出由赵飞任主席，吕耕畴、费德全任副主席的13人委员会。工会把广大教职工团结在一起，激发了投身社会主义建设的积极性，展现农业教育科技工作者的精神风貌。1963年，上海农学院停办，工会停止工作。

1978年，全国科学大会和全国教育工作会议先后召开，上海市领导把恢复重建上海农学院提上议事日程。9月，上海市农办在七宝镇选定校区正式开始筹办工作。筹办期间，经过多方努力，先后从全国20多个省市自治区引入教学科技骨干人才100多人，还从全市各行业调入教职员工，到1980年已达500余人。

1979年6月16日，建院筹备组决定，成立中国教育工会上海农学院委员会筹备小组，由周忠寅、杨树兴、姚正平、葛旧生、钟子绮五人组成，周忠寅任组长，杨同志任副组长。1980年1月，在全校教职工大会上，选举产生了上海农学院工会第一届委员会，由10人组成；30日，上海农学院党委批复同意工会委员会的组成人员：赵鸣魁任主席，周忠寅、潘新权、姚正平任副主席。1984年6月20日，上海农学院举行工会会员代表大会，选举产生第二

图4-3 1984年6月上海农学院举行第二届工会会员代表大会

届工会委员会；27日，上海教育工会批复同意农学院工会委员会成员：王向毅任工会主席，周忠寅、来赞源（专职）任工会副主席。

工会成立初期，主要围绕稳定教职工队伍，逐步建立正常的教学、科研秩序，完善各方面组织机构、建章立制等工作展开，努力做好教职员工的工作、生活服务，解决广大教师在教学、科研方面的一些具体困难和问题，诸如工间休息躺椅、开办理发室、备用雨伞、筹集互助金等与教职工的工作、生活息息相关的“凡人小事”，受到教职工欢迎。工会紧密配合院党委做好知识分子工作，形成“尊重知识、尊重人才”的良好风尚，极大调动了广大教师的积极性，使他们以高度的政治热情忘我地投入改革开放新时期的教育教学工作，成为团结教职工、关心教职工、爱护教职工的温馨家园。

1986年后，上海农学院建立教职工代表大会制度，工会委员会成为教代会的常设工作机构，教代会与工代会合并召开。6月，召开首届教代会暨第三届工代会，党委书记史永锡、院长沈焕辰到会通报学校工作，并提出学校“七五规划”的设想，供大会代表讨论并通过。1988年10月，举行第二届教代会暨第四届工代会，党委书记、院长徐正泰在大会报告中指出，要根据党的十三届三中全会确定改革和建设的重点，坚持“面向农村、主动适应、积极服务”的方针，办出农学院特色，培养出更多更优秀的农村现代化人才。

20世纪90年代，上海农学院坚持民主集中制的优良传统和作风，实行民主办学；健全教职工民主管理渠道，定期举行教代会、工代会，促进广大教职工参政议政、讨论决定学校发展过程中的重大事项、重大议案；发挥工会联系教职工的优势，开展“凝聚力工程”，采取多种形式为广大群众送温暖，建设“教工之家”，成立帮困基金，营造和谐的工作条件和生活环境。在此期间，学院又相继召开3届教代会暨工代会，校领导翟石鳞、张德永、蒋秀明等先后向大会报告工作，要求全院教职工全面贯彻党的政策、方针，坚持“以农为本，服务城乡，立足上海，面向全国”的办学方针，发动与会代表参加讨论学校发展的“八五”“九五”规划，为学院的学科建设、专业发展、科学研究出谋划策，力争在师资队伍、基础设施、精神文明等各方面都取得明显成效，要使上海农学院成为上海地区并辐射到长三角地区的现代都市农业的教育科研基地。

1980—1999年期间，上海农学院涌现出一批先进人物，先后受到党和政府的奖励与表彰。据不完全统计，主要有：

（1）全国五一劳动奖章：赵则胜（1990）。

（2）全国优秀教育工作者：赵则胜（1990）。

（3）全国普通高校优秀思想政治工作者：徐正泰（1990）。

（4）上海市劳动模范：刘洪昌（1981）、赵则胜（1989）、胡雪华（1995）、顾海英（1997）。

（5）作物栽培教研组获1983年上海市模范集体称号；植物和植物生理教研组获1995年上海市高校“三育人”先进集体二等奖。

1999年7月，教育部和上海市人民政府联合签署《关于上海农学院并入上海交通大学的实施意见》；8月，教育部发出《关于同意上海农学院并入上海交通大学的通知》；9月，上海农学院正式并入上海交通大学，成立上海交通大学农学院，2002年3月更名为上海交通大学农业与生物学院。工会同时更名为“中国教育工会上海交通大学农业与生物学院工会”。

表4-1 上海农学院工会历史沿革（1961—1999）

工会委员会届次及任期	主 席	副 主 席
老上海农学院（1961—1963）	赵 飞	吕耕畴、费德全
第一届（1980—1984）	赵鸣魁	周忠寅（专职）、潘新权、姚正平
第二届（1984—1986）	王向毅	周忠寅、来赞源（专职）
第三届（1986—1988）	王向毅	来赞源（专职）
第四届（1988—1990）	翟石鳞	来赞源（专职）、黄惠英（专职，1989.10.27任）

（续 表）

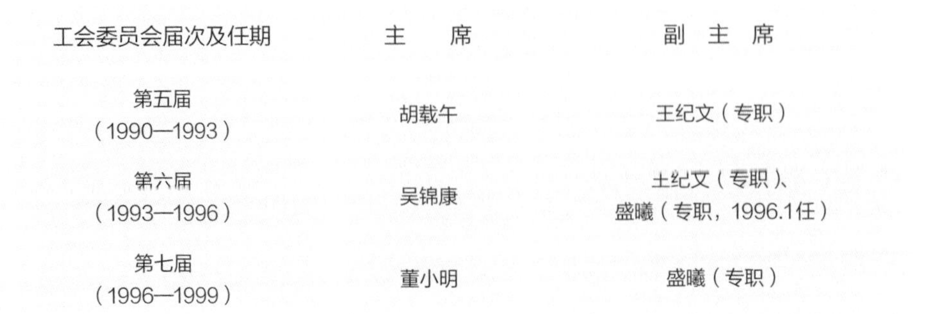

工会委员会届次及任期	主　席	副 主 席
第五届（1990—1993）	胡载午	王纪文（专职）
第六届（1993—1996）	吴锦康	王纪文（专职）、盛曦（专职，1996.1任）
第七届（1996—1999）	董小明	盛曦（专职）

五、上海海洋水下工程科学研究院工会

上海交大海洋水下工程科学研究院有限公司（简称海科院）的前身是交通部1978年成立的专业从事水下工程技术研究的部属一级（正局级）事业单位。成立初期命名为交通部海上救捞科学研究院。1982年改名为交通部石油部海洋水下工程科学研究院。2001年1月更名为上海海洋水下工程科学研究院，3月正式并入上海交通大学，更名为上海交通大学海洋水下工程科学研究院。2004年4月，注册成立为上海交大海科（集团）有限公司。2015年12月，撤销上海交通大学海洋水下工程科学研究院在学校的二级单位的建制，将上海交大海科（集团）有限公司更名为上海交大海洋水下工程科学研究院有限公司，为上海交通大学直属企业。

海科院工会成立于1984年6月，成立时工会全称是交通部石油部海洋水下工程科学研究院工会委员会，隶属上海市科学技术工会，1995年起隶属上海市交通直属系统工会工作委员会。至2001年4月共召开了三次会员代表大会，产生了三届工会委员。2001年4月海科院整建制并入上海交通大学，海科院工会成为上海交通大学工会的二级基层工会。职代会与工代会同时建立，首届海科院工会会员代表大会与首届海科院职工代表大会同时召开。

海科院工会在院党委和上级工会的领导下，坚持思想政治引领，坚持全心全意为广大职工服务的宗旨，紧紧围绕海科院科研经营管理中心工作，服务大局，服务基层、服务群众，认真履行工会组织的职责，关心职工生活，突出维护职能，努力为职工办实事、做好事、解难事；以职代会为载体，充分发挥职工民主参与、民主管理和民主监督作用；服务改革发展大局，团结、教育和动员职工为深化改革、促进发展、维护稳定而扎实工作；丰富职工活动，陶冶职工情操，增强凝聚力和向心力；不断探索工会工作在新形势下的新方法。

坚持职工代表大会制度，保障职工主人翁的地位。海科院作为部直属的事业单位，是较早规范化召开职代会的科研院所之一。院工会作为职代会的日常工作机构，认真做好一年一次的职代会的筹备工作，规范组织召开职代会，听取和审议院长年度工作报告、财务预决算报告，讨论通过涉及职工切身利益的方案和管理办法，积极组织教职工代表为院的发展献计献策，协助提案工作小组认真做好提案的督办工作。工会参与职工福利分房决策，努力促使涉及职工切身利益的事情更加公平、公正、公开。

服务改革发展大局，保障职工合法权益。1996年，随着海科院机构调整、人员重组，院内待岗人员也随之增加。工会把职工们普遍关心的养老保险、医疗保险等问题及时反馈给院领导和有关职能部门，努力做好上海市政府规定的职工最低工资、待岗职工基本生活费、城镇居民最低生活保障等制度的落实。同时工会特别关注待岗人员的思想、收入和生活情况的变化，向有关部门反映并促成解决其实际困难，做到了解人、关心人、凝聚人，稳定职工情绪，为海科院的改革发展顺利进行保驾护航。

发挥工会优势，积极开展“送温暖”活动。组织好每年的疗休养。较早组织参加了上海市总工会互助保障计划，督促落实了职工呼声较高的职工体检和女职工体检，解决了职工迫切需要解决的职工子弟入幼儿园等。做好一年一度的高温季节防暑降温工作，深入一线现场慰问职工，体现工会组织对他们的关心。

广泛开展文体活动，陶冶职工情操。根据海科院职工的特点，认真抓好工会文化体育阵地建设，每年组织春节联欢会、三八节活动、棋牌类比赛、乒乓球比赛等文体活动，丰富职工的文化生活，增强全院职工的凝聚力。此外，还组织职工参加上海市科委、上海市交通邮电系统开展的桥牌、乒乓球、太极拳、广播操、合唱等比赛，不断丰富职工群众的业余生活，促进精神文明建设。

表4-2 海科院工会历史沿革（1984—2001）

工会委员会届次与任期	主 席	副 主 席
第一届 （1984—1989）	陈兆荣（1987年3月离任） 王德元（1988年2月增补）	刘惠琴（专职）
第二届 （1989—1995）	王德元（1992年6月离任） 俞则人（1992年7月增补）	刘惠琴（专职）
第三届 （1995—2001）	俞则人（1999年3月离任） 杨志成（1999年3月增补）	陆莲芳（专职）

第二节
完善工会自身建设

工会改革是全面深化改革的重要组成部分。随着高校改革不断深入，工会服务的对象、内容和环境等都发生了深刻变化，上海交大工会履行“维护、参与、建设、教育”四项职能面临着新问题、新情况和新挑战。这一时期，上海交大工会高举邓小平理论、“三个代表”重要思想和科学发展观伟大旗帜，坚持解放思想、实事求是的思想路线，深入贯彻全国和上海市教育工作会议精神。在校党委领导下，校工会紧紧围绕学校建设目标，结合教职工群众的需要，大力推进工会组织体制改革，以体制创新促进工作创新，积极主动地、全方位地开展有特色的工会工作。

一、深化组织体制改革

通过国家“211工程”“985工程”的建设，上海交通大学坚定以改革为动力，不断攻克发展中的难点问题，抓住历史机遇实现了跨越式发展。校工会紧跟学校深化机关改革的步伐，配合学校深化人事、劳动、分配制度，推进院（系）、直属单位二级工会建设，团结和动员全校教职工为落实“科教兴国”战略和建设世界一流大学而努力奋斗。

（一）加强管理体制改革

1993年，学校制定《上海交通大学1993年机关改革实施意见》，就深化机关改革方面提出“理顺管理体制、精简人员、提高工作效率、转变机关职能”的要求，重点实行“四定一评”，调动机关干部和工作人员的积极性，努力为教学科研第一线服务，使整个学校管理运行机制高效率、高水平。“九五”期间，学校推出以“任务与资源挂钩”“辉煌计划”和机关岗位津贴为主要内容的新一轮劳动人事制度改革，实行以“缩编减员、提高机关管理水平和服务质量”为主要内容的机关改革。遵照学校关于机关改革的部署和要求，校工会从自身组织的特点出发，以积极的态度对待并参与改革。

1. 1993年上海交大工会、妇委会机关改革

在广泛发动、认真讨论、统一思想的基础上，校工会、妇委会于1993年8月25日拟定《上海交通大学工会、妇委会机关改革方案（草案）》。该方案提出徐汇、闵行两校区分工不分家、人员共享的新思路，使校工会在缩减编制、工作快速到位等方面走在前面。该方案实施的目标是：① 根据“一岗多责，一专多能”的原则，从实际出发“设立岗位，精简人员，增加负荷，提高效率”，通过改革，使工会达到“满负荷、高效率”的目的。② 从群众组织有广泛群众性的特点出发，以少数专职干部为骨干，采取措施充分发挥广大兼职干部和积极分子的主动性、积极性、创造性。通过专兼职干部的共同奋斗，把交大工会办成令人满意，普受欢迎的“教工之家”。

为实现上述目标，达到“小机关、大服务”的要求，上海交大工会主要采取下列措施：① 工会、妇委会二组织实行合署办公，对外两块牌子，对内一个班子。② 克服徐汇、闵行二校区的工会专职干部联系过疏，分工分家的现象，实行二校区同岗位任务由同人员负责完成的办法，该工作人员在固定时间内分别在两个校区上岗。

在此次机关改革中，校工会将编制从11人缩减到8人，明确各岗位的职责分工，对在编工会人员进行严格定岗。尽可能充实闵行校区的力量，实行两校区人员共享、分工不分家的做法，两校区岗位不重复，一个岗位的工作覆盖两个校区，从而突破校区的界限，加强了两校区沟通理解，提高了效率。为使闵行校区工会工作得到加强，第八届工会委员候选人中增加了在闵行校区工作人员的比例。

2. 1999年深化机关改革

1999年是高等教育改革发展不平凡的一年。上海交通大学以《高等教育法》为方针，在第三次全国教育工作会议及第八次全国高校党建会议精神指引下，抓住世纪之交的发展机遇，努力深化改革。1月13日，学校召开机关改革动员大会，王宗光和谢绳武在动员大会上作了讲话，指出机关改革的目的是要转变长期以来在计划经济体制下形成的管理模式，加强总体的宏观调控，变过程管理为跟踪过程的目标管理，同时大力推进机关工作信息化，提高管理人员的素质、工作效率和工作水平，为基层和广大教师提供更好的服务。在减员增效、转岗分流、提高服务意识思想指导下，机关通过剥离、合并、合署等方式大幅度裁减部门、压缩编制。

经过"调整职能、整合机构、精简人员"，学校机关单位从38个调整为21个，其中，工会、妇委会两个组织延续合署办公制度，工作人员由8人减为6人。在新一轮的机关改革中，交大各级工会积极参与改革、支持改革，工会干部配合党政做好思想教育工作。同时，校工会健全岗位责任制，合理安排人员在徐汇、闵行两个校区工作，实行"固定岗+流动岗"的办法，合理安排力量。在学校机关改革基础上，工会与学校签订了目标管理责任书，并将"目标管理责任书"的内容进行分解，把各项工作任务细化，按月制订月度工作进度安排，做到了"明确目标，细化任务，责任到人，有条不紊"。

（二）推进二级工会建设

1997年，学校建立"院为实体"的办学体制，为了适应学校"上水平、创一流"的需要，同时与院（系）办学实体的运行体制配套，学校酝酿并进行了机关的体制、机构和用工制度的改革，初步形成了"校、院（系）两级机关，三级管理"的体制框架。为配合学校管理体制的改革，工会组织也相应作了变革，凡成立学院的单位，都相应建立二级工会。为增加二级工会活力，进一步加强全校工会的组织建设和制度建设，实行部分经费下放的办法，经费使用由各二级工会主席审批报销。

1. 二级工会建设发展历程

伴随着学校机关改革调整进程，各二级工会的数量也随之变化。1993年，全校共有54个二级工会。1997年，全校已建的13个学院中共有12个学院建立工会，全校院（系）、机关、公司等单位共设二级工会31个。截至2002年，全校逐步建立健全校工会专兼职正副主席会议、全体委员会议以及二级工会主席例会的制度等，明确各级工会设置的原则与要求，理顺校工会与二级工会的工作关系，实现了全校工会工作重心下移。

2003年6月，为了加强二级工会的组织建设，有利于各机关党支部对工会工作的领导，更有效地组织开展机关二级工会的各项工作，校党委发布《上海交通大学关于调整校部机关二级工会设置的通知》，决定对二级工会的设置做适当的调整。部门教职工人数在25人以上，原则上应独立设置二级工会；二级工会的设置尽可能同机关党支部的设置相统一；教职工人数在25人以下的部门可建立联合二级工会，但部门数和会员数不宜过多。经调整后的各机关二级工会组织进行重新改选，产生新的工会委员会。每个工会委员会原则上由1名主席和2名委员组成。

2. 二级工会的基本要求

切实加强工会各级组织建设是做好工会工作的根本保证，为了深入贯彻落实新修改的《工会法》，进一步推动学校基层工会组织的各项建设，不断提高和增强各二级工会的工作水平与活力，根据上海市教育工会的有关文件精神，校工会逐步加强与完善学校二级工会组织的建设，并对二级工会提出了基本要求：① 坚持党的基本路线，紧紧围绕学校和院（系）的中心工作，创造性开展工会工作，团结和带领广大会员群众为出色完成学校的教学、科研、管理、服务与生产任务作出工会组织应有的积极贡献。② 依照《工会法》和有关法规，在党组织的领导下，认真履行工会组织的各项职能，通过教代会等途径和形式，积极参与学校和院（系）或直属单位的民主管理与民主监督，努力维护教职工的合法权益，促进学校的改革与发展。③ 积极配合党政组织开展对教职工的经常性的思想政治工作，切实加强以师德师风为重点的职业道德教育，不断提高广大教职工的思想道德和科学文化素质，促进“三育人”的工作深入、持久地开展。④ 密切联系广大会员群众，主动了解、关心和反映教职工的呼声与要求，热心为教职工服务，多为教职工办实事、办好事，努力满足他们的物质与精神文化的需求。⑤ 重视工会组织的自身建设，具有健全的工会组织体系和正常的工作制度，工会干部工作主动，并形成一支热心工会工作的积极分子队伍，努力实现工会工作群众化、民主化和规范化。

（三）建设先进教工之家

为提高工会工作整体水平，增强工会工作活力，密切工会与教职工之间的联系，校工会根据上海市教育工会部署，积极构建和谐校园，深入开展建设“教工之家”，支持学校改革发展旗帜鲜明，维护教工合法权益理直气壮，为两个文明建设作出了应有的贡献，连续多年获得上海市“合格教工之家”“先进教工之家”“模范职工之家”等荣誉。

1. 教工俱乐部建设

1993年，在上海市教育工会的大力支持下，校工会自行设计改建教工俱乐部。俱乐部正式开放后，使用率很高，深受教职工的欢迎，社会效益和经济效益均良好。上海市教育工会以交大为典型在全市高校中进行宣传，推动了有关高校俱乐部的建设。

1998年4月8日，由交大1938届英籍校友秦本鉴[1]、孙绣莹夫妇，捐资50万美元建造的“教工之家——铁生馆”正式落成，其建筑面积达2 000平方米，成为上海交大广大教职工聚会和活动的重要场所，也是校工会的办公基地。“教工之家——铁生馆”建成后，在加强学术交流、提高教职工健康素质、丰富校园文化生活等方面发挥了重要作用，在铁生馆里，书法班、绘画班、保健班、舞蹈班、歌咏班、健身房、棋牌室等各得其所，深受广大教工和离退休老同志的欢迎。

1 秦本鉴（1915—2018），湖南常德人。1934年由上海青年会中学毕业后考入交大管理学院，1938年毕业，后在英国度过近半个世纪。

图4-4 1998年4月8日铁生馆落成典礼上，校工会主席季学玉（右）与秦本鉴（中）、孙绣莹（左）夫妇合影留念

“铁生馆”是为纪念孙琇莹女士的父亲、交通大学土木学院前院长孙铁生先生而命名。在上海交大，共有两座“铁生馆”深受师生欢迎。1990年，秦本鉴、孙琇莹夫妇第一次回到母校参加校庆时，了解到闵行校区学生文化活动贫乏这一情况，遂捐资筹建闵行校区“学生活动中心——铁生馆”，于1993年落成开放。1996年百年校庆之际，秦本鉴又捐资在徐汇校区建造了一幢“教工之家——铁生馆”，并于1998年落成。两座活动中心首开当时国内高校中学生与教工活动专属建筑的先河，为交大师生的课余活动和文化交流提供了场所。

2. 建设“教工小家”活动

创建合格和先进“教工小家”，是加强工会组织建设的一项基础性工作，也是提高全校工会组织整体合力的一项重要措施。从1993年7月起，上海交大工会在全校二级工会中开展建设“教工小家”活动，下发了“建家”标准及有关材料。1994年11月11日，校工会对二级工会进行了验收，船舶制造系等30个二级工会为合格教工小家，计算机系等13个二级工会为先进教工之家。此后，校工会每两年在各二级工会中组织一次合格“教工小家”和先进“教工小家”的考核、评比工作，并进行表彰与奖励。

考评合格与先进“教工小家”的依据，由会员群众对二级工会主席和二级工会工作的满意程度、考评组成员对二级工会考核测评打分平均值的大小、二级工会完成年度工会工作的实际情况三方面构成。2001—2004年，共评出先进“教工小家”28个，合格“教工小家”40个。

二、完善工会制度建设

加强高校工会组织的自身建设，是做好工会工作的基础和前提，是实现新形势下教育工会工作发展与创新的基础和前提。上海交大工会始终坚持按照《工会法》和《中国工会章程》的有关要求，着力抓好以提高工会组织整体合力为目标的自身建设，以改革的精神进一步加强思想、组织、作风和制度建设，不断增强各级工会组织的活力与凝聚力。

（一）紧抓政治理论学习

在深化高教改革的新形势下，高等学校的工会组织担负着极其光荣的历史使命和十分繁重的工作任务，这就要求必须不断提高工会干部的思想理论水平，努力建设一支高素质的工会干部队伍。本着这样的认识，上海交大工会通过各种途径，采取各种形式和方法，着力于加强全校专兼职工会干部的思想作风建设，通过举办专题培训班、建立学习报告会制度、开展工会工作研讨、组织外出学习考察等形式开展理论学习，使得工会干部的思想作风建设得到切实的加强，全校工会干部队伍的政治思想素质有了较大提高。

1. 开办邓小平理论学习研讨班

在组织群众性学习的同时，校工会专门组织工会骨干举办学习邓小平理论学习研讨班。在党委领导下和党校支持下，校工会于1994年、1997年举办两期各为期三周的邓小平理论学习研讨班。参加者主要有校工会委员、经费审查委员、二级工会主席等，通过学习班的学习研讨，使工会干部对邓小平理论的全貌有了本质的认识，对“什么是社会主义，怎样建设社会主义”的核心问题有了进一步的理解，从而使工会干部的理论水平提高了一步，更坚定了带领广大会员走有中国特色的社会主义道路的信心和决心。

1994年2—3月，校工会组织全校工会骨干约70人参加“工会干部《邓小平文选》第三卷读书班”，以学习邓小平建设有中国特色社会主义理论为主题，以正确理解社会主义市场经济体制为重点，以开创工会新局面为交大的改革、发展和稳定为研讨目标，安排专题报告、组织学习。学习班实行班主任负责制，组长负责小组自学、讨论、交流。要求做到“五个一”：通读一遍《邓小平文选》三卷；讨论一个专题——在社会主义市场经济条件下如何做好教育工会工作；写一篇调查报告——就教工关心的“热点”问题写出有材料，有分析，有建议的报告；参加一次社会考察；完成一份理论联系工作、思想实际的小结。

1997年3月，校工会组织全校工会骨干参加“学习邓小平理论，深入开展‘树、创、献’（树师表形象、创文明校风、为实现跨世纪宏伟目标作贡献）活动”的学习研讨班。学习班主要学习党的十四届六中全会关于精神文明建设的决议，以及上级领导关于开展“树、创、献”活动的要求。通过学习、讨论、交流，统一了认识，弄清开展“树、创、献”活动的内涵、意义及与“三育人”活动的关系，并以学习班的名义向全校发出“行动起来，立即在上海交通大学开展‘树、创、献’活动”的倡议，以进一步加强精神文明建设。

2. 举办十六大精神专题培训班

党的十六大召开后，校工会多次组织骨干听取辅导报告。2002年11月20日—12月18日，为认真学习、贯彻党的十六大精神，加强工会干部队伍的思想建设，开创工会工作新局面，经校党委批准，校工会和党校联合举办工会干部学习十六大精神专题培训班，组织校、院两级工会干部50多人参加。通过培训，团结学校各级工会干部为完成十六大确立的全面建设小康社会，开创中国特色社会主义事业新局面的历史任务，为共同创造幸福生活和美好未来不断开拓创新、努力奋斗。

培训班期间，学员们听取校党委书记王宗光的学习动员报告和十六大代表、副校长张文军有关大会精神的传达。同时，大家还参加了3场学习辅导报告会。在此基础上，学员们进行了3次分组学习讨论。通过认真学习党的十六大精神、江泽民论“三个代表”的重要思想以及三代领导人论工人阶级和工会工作等有关文件，加深了对“三个代表”重要思想的理解，增强了使命感和责任感，增强高举邓小平理论伟大旗帜、全面贯彻落实“三个代表”重要思想的自觉性，坚定全面建设小康社会，加快推进社会主义现代化，为开创有中国特色社会主义事业而奋斗的信念。

3. 坚持理论学习与研究制度

在学习与实践的基础上，校工会要求工会干部注重理论思考、调查研究与经验总结。坚持工会干部理论学习与研究制度，在加强思想学习的同时，结合工作开展工会理论研究，于2004年成立工会理论研究会，积极参加上海市教育系统和全国高校系统的工会工作研讨会、优秀调研成果/论文评选等活动，分享交流研究成果，保证工会队伍在思想上有境界、理论上有高度、工作上有力度，使得工会的工作既能符合客观需求，注重工作实效，又能适应形势发展，不断开拓创新。

2000年，潘永华、姚训、吴松、季学玉撰写的《上海交通大学师资队伍建设调查报告》获“上海市教育系统第一届优秀调研成果评选活动”优胜奖。2002年，倪浩、姚训合作完成的调研报告《海外归来教师群体状况的调查》获上海市教育工会第二届优秀调研报告评选一等奖；倪浩撰写的《学校工会工作应着眼于促进人的全面发展》获二等奖。2003年，孙龙和张雪峰撰写的《高校创建学习型工会的现实意义和实现途径》获上海市教育工会优秀论文二等奖；倪浩撰写的《对做好新形势下工会宣传工作的若干思考》获三等奖。

（二）工会干部队伍建设

为提高工会专职干部思想政治素质、业务素质、业务能力，校工会组织开展丰富的培训活动。坚持定期开展学习制度培训、工作例会制度培训，与此同时组织工会成员参加上海市总工会、上海市教育工会的培训活动，组织教职工参加办公自动化班学习电脑的应用技术。在中国教育工会、上海市教育工会的指导下，工会持续有力推进工会会员业务培训的多样性，全面提升工会会员的业务管理能力和履职服务能力。

1.组织培训学习

随着非公有制经济的迅速发展，劳动关系变得更加多元化和复杂化。这一时期，《中华人民共和国工会法》（以下简称《工会法》）[1]、《中华人民共和国教师法》（以下简称《教师法》）[2]、《中华人民共和国劳动法》（以下简称《劳动法》）[3]、《中华人民共和国教育法》（以下简称《教育法》）[4]等各项与高校工会工作密切相关的法律法规相继出台，并根据改革进程不断修改完善，更适应改革开放的时代需要，与社会主义市场经济发展规律相适应，成为各级工会进一步支持改革、组织和动员教职工投身改革、参与民主管理与监督的法律保障。

校工会积极组织相关法律法规学习培训班，要求工会干部在贯彻各项新法律法规的过程中，主动适应政治、经济改革形势的要求，迅速调整自己的工作思绪和工作方法，切实维护教职工合法权益、更好地为教职工服务。随着《工会法》第一次修正，2002年上半年，校工会组织各级工会委员100多人学习新《工会法》，听取上海市工会管理干部学院专家的学习辅导报告，帮助干部们认清国际国内新形势，研讨新时期工会工作出现的新情况和新问题，增强以“三个代表”重要思想统揽工会工作的自觉性和坚定性，进一步明确工会在新阶段面临的新任务和工会干部的使命，不断提高理论水平，做到理论联系实际，指导工会工作的实践，切实提高工会工作的层次与水平。

---

1 《工会法》于1992年4月3日第七届全国人民代表大会第五次会议通过，根据2001年10月27日第九届全国人民代表大会常务委员会第二十四次会议《关于修改〈中华人民共和国工会法〉的决定》第一次修正。

2 《教师法》1993年10月31日第八届全国人民代表大会常务委员会第四次会议通过，自1994年1月1日起施行。

3 《劳动法》由中华人民共和国第八届全国人民代表大会常务委员会第八次会议于1994年7月5日通过，自1995年1月1日起施行。

4 《教育法》于1995年3月18日，第八届全国人民代表大会第三次会议通过。

2002年6月7日，为进一步推动工会会员的学习热情，校工会举办学习《工会法》知识竞赛规则，组织二级工会工作人员参赛，并召开总结交流会。共有34个二级工会报名参加本次比赛，通过AB两组前后两场的笔试和抽答比赛，评出2个一等奖、8个二等奖和10个三等奖。

2. 开展同行交流

校工会作为全国部属高校工会理事会成员，积极承办或参与每年举办的教育部部分直属高校工会研讨会议。1999年11月2—3日，教育部部分直属高校第五次工会工作研讨会在上海交大徐汇校区教工俱乐部召开。上海市总工会副主席江泓，全国教育工会副主席万明东，上海市教育工会主席江晨清等领导出席研讨会。2004年10月13—14日，在教育部部分直属高校第十次工会工作研讨会上，校工会主席张增泰、副主席倪浩分别作题为《关于建立中国特色现代大学制度的几点思考》和《高校工会工作要坚持以人为本的根本理念》的论文交流发言。同年12月2—3日，长江三角洲名校“三育人”工作研讨会在浙江大学召开。校工会主席张增泰一行6人参加研讨会，并在会上交流五篇论文，就“三育人”工作的基本做法与成功经验和与会代表进行分享。

通过开展同行交流活动，开阔视野，取长补短，全校工会干部的思想建设和业务素养得到了切实加强，工会工作水平也不断提升。

（三）拓宽信息管理渠道

加强岗位责任制，明确岗位责任，强调工会干部的大局意识、责任意识、服务意识和创新意识，要求为教职工办事做到热心、诚心、真心，从而使广大教职工从工会干部身上体会到“家”的温暖。校工会不断改变机关作风、改进工作作风、提高工作水平，坚持深入基层、服务基层、指导基层，对教工关心的难点、热点问题进行调查研究，起到党联系群众的桥梁、纽带作用。

1. 建立健全工作制度与会议制度

自觉坚持把工会工作置于党委领导之下，每年的工作计划、重要活动都做到及时向党委请示汇报。建立学习报告会制度与工作例会制度，坚持每周一次的办公会议、每学期若干次的工会主席与副主席的联席会议，以及校工会委员与二级工会主席工作会议的制度，经常研究工会工作与教职工的意见与建议，协调各方面的工作关系，把作风建设融入日常工作和建章立制中，并坚决付诸实施。加强工会专职干部的思想作风建设，要求每一位工会专职工作人员努力做到讲学习，转观念；讲改革，促服务；讲规范，上水平；讲奉献，比进步；讲团结，增友谊，积极投入校园精神文明建设各项活动中去，推进工会工作规范化、制度化与信息化。

2. 畅通联系群众的信息沟通渠道

为力求做到上情下达、下情上传，发挥工会的桥梁与纽带作用，校工会坚持深入基层、联系群众，做好群众来信来访工作，设立信访簿和工会民主管理联系信箱，并由专人负责登记，处理结果及时向反映人通报。深入基层，加强调查研究，将教职工对学校民主管理的意见、要求与建议调查汇总通过“内参”等形式及时向学校领导及有关部门反映，共同研究解决的办法。要求校、院（系）工会主要领导经常深入课堂听课，了解教风、学风、校风情况，大考之时参加监考、巡考等。

2002年下半年，在建立健全校、院（系）两级工会信息网络体系的基础上，校工会将原《情况交流》改版为《上海交通大学教工》小报，不断提高办报质量和水平，以使其更好地发挥对工会工作的指导与交流作用。2003年5月，“上海交通大学工会网页”（http：//gh.sjtu.edu.cn/）正式开通，这标志着工会在探索和运用现代化信息技术手段开展工作方面迈出新的一步。网页共设置9个一级栏目，近30个二级栏目，较全面地反映了上海交大工会的各方面工作，图文并茂的版面、丰富多彩的内容引人入胜，方便快捷的信息获取深得大家好评。

三、发挥工会维权职能

在深入贯彻学习和领会《工会法》《劳动法》《教师法》《教育法》等法律

法规的基础上，上海交大工会突出维护教工合法权益职能，旗帜鲜明地支持学校改革发展，理直气壮地维护教职工的各种合法权益。做好人事争议调解工作，当好“消防兵”，积极推进校务公开、院务公开制度，提高服务的质量和实效。作为教职工的“贴心人”“娘家人”，工会全心全意为教职工谋福利，努力帮助教职工排忧解难，促进学校改革发展有序、协调地进行。

（一）做好工会经费收支管理

《工会法》规定工会经费的来源有五个：工会会员缴纳的会费；建立工会组织的企业、事业单位、机关按每月全部职工工资总额的百分之二向工会拨缴的经费；工会所属的企业、事业单位上缴的收入；人民政府的补助；其他收入。工会经费是开展工会工作的重要保证，是工会全面履行“四项职能”的物质基础，起到为工会建设服务、为教学科研服务、为广大会员服务的作用。

1. 开拓“三产”“技协”事业

在改革开放的年代，上海交大工会的工作领域大为拓宽，但经费不足是一大制约因素，尤其是为教工办实事、送温暖，更需要有工会经费的支持。于是，工会想办法多渠道筹集活动经费，如开办第三产业建设（以下简称“三产”）和职工技术协会（以下简称“技协”），向社会寻求赞助等。

在校领导支持下，“技协”于1988年建立起来，在上海高校中是首批成立“技协”组织的单位，每年都能完成几十个项目，年净收入2万元左右。1993年，在学校和上海市教育工会支持下，校工会自筹资金近百万元，改建了一个比较现代化的教工俱乐部，每年约有10万元左右场地费收入。1995年，校工会兴办“新地”公司，“民康服务部”等，全年收入约18万元。进入新世纪后，随着学校管理体制改革的深入开展，校工会人员的精简以及工作任务的进一步聚焦，公司和服务部与校工会脱钩，“技协”也逐步终止了对外活动。

社会赞助通常用于举办大型活动及设立奖励基金。1993年举办毛主席百岁诞辰歌咏比赛、1994年举办教工运动会分别获得2万元和5万元的赞助。

1993年，改建教工俱乐部时，工会又获得20多万元的电气设备赞助。通过校友及社会赞助，上海交大工会设立8万元的中、小、幼教师奖励基金，设立3万元的儿童教育基金，设立3万元的青年教师奖励基金，设立2万元的“好苗苗”奖励基金，设立近百万元的“上海交通大学教职工爱心助学基金”等，并协助有关部门筹集交大离退休基金等。

2. 管好用好工会经费

做好工会经费“收、管、用”工作，首先保证按规定收足经费。上海交大工会经费组成主要包括：校行政及校内各独立核算单位按学校人均工资总额（含基本工资、工龄工资、各种津贴、奖金等）的2%拨款；按工会章程规定，工会会员每月按本人工资的0.5%比例缴纳会费。由于校工会思想上重视，坚持做细致的宣传工作，工会会员基本做到足额缴纳工会会费，因此上海交大工会财务在参加上海市教育工会组织的拨交工会经费竞赛中连续多年获一等奖。

为使工会经费在为工会建设、为教职工服务、为工运事业服务中发挥保证作用，必须严格加强工会经费管理。校工会的经费的管理主要采取以下四条措施：① 实行财务独立管理，工会财务自管经费，其上级主管单位属于上海市教育工会财务部，体现工会经费管理的自主性和独立性，有利于工会活动的开展；② 坚持“一支笔审批”原则，工会主席直接领导工会财务工作，凡百元以上的支出须由工会主席审批同意后方可报销，对百元以下的支出由办公室主任审批，如改建教工俱乐部的投资问题等重大开支，则由正副主席在会议上讨论决定；③ 经费包干使用实行分级管理，为使工会经费充分发挥两个效益，也为了二级工会开展活动增强活力，从1993年起会员缴纳的会费和部分行政拨交的经费按平均数全额下放包干使用，对经费实行校工会和二级工会两级管理、分级使用的办法；④ 发挥经审作用，实行民主管理，成立“工会经费审查委员会”，支持经审会参与年初经费预决算审查和年终的财务大检查工作，每月的工会经费报表均请经审会审查签名后再上报。

使用好工会经费，从一定意义上讲是收好管好工会经费的目的之所在。

校工会在使用经费中，认真执行国家的有关法律、法规和学校与上级工会有关财务工作的管理规章制度，本着为广大教职工服务的宗旨和勤俭办事的原则，合理编制工会的财务预决算，积极争取和组织收入，努力节约各项开支，在收好、用好与管好工会经费方面做了种种努力，成效显著，受到了上级工会的好评。1995—2002年，上海交大工会连续八年获评上海市教育工会财务竞赛一等奖；2002年，经上海市教育工会考核，又被授予“工会会计基础工作规范化合格单位”称号。

（二）为教职工维权提供援助

高校教职工群体的特点是文化素质普遍较高，对事物的独立分析和判断能力较强，对国家、对民族有着强烈的责任感和忧患意识。其次，自主意识、参与意识和维权意识都比较强烈和自觉。工会为组织与带领好这样一支队伍，发挥他们的特长与积极性，力求使工作内容、工作方式和活动方式带有浓厚的知识、文化和理性的色彩。组织工会干部学习《工会法》《劳动法》《教师法》《教育法》，研究教育工会特殊的维权内容、维权机制、维权方式和维权途径，依法维护教工合法权益同时，注意合情合理地处理教工内部矛盾，协调关系、解决问题。

随着改革的不断深化，涉及教职工切身利益的人事、工资、住房、医疗等制度的改革逐步展开。校工会的基本态度是：① 旗帜鲜明地支持改革，积极参与推动改革；② 对改革中产生的不同认识问题和矛盾，要参与调查研究，实事求是地反映群众的呼声、要求和实际困难，提出解决问题的意见、建议、办法，使改革更趋完善；③ 对严重侵犯教职工合法权益的行为，工会要理直气壮地给予抵制，维护群众的合法权益。此外，校工会还积极发挥工会女教职工委员会的作用，维护女教职工合法权益和特殊利益。

为维护广大教职工的合法权益，校工会积极为教职工提供法律援助。自1992年起，每月5日上午安排学校社会科学及工程系梁文清等老师在工会阅览室为教工提供法律咨询。2002年3月21日，上海市教育系统合法权益法律援助中心正式成立，并在华东政法学院举行揭牌仪式，该中心是上海市教育工会为全面履行工会组织的维护职责、建立稳定和谐的劳动关系而设立的，成员主要由上海市总工会、上海市教育工会和上海部分高校的法律专家担任，每周四下午在该院工会接受全市教职工咨询，并提供法律援助。2003年5月21日，校工会依托法学院的现有师资力量，成立“上海交通大学工会法律咨询室”，校党委书记王宗光在法学院党政领导的陪同下，为该咨询室正式成立揭牌。校工会主席张增泰向咨询室的正副主任和专家颁发聘书，根据校工会和法学院商定，工会法律咨询室的主要任务是为教职工免费提供法律咨询服务，每半个月一次。

（三）开展教工暑期疗休养活动

组织好教工疗休养，是国家社会保障体系的重要组成部分，是工会的一项传统性的工作，也是深受广大教工欢迎的好事。在上海市教育工会指导下，上海交大工会切切实实、因地制宜地安排教工疗休养。校行政每年按规定足额拨款给工会组织这项活动，校工会组织的休养活动连年获得上海市教育工会表彰，被分别授予1995年、1996年上海教工暑期休息休养活动“组织工作优秀奖”。

1992—1997年间，校工会先后共组织约2 000名教工赴各地休养，学校共拨出约60万元休养款给予大力支持。1999—2004年，校工会先后组织数十条休养景点线和近百个休养团，累计有3 400余名教职工参加活动。2002年底，校工会联合人事处又启动教授及家属双休日赴江苏和浙江短途休养的活动计划，至2004年已有370名教授和劳模携带家属共480人参加。

在长期的实践中，校工会总结出组织开展疗休养工作的创新之处，主要有三点：

第一，率先改革疗休养办法。根据上级部门文件精神，学校行政及时拨出教职工休养专款，校工会下达部分经费由各二级工会自主掌握使用。把休息经费按每位全员人均费用下放给院（系），实行经费包干，分头组织，统一安排，采用“学校出大头，个人出小头”的办法，让更多的教职工有机会参加休养。改革休养办法，把昔日休养费全由学校负担的传统做法改变为“三个一点”合理负担的办法。这样做既克服心态不平衡的矛盾，又增加参加休养的教职工人数。

第二，疗休养与开展爱国主义、集体主义、社会主义教育相结合。校工会选择一些老区革命根据地，让大家在饱览祖国大好河山的同时，又受到革命传统的教育。例如，2001年建党80周年，女工部组织女教授去浙江嘉兴南湖瞻仰“红太阳升起的地方”；2002年，上海交大工会组织校院二级工会干部赴闽西革命老区参观访问长汀及古田会议旧址等。通过休养，广大教师在紧张工作之余得到身心休息，有利于以更加充沛的精力投入教育教学工作；通过参观，广大教师的情操得到陶冶，民族自豪和爱国主义精神得到激发，有利于社会主义精神文明的建设。

第三，疗休养与工作研讨和科技扶贫活动相结合。如2000年和2002年，校工会会同教务处等职能部门，分别组织教学工作和工会工作的干部与教师赴福建休养，同时结合召开有关工作研讨会，共商学校改革与发展。2001年暑假，上海交大工会联合农学院工会，组织20多位具有博士、硕士学位的中青年教授、副教授深入革命老区——大别山区，开展送技术到农村的技术扶贫活动。后来，这一活动向中西部其他地区延伸与拓展，产生可持续发展的效应，深受各省、市领导称赞和农民兄弟的热烈欢迎。此项活动被评为2001年度“鑫岛杯”上海市职工精神文明十佳好事和“上海市社会主义精神文明十佳好事”提名奖。

第三节
促进教师队伍全面发展

稳定教师队伍，加强职业道德建设，调动教师的积极性，促进教师队伍素质和教学质量的提高，是这一时期教职工队伍建设的重中之重。上海交大工会配合学校深入组织开展以师德师风为核心的职业道德建设，重视青年教师的教育与培养，主动会同学校有关部门开展“三育人”宣传教育工作，并组织教职工参加全国、上海市和学校的各类师德先进的评选、学习活动。

一、围绕教学提升教师素养

20世纪90年代，上海交大着眼21世纪，不断加强师资队伍建设，提高师资队伍的整体素质，努力建成一支政治坚定、思想品德高尚、教风学风严谨、学术思想活跃的师资队伍。校工会配合学校战略部署，通过抓师德建设，进行敬业精神、育人意识的教育，提高教书育人、服务育人的质量；通过各项激励机制加强后备队伍建设，探索各种途径加强对青年教师的培养，使全校师资队伍在知识、能力、学位、职称、年龄结构上更趋合理。

（一）以“三育人”为抓手

上海交大工会一贯重视师德师风建设工作，坚持“教书育人”“管理育人”“服务育人”，齐抓共管，与时俱进，不断开创“三育人”工作新局面。校工会在长期的实践中充分认识到，为实现建设综合性、研究型、开放式世界一流大学的奋斗目标，必须要有一支高水平、高质量的师资队伍。特别是在学校学分制的管理制度不断完善的情况下，教师的师德师风与学生的素质培养紧密相连，更具有重要性。

为了弘扬崇高的师德风范，激励广大教职员工更好地投身于学校的改革与发展，为创建世界一流大学而努力奋斗，校工会配合党政在校风、教风、学风建设中，在教职工队伍的建设过程中突出“育人”目标。1996年三届四次教代会上通过的《上海交通大学社会主义精神文明建设“九五”规划》提出:“把搞好‘三育人’作为检验一切工作的基本标准，从校领导到每一位教职工，都要树立‘三育人’意识。”校工会在校党委的领导下，坚持开拓创新，不断推进“三育人”工作加深加强。

工会在“三育人”活动中主要抓了以下几个环节：

第一，抓规范化的要求。全校制定教书育人守则，把“三育人”工作列入学校对各单位教育质量评估体系，作为文明单位评比的必要条件之一；校、系工会每年把“三育人”工作列入工作计划，统一部署，形成合力。深入教育领域，介入人才培养，是工会工作的题中应有之义。通过多年来坚持开展“三育人”活动，“三育人”口号在交大深入人心，广大教职工都能自觉地把自己所从事的教学、科研、管理、服务等方面的本职工作与“育人”工作有机结合起来，全校上下形成有组织、有目标、有要求的全员“育人”氛围。校工程力学系在1992年“上海市高校教书育人组织工作评选”活动中，荣获二等奖。计算机系、应用数学系和计算机集成制造研究所分别荣获1995年度上海市高校“三育人”先进集体一等奖、三等奖、鼓励奖。

第二，抓先进个人评比表彰。为表彰在“三育人”工作中表现突出的教职工，校工会每两年一次在全校范围内组织开展先进个人的评选活动，在教师节期间予以表彰与奖励。评选工作在校党委和各单位党组织的领导下，由校和部门两级工会组织具体承办与操作。各二级工会推荐“三育人”先进个人候选人，校工会组织“三育人”先进个人评审委员会对符合条件的候选人进行评审，并从中推选出若干人参加上海市“三育人”先进个人评选。“三育人”先进个人必须是坚持党的基本路线，忠诚人民的教育事业，全面贯彻党的教育方针，具有良好的职业道德，能够立足本职，敬业爱生，为人师表，并在教学、科研、管理与服务等工作方面取得显著成绩者。1993—2004年，工会共评出学校“三育人”先进个人近300人。

第三，抓总结交流。校、院、系每年召开“三育人”经验交流会，每学年结束前，各二级工会都从工作实际出发召开“三育人”座谈会，每年年底都在闵行校区召开“三育人”经验交流会暨迎春茶话会，邀请各部门“三育人”先进个人及先进集体交流“三育人”的先进经验，并组织这些先进个人在暑期参加疗休养，进行“三育人”工作交流与研讨，一批优秀发言稿在《高教研究》上发表。1994年6月底，全校有31个单位党政工联合召开“三育人”经验交流会、座谈会，并推荐41名“三育人”积极分子参加休养。1996年，结合学期结束工作，在闵行校区召开“三育人”经验交流暨迎春茶话会，6月底前以二级工会为单位召开育人经验交流会、座谈会等。教师节前后召开教书育人经验交流会，推广计算机系，应用数学系、计算机集成制造系统（CIMS）研究所等单位的育人经验。

（二）创新激励奖励机制

为配合学校“九五”“十五”规划，建设高水平知名大学，促进教学水平更上一个新台阶，使广大教职工在教书育人、为人师表方面健康发展，延续交大教师严谨治教、勤奋治学的优良传统，工会坚持以人为本，创新各类激励机制抓好师资队伍建设。

1. 举办教学技能竞赛

1988年起，工会在青年教师中组织开展“优秀教学、科研论文和成果奖”评选活动，至1994年已评选三届，共50多人获奖。1994年，工会组织在35岁以下教师中开展“教学争金牌”活动，评选出若干名交大金牌教学能手。2001年4月16日—6月30日，经教务处、研究生院、工会、妇委会共同协商决定面向校内年龄40周岁以下具有教师技术职称、授课的教师，举办2000—2001学年（首届）上海交通大学青年教师课堂教学竞赛，在青年教师中开展教学比武、教案评比等活动。

为实施校党委提出的国际化办学发展战略，促进学校教育改革与创新，校工会、教务处、人事处、研究生院和妇委会联合开展2003年中青年教师“双语教学”教学竞赛。经院（系）推荐、个人报告、专家随机听课、调查参赛教师任课班级学生意见、评审组综合测评、评委会审核，从23名报名参赛教师中，评出一等奖2名、二等奖3名，三等奖9名，并于2004年教书育人经验交流暨迎春茶话会上予以表彰。

2. 开展“教学新秀”评比活动

为配合学校落实“211工程”规划和教师队伍建设，鼓励青年教师潜心教学，面对师资队伍青黄不接的局面，工会积极参与青年教师师资队伍建设的工作。针对有的青年教师不重视教学工作的现象，为激励青年教师重视教学工作，尤其是重视基础课程教学，以期造就一批信得过的教学能手，使学校的教学水平稳步提高，1995年，工会提议并经学校同意，会同教务处在35岁以下的中青年教师中开展“教学能手”和“教学新秀”竞赛评比活动，帮助从事教学工作，尤其是从事公共课、基础课及部分量大面广的技术基础课教学的青年教师，不断提高教学质量与水平，推进教学创新和提高办学效益，使学校青年教师不断提高自身教书育人的能力和水平。校工会还配套设立“青年教师奖励基金”，主要用于“教学新秀”的奖金发放。

此后“教学新秀”竞赛评比活动每两年在青年教师中开展一次，采用志愿报名和单位推荐相结合的办法。在普遍推荐的基础上，由学校的督导教师分别对参评青年教师的教案进行审查，检查备课情况，抽查任备课笔记及教学进度表，随机抽查若干名学生作业（或实验报告）的批改情况。专家随机进课堂听课，检查课外指导（答疑）情况，听取学生反应，审核由本人提供的有关教学改革及教学研究的措施、成果、论文等材料，组织专家对材料进行评选等。同时，要求参评教师以“课程教学改革的思路”为主题，每人就自己的教学情况讲演10分钟。再经专家评议、投票评选，最后评出5～10名“教学新秀”获奖人选，并在校报等媒体上广泛宣传他们的先进事迹，促进青年教师的迅速成长。1992—2004年间共开展5次评选，累计评出45名“教学新秀”获奖人选，及若干提名人选。历届评出的“教学新秀”逐渐成为学校教学科研的骨干，有不少担当学院和部处的领导工作，有的成为国家和上海市的杰出科技人才。

3. 开展爱岗敬业主题演讲比赛

为加强教师对教学工作的热情，工会积极开展组织教职工参加以“爱岗”为主题的演讲大赛。根据教育党委和上海市教育工会关于在各基层开展“我的讲台我的爱”演讲活动的要求，校工会于1997年6月中旬组织演讲比赛，共有10位教工参加演讲；校工会从中挑选王经、赵成学二位教授参加上海市演讲比赛，均获优胜奖。1999年3月8日，校妇委会根据党委提出“上水平、创一流”的学校发展目标，在闵行校区学术活动中心举行“交大的发展与我的责任”女教工演讲比赛，吴勇、王经获评一等奖。2000年12月，工会举办“跨进新世纪——我怎样当教师”演讲比赛，共有23位教师参赛，赢得满堂掌声。

1997年以“学生在我心中”为主题，在教职工中进行“爱岗敬业，无私奉献”的职业道德教育。同年，在开展“树、创、献”活动过程中，广大教师集中进行群众性“新时期师表形象讨论”，并形成了共识以达到自我教育、自我提高的目的；把个体师德建设与群体师德建设结合起来讨论，促使教职工树立“政治坚定、思想先进，业务精通、品德高尚”的师表形象。工会还与团委、学生会联合开展“我心中的好老师”群众性推荐评比活动，全校共有57名好老师受到学生的推荐弘扬。1999年7月15日，“学生在我心中”演讲会在徐汇校区工会教工俱乐部召开，各二级工会选派参加演讲的选手共13名，齐红、陆菁、杨一帆获得一等奖。

二、立榜样弘扬崇高师德风范

校工会始终将加强师德师风建设列为重点工作，要求各级工会抓紧抓好、常抓不懈，认真组织教职工学习与贯彻中共中央颁布的《公民道德建设实施纲要》和《上海交通大学教职工道德建设实施细则》。通过认真组织开展各类师德先进评选活动，努力探索培养青年教师的有效途径与方法，充分发挥先进典型的榜样作用，大力弘扬崇高的师德风范。

（一）组织评选劳模先进工作

为弘扬崇高的师德风范，激励广大教职工更好地投身于学校的改革与发展，为创建世界一流大学、为上海“科教兴市”建功立业，工会会同有关部门开展“三育人”宣传教育工作，并组织全国、上海市和学校的各类师德先进的评选、学习活动。工会坚持高标准、严要求，通过单位推选、民意测评、专家评审、材料公示与领导批准等程序，强调以德立教、为人师表，突出教学改革与教育创新，为全校教职工树立身边学习的典范。

1. 开展劳模评选推荐工作

结合上海市劳模候选人推荐要求，校工会组织二级工会积极开展劳动模范与先进工作者评选推荐工作。1999—2004年间，共评选出全国先进工作者、模范教师、优秀教师、师德先进个人7名；上海市劳模和劳模集体各1个，上海市师德标兵、优秀教育工作者9名，育才奖获得者76名等。

工会广泛开展“学先进、见行动”活动。每年年初、劳动节或教师节前后，校工会都要会同有关部门召开大会，表彰先进、交流经验，推动师德师风建设和“三育人”工作不断深入开展。2001年五一、五四前夕，工会组织劳模、教授、部分优秀青年骨干等参加以“爱国、报国、兴国”为主题的大型座谈会，弘扬他们的先进事迹。2002年9月10日，副校长叶取源在第十八届教师节暨先进教师表彰会上，宣读优秀教学成果奖、“师德标兵”、“教学新秀”、先进教师和实验室先进工作者等表彰名单。2003年9月27日，工会在徐汇校区铁生馆举行“迎国庆，话发展”劳动模范座谈会，20多位全国和上海市劳动模范、优秀教师代表出席。2004年9月27日，工会举行“迎国庆、庆中秋、话发展”劳动模范及先进教师代表茶话会，20多位历年评选出来的全国和上海市劳动模范、先进教师代表出席茶话会。

工会还坚持做好劳动模范的联络与服务工作。为认真贯彻国家颁布的教师法，维护教师的合法权利，宣扬交大劳动模范和先进教师献身社会主义教育事业的崇高精神，在蓬勃发展的教育改革大潮中，在交大创建世界一流大学中，做好学习、交流、研究和服务工作，进一步发光发热。1999年，为庆祝“五一”劳动节，纪念“五四”运动八十周年，召开“劳模联谊会成立暨中老教师传帮带恳谈会”，邀请劳模与先进青年教师进行座谈。会上正式宣布成立“上海交通大学劳动模范联谊会”，并制定《上海交通大学劳动模范联谊会章程》。通过组织活动，发挥联谊会成员本身的优势，开展学术理论和教育有关议题的研究，发扬劳模“教书育人”精神，开展“传、帮、带”活动，引导青年教师爱岗敬业，加强师资队伍建设。同时，工会组织联谊会成员开展交流互访活动、开阔眼界提高认识活动、加强交往和发展友谊活动以及咨询和培训等服务活动，反映劳模的要求、建议，通过联谊会向有关方面反映并协助上级部门做好工作，研究和开展劳模自身素质的提高工作等。

图4-5 1999年劳模联谊会成立暨中老年教师恳谈会

2. 开展师德标兵评选

1996年，在群众性“师表形象”讨论的基础上，工会首次开展师德标兵评选，评选出张熙、侯文永、裘兆泰、贾金平4位“上海交大师德标兵”，并在1997年教师节大会上进行表彰，在校内外产生较大影响。1997年，工会积极组织教职工参加中国教育工会发起的“全国十佳师德标兵”评选活动，通过工会系统深入宣传，印发30位师德标兵候选人事迹材料，广泛组织学习，并印发4 000张选票请教职工投票，最终共收回选票2 931张，回收率达73.3%。通过这一活动，广大教职工受到一次生动形象的师德教育。2002年，为了贯彻实施中共中央颁布的《公民道德建设实施纲要》，推进新形势下的师德师风建设，工会会同党委宣传部组织开展师德标兵评选活动，经学生投票、评委会投票和校党委批准，2001—2002年共评选出俞勇、席裕庚、王浣尘、胡宗武、徐捷5名校级“师德标兵”和8名提名奖获得者；2003—2004年评选出刘延柱、王浩伟、乐经良、陈火英4名“师德标兵”和5名提名奖获得者。

校级“师德标兵”一般每2～3年评选一次，由各院（系）党组织和工会推荐候选人，通过全校师生员工民意测评，专家评审，领导批准，并充分利用校报、橱窗、校内广播与电视各种媒体予以报道，广为宣传，起到了很好的师德示范作用。首届“师德标兵”获得者张煦院士撰写的《谱写科学人生》一书，在青年中有着广泛的影响，工会向刚进入教师岗位的新教师颁发此书，使“师德高尚，业务精深”的张院士的崇高形象深深感染青年教师。2001—2002年“师德标兵”获得者俞勇教授坚持教学改革和创新，为学生搭建舞台，他指导的ACM队连获世界大奖，2001年又一举夺得全球总决赛冠军，他是学生心目中引以为豪的良师益友，也是教职工教育创新的楷模。

各院（系）二级工会也积极开展评选与学习师德先进的活动。电子信息与电气工程学院组织评选学院“十佳师德标兵”，并编写《师德标兵事迹选编》，推动了两个文明的建设，促进了学院的快速发展。农业与生物学院开展“我心中的最好师德风范”的讨论，倡导“爱岗敬业、无私奉献”“教书育人、关爱学生”“以身立教、为人师表”“治学严谨、锐意进取”，忠诚于党和人民的教育事业。

图4-6　2000年名师阮雪榆在给学生上课

（二）建立“青年教师导师制”

学校大力加强人才高地建设，积极培养、引进一大批人才，同时每年新进青年教师达200名左右。为加强青年教师培养，学校制订《关于实行青年教师导师制》文件。工会以此为契机，召开座谈会，推动老教师与青年教师结对子，发挥“传、帮、带”作用，促进青年教师尽快尽早成才。

1999年6月8日，首批21名青年教师与导师签订《帮学协议》，开始接受培养与指导。导师中有一位是中科院院士，其他皆为博士生导师，青年教师都是留校工作3年左右，具有硕士、博士学位者。2003年，又有48对教师正式结对，于9月9日庆祝第十九届教师节大会上向“青年教师导师”颁发证书，并由青年教师向导师献花拜师。这一工作取得较好成效，多位参与结对的青年教师破格晋升为正教授，有的还承担了高校管理工作。新老教师开展“拜师结对”活动，有助于传承交大教师严谨治教、勤奋治学的优良传统，形成一种青年教师虚心向老教师请教、老教师热情帮助青年教师成长的良好氛围。

（三）搭建女教职工成才平台

工会与妇委会紧抓以女教授、女干部为代表的女教职工队伍建设，发扬其“四自”“四有”精神。通过每年评选和表彰“三八红旗手（集体）”“比翼双飞，模范佳侣”，发现和宣传一批优秀女性人才，弘扬新世纪女教师时代精神，并在每年三八国际劳动妇女节期间对获奖女教职工和集体进行表彰。

2001年以“模范佳侣亲近科技”为主题，组织获得市、校“比翼双飞，模范佳侣”荣誉称号和提名奖的夫妇，双双携手前往上海科技馆参观交流；“三八”妇女节期间在交大画廊举行“展巾帼风采，铸教师伟业”——“三八”红旗手（集体）先进事迹展；推荐学校“文明单位”——图书馆电子阅览室参加争创上海市“巾帼文明岗”活动并荣获2001年上海市“巾帼文明岗”称号。2002年在上海影城举行新世纪第一次“三八”庆祝活动，即“学先进、颂师情”暨“三八”红旗手（集体）表彰大会，弘扬新世纪女教师时代精神。

搭建女教职工联谊交流平台，促进女大学生全面成长成才。通过举办“女教授论坛”和“女教授沙龙”，巩固和发展学校“女教授联谊会”工作，组织“女教授与女大学生恳谈会”，成立“女大学生导师团”，开展“学高身正、与时俱进”“为交大的今天和明天”等联谊活动，充分发挥女教授们的群体表率、示范作用。校女工委还会同有关部门以第二课堂形式，成立“女性拓展基地”并完成首届“女性领袖风采营”培训。其间，妇委会请女性问题专家和教师为女大学生开设各类讲座、完成课题研究报告，并举行有关户外拓展活动，获得大学生欢迎。2002年，上海交大这一妇女工作的特色品牌——“女大学生成才教育工作”参加上海市妇女品牌工作申报和检查，获得一致好评，被评为上海市教育系统品牌示范点。

维护女教职工的合法权益，提高为全校女教职工服务的能力。组织学习《上海市女职工劳动保护条例》《婚姻法》《母婴保健法》《生育保险条例》等法规，举行各类讲座和展览，如“更年期保健知识”“女性整体形象设计”“性、艾滋病”等讲座以及“艾滋病离你有多远”大型版画展览。校女工委会同校妇女研究中心完成“女性与参政”课题，并于2002年11月参与召开“上海妇女发展国际咨询会议暨学术研讨会”。落实每两年对女教职工进行妇科普查等。

利用上海市教育工会资源，配套建立“优秀女青年教师成才资助金”。2003年9月8日，由上海市教育工会和妇工委主办、上海交大工会和妇委会协办的上海市“优秀女青年教师成才资助金”启动仪式在徐汇校区浩然高科技大厦举行。上海交大工会和妇委会对21位获得上海市“优秀女青年教师成才资助金”的女教师给予配套资助。截至2004年，共资助49人，发放资助金7.6万元。

第四节
实施“送温暖”工程

在社会主义市场经济背景下，工会的任务和责任更加重大。面对日新月异的变化，面对教职工思想观念、生活方式、收入分配方式和内在需求的多元化，上海交大工会与时俱进、开拓创新，以邓小平理论和“三个代表”重要思想统领工作全局，认真做好以住房改革和医保制度改革为核心的生活保障工作，以教职工维权和暑期疗休养为代表的权益保障工作，以帮困和互助为主要内容的“送温暖”工程等。

一、统筹协调促进资源优化配置

随着改革开放的深入推进和市场经济的深入发展，教职工个人在医疗保障、住房、养老等方面的支出较以前有所增多，使一部分教职工家庭抵御风险的能力下降。面对这一新变化，上海交大工会自觉调整工作以适应社会主义市场经济发展规律，发挥在学校资源优化配置中至关重要的纽带作用，做好教工普遍关心的住房制度改革和住房分配工作，推进关乎教职工健康的医疗保障制度改革。

（一）推进住房制度改革

安居才能乐教，乐教方能优教。教职工住房和公寓的建设关系到每个教职员工的切身利益，是建设世界一流大学，构筑人才高地的有力保障，也是群众最关心的热点问题之一。上海交大对教职员工的住房问题非常关心，通过每年举办的教代会等渠道，组织广大教职工代表讨论、制定并通过了一系列惠及全校教职工的房改规章、制度、条例等，把致力于改善教职工居住生活条件作为实事来抓，提出“十万广厦工程”的目标。从1992年起，交大从住房的无偿分配发展到实行国家、集体、个人各出一点的“三个一点”筹资建房分房制度，进而发展到1998年全面实行“货币化分房”制度。教代会闭会期间，建房监督委员会，分房监督委员会，提案工作委员会等工作机构保持正常运转，校工会主动协助和督促相关房改补充制度、办法的制定与实施，并与资产管理处、人事处、财务处等紧密配合，积极做好各项房改举措在实施过程中的监督与信息反馈工作。

1.“三个一点”筹资建房分房

1992年，第三届教职工代表大会上通过《上海交通大学住房制度改革实施办法》等关系教职工住房解困问题的三个文件，充分考虑教职工的实际利益，初步形成一个自筹资金多建房、快建计划的方案，为加快教职工住房解困步伐，建立一个良性循环的建房—分房机制打下基础。

1993年，作为上海市“已租公有住房出售”的首批试点单位，学校对已租住本校住房的住户，按《上海市人民政府批转市房管局关于进行出售已出租公有住房试点的规定通知》出售已出租的公有住房。

1994年，学校制定了《上海交通大学“瓶颈”房分房办法》，探索剥离分房中的福利因素，同时按照上海出售优惠公房的政策，向教职工出售煤卫独用的独门独户的公有住房。

1995年，三届三次教代会上审议通过《关于“上海交通大学住房制度改革实施办法”的修改意见》和《上海交通大学住房津贴实施办法》，使住房建设的投资由国家、单位统包的模式逐步转变为国家、单位、个人三者合理负担，促使住房分配开始由实物、福利型分配方式向货币工资型分配方式过渡。

2.“货币化”住房分配

1997年，校党委书记王宗光、校长谢绳武亲自担任房改领导小组组长，主持制定上海交通大学住房分配制度的改革方案，成立有关职能部、处及院、系参加的“房产资源配置领导小组”。提出教职工住房准货币分配的实施办法，设立一次性达标的住房补贴（Q），同时又参照公积金的办法，扩大工资中的住房津贴（M），再配套一个住房奖励津贴（J）。学校教职工按其条件所得到的（Q+M+J）总和，加上各自的能力基础，通过公积金贷款和商业贷款解决住房问题，学校房产与财务部门也为教职工贷款购房建立服务系统。1997年9月，该方案率先在电子信息学院进行测算试点。

1998年1月1日起，交大停止无偿实物分配住房政策，开始试行住房货币化分配的改革方案。学校制定住房分配商品化、货币化、公寓化等住房分配改革的系列方案和实施细则，为启动住房分配改革打下基础。6月15日，全国房改工作会议宣布：从1998年下半年起，停止住房实物分配，实行住房分配货币化，新建住房原则上只售不租。上海交大的这项改革比全国提早了半年。

1999年，上海市政府颁布深化房改综合配套改革的政策，并于2000年起实施，上海住房制度改革进入全面建立与社会主义市场经济相适应的住房新制度的转折阶段，整个社会对住房的分配逐步纳入货币化。而上海交大已经在1998年就实行了住房的货币化分配，广大教职员工已经适应和接受了“学校给补贴、住房找市场”的思路。此后，学校在住房建设方面的重点由原先的自建住房和购买住房，转移到集中联系和开发住房方面。

2000年召开的四届二次教代会和2003年召开的四届五次教代会，分别讨论、通过了关于新进人员住房津贴实施办法和教职工住房制度改革补充办法。

（二）开展医保制度改革

随着改革的深化，20世纪50年代开始实行的公费医疗制度愈发不适应形势的发展，费用超支日趋严重。1996年，在三届四次教代会上，校领导向与会代表报告关于公费医疗的超支情况，会议审议通过关于《上海交通大学公费医疗执行情况及改革的实施办法》的决议，提出8条改革公费医疗的措施。为了适应医疗制度改革的新形势，工会配合学校推进医疗保险制度改革，为教职工提供以基本医疗保险为主、补充医疗保险为辅助和医疗救助为扶持的多级多层次医疗保险。

1. 设立“上海交通大学教职工医疗互助补充保险基金”

为做好学校医疗改革措施出台的配套工作，1996年工会倡议设立“教职工医疗互助补充保险基金”（俗称“小白卡”），即每人一次性交300元，急需时最高可获得3万元的补助。校工会向教职工大力宣传设立此项基金的意义，在各级工会干部努力下，仅一个月全校就有6 592人参加，计197.76万元，加上学校行政首批投入的启动资金100万元，共近300万元。该基金从1997年元旦正式启动，经融资约增值40万元。2002年，应教代会补充资金、以保证该基金基数不变的要求，校行政与人事处又追加95万元，校工会也投入10万元。截至第九届工会委员会任期满，该基金收支相抵，共结余332.9万元。

为保障“教职工医疗互助补充保险基金”顺利实施，1996年12月27日，由校工会特别制定的《上海交通大学教职工医疗互助补充保险基金章程》（2003年修订版见附录4）在三届四次教代会闭幕会议上正式通过后开始施行，并在其后每年教代会上不断更新、补充、完善。自1997年1月—2004年11月，按照章程规定，全校先后有1 573人次患大病的教职工得到医疗互助补贴费，补贴总金额达204.3万元左右。这对减轻教职工医疗负担起到较大的作用，极大增强了教职工抵御大病风险的能力，对患重病、大病的同志更是“雪中送炭”。该基金受到教职工一致好评：一位青年教师说，交大这个基金好就好在“自己无病，我助人，一旦有病，人帮我”；上海市教委领导认为，上海交大的做法是从机制上解决帮困的一个好措施，希望在教育系统推广。该工作被上海市教育工会评为最佳特色工作成果奖，并在高校中起到示范与辐射的作用。

2. 动员教职工参加多形式补充医疗保险

为确保上海医保制度改革的顺利实施，工会在教职工中进行大力宣传，广泛动员，积极推行教职工补充医疗保险，以增强教职工的抗风险意识和能力，化解教职工患大病、重病的医疗风险。补充医疗保险包括单位内部组织开展的职工医疗互助互济、上海市总工会组织设立的在职职工医疗互助保障计划，以及商业保险公司提供的医保险种等形式。教育系统各单位和个人可根据自身的经济能力和健康状况，有重点、有计划地自主选择补充医疗保险的形式和险种，以适应多层次、多样化的医疗服务需要。

1994年12月，上海市总工会生活保障部创办上海市职工保障互助会，并设立职工养老互助补充保险甲、乙种二个保险品种。交大工会得到这一消息，即刻召开二级工会主席会议，动员广大教职工积极参加职工养老互助补充保险。经过动员，除校工会为每位校院（系）工会干部（300余人）每人购买一份甲、乙种养老补充保险外，许多院（系）也积极行动起来，用本单位的福利费用和集体创收资金为教职工购买补充保险。因在高校工会中率先参加上海市总工会“职工保障互助会”，且参加的教职工人数众多，上海交大工会先后二次被评为上海市总工会职工保障互助会“先进运营委员会”，上海市总工会主席包信宝把由他亲笔写的007号“荣誉保障单”纪念牌赠给上海交大工会留念。

为进一步提高教职工抗疾病风险能力，工会还争取校行政的支持，帮助全校在职教职工办理参加上海市总工会的“在职职工住院补充医疗互助保障”的手续，为退休教职工办理了“退休职工住院补充医疗互助保障计划”，使不少患病住院的教职工获得第二道防线的医疗保障，帮助职工减轻医疗负担，提升职工的获得感。另外，各院（系）集体或个人自行参加上海市总工会的“特种重病团体互助医疗保障计划”“还本型特种重病团体互助医疗保障计划”“上海市退休职工住院补充医疗互助保障计划”等。2001年，全校共有11 758人次参加上海市总工会的四大医疗补充保障计划，在职和退休职工有130人次得到上海市职工保障互助会的理赔款共计106 605.43元。

2003年，工会针对学校教职工中近年来生大病、患女性恶性肿瘤时有发生的现状，在校领导同意和人事处、财务处支持下，为全校教工新办理“上海市职工特种重病医疗团体互助保障”和“上海市女职工团体互助医疗特种保障”参加手续。前者参保金由工会、人事处或企业和职工个人分担，后者参保金由工会、人事处分担，受益的人员数分别达到6 000和2 300多人。

上海市职工保障互助会同步推进的保障计划还有《团体补充养老保障计划〈新甲种〉》《职工团体安康保障计划》《职工安泰互动保障计划》《职工安顺互助保障计划》《职工团体意外伤害互助保障计划》，这五项保障计划是为广大教职工的养老和发生意外特制的互助保障计划，这些计划具有保障和储蓄的功能，是按市场机制开展的既受职工欢迎又能稳妥运作的互助保障计划，也是上海市总工会千方百计为职工办实事的举措。为此，校工会采用多种形式，加大宣传力度，保证不低于教职工数的20%参加，帮助广大教职工增强养老保险意识，提高养老的保障水平。

二、以人为本做好生活保障工作

1992年，党中央、全国总工会提出开展“送温暖”工程工作后，工会围绕学校“上水平，创一流”的中心，紧扣工会四大社会职能——维护、建设、参与、教育，特别是突出维护职能，以改革的精神全方位地为教职工办实事、“送温暖”。切实做到以“了解人、关心人、尊重人、凝聚人、增团结、创一流”为宗旨，除了继续开展春节团拜、祝寿等传统活动外，还认真做好以帮困、医保和休养为主要内容的生活保障工作，基本上做到了特困职工重点帮、突发事故及时帮、逢年过节普遍帮。这一时期，校工会致力于建立健全学校教职工补充保障体系，全方位为教职工“送温暖”，深受领导和群众的好评，多次受到上级工会表彰和鼓励。

（一）扎实为教工办实事

1. 坚持开展广泛的群众性的“十必访”制度

在校、院（系）两级工会建立“十必访”网络，形成互相关心、互相帮助，我为人人、人人为我的和谐的、融洽的校园人际关系。各单位普遍建立教工生日档案、健康档案、困难户档案等，通过广泛的慰问、访问活动，解决问题、沟通思想、增进团结，构建领导干部与教职工群众之间的和谐关系，增强组织的凝聚力。

工会积极组织开展慰问探视一线教职工等“送温暖”活动。同时在全国高校工会率先将福利慰问工作与对口帮扶、乡村振兴结合起来。组织开展“十必访”“冬送温暖，夏送清凉”、军训、招生工作等专项慰问活动，制定并落实项目聘用人员享受与会员同等实物慰问的操作办法；多方筹措，积极作为，引入社会资源，精心打造“娘家人”普惠平台。1996—1998年，全校共访问、慰问、探望教职工近8 500人次（未包括退管会慰问的人数）。关心献血教工，1999年全校共有108名教工献血，工会向他们表示敬意，并到献血现场向每位献血者送上200元慰问金，慰问款共计21 600元。2003年抗击“非典”期间，工会除了及时给全校每位会员发放防治“非典”慰问金外，还及时看望、慰问第一线的医务人员和3幢学生宿舍隔离楼的工作人员，捐赠抗疫物质，向他们致以崇高的敬意和亲切的问候。

图4-7　2003年6月上海交通大学向附属第一人民医院捐赠抗非典物资

积极开展“老帮老，心贴心”送温暖活动。为使老年人“老有所学、老有所乐”，上海交大工会参与筹建上海市老年大学上海交通大学分校，工会主席还兼任交大老年大学分校校长。此外，还协助建立“老年之家”，为老年教职工提供日常开展文体活动的场所，为交大老年基金捐款等。为做好关心离退休人员工作，切实为离退休人员办实事、“送温暖”，工会主要做三方面工作：其一，是每年与校老龄委员会联合召开当年离退休人员会议，共话人生的昨天、今天和明天，并赠送纪念品。其二，根据离退休人员特点，发挥其余热，支持他们办“三产”，办各种辅读班，参加学校“三风”建设督导等。其三，关心离退休人员物质、精神生活，为了使老人们共享改革成果，工会每年还从“三产”创收中拿出部分经费给予支持。

2. 关注教职工生活，解决群众共同关心的问题

多年来，上海交大工会为教职工解决许多共同关心的问题：因交大新村周围高楼林立，电视机收视效果极差，工会经与有关方面协商后，短期内为教职工安装了闭路电视，在上海市有线电视台开播后，又加班加点于1995年国庆当天高质量、高效率地完成闭路电视与有线电视联网工作。1997年教师节期间，校工会成功地为全校约7 000名在职和离退休教职工发放安装电话优惠券。为扶持市郊农民种粮积极性，根据上海市总工会、上海市粮食局等单位的要求，工会于1996—1997年两次向教职工发放新大米（米票）216吨；为使广大师生吃到价廉物美的新鲜蔬菜，校工会邀请农学院派“菜篮子工程车”提供每周一次送菜上门服务，又与松江有关部门联系，向徐汇、闵行两校区食堂直供蔬菜；每年3月5日学雷锋纪念日前后，校工会还举办“学习雷锋，为您服务”活动，为教工购物送去方便。

工会还特别关心中青年教师子女的教育。通过在交大子弟小学设立“好苗苗”奖，在每年六一儿童节期间奖励优秀学生，并给单亲家庭儿童及残疾儿童送一份特殊礼品；为未升入重点初中的教工子女筹办预初班；设立“交大子弟小学、幼儿园少年儿童第二课堂教育基金”“交大少年儿童艺术教育基金”“交大子弟小学好苗苗奖励基金”等儿童教育基金，为小学、幼儿园儿童开展业余活动提供资金；设立“交大附属中、小、幼教师奖励基金”，用于奖励“交大工会骏马奖”获得者，鼓励这些教师安心教育工作，高质量地培养交大教工的子女，以支持交大教职工攀登一流大学的高峰等。此外还延续工会多年惯例，举办了为提高教职工英语水平的英语班和为高考落选的教职工

图4-8 “六一”儿童节王宗光（后排中）、校工会专职副主席倪浩（后排右）、妇委会常务副主任舒培丽（后排左）为少年儿童颁奖

子女设立的高复班等。

3. 成立“家属委员会”，把温暖送到教工家中

学校教职工集中居住区有三个居委会，为便于加强教职工与居委会的联系，发挥他们为教职工解除后顾之忧的积极性。上海交大工会与居委会商量，另建交大教工家属委员会，与居委会实行“一个班子、两块牌子”。1994年1月20日，交大新村家属委员会首先挂牌，上海交大工会一方面为家属委员会解决年创收2万元左右创收渠道，一方面加强新村工作，挂牌仅一年家属委员会的各方面工作就上了新台阶。例如，由于保卫力量加强，1994年新村自行车失窃数比1993年下降96%，使住新村的教职工有了安全感；同时校工会在学校支持下，在新村旁盖起80平方米的简屋，引进理发室、修理电器等摊点，大大方便了在新村生活的教职工。

为响应上海市委号召，工会还积极参与文明小区建设。其中新村于1996年获徐汇区文明小区称号，闵行校区家属居住区“东川花苑”1997年评为上海市文明小区等。1998年，工会与在交大教职工集中聚居的四个小区居委会取得联系，共同议定为改善教工居住环境，建设安全小区、文明小区而努力。工会不仅从财力、物力上给予适当的支持，分别为四个居委购置了电视机、VCD机、部分健身器材，还从工作上、经济上关心支持他们开展创办文明小区活动。1999年，工会主动参与社区建设，创建文明小区，为交大教职工提供一个环境优美、治安良好、空间安静、人际和谐的小环境。并与四个居委会、家属委员会、子弟小学配合，共同做好四件事：发动教职工共同做好环境的绿化、美化工作，为建设美好家园出力；在少年儿童中开展“我爱我家”的征文活动，儿童节时表彰；配合联合国敬老年的活动，在四个小区开展评选“敬老好晚辈”活动，敬老节时表彰；与房地产处、物业管理等单位共同合作，为四个小区各建设一个多功能活动室，工会另为各活动室添置3 000～5 000元的文体设施。

4. 积极投入抗击“非典”的斗争

2003年，面对突如其来的“非典”疫情，工会在校党委领导下处惊不乱、沉着应变。4月29日下午，校工会在徐汇校区铁生馆召开防治“非典”工作会议，就贯彻上海市教育党委、上海市教委和上海市教育工会和学校的有关文件精神，提出四点意见：① 组织工会干部认真学习中央、上海市和学校关于防治“非典”工作的文件与会议精神，不断提高思想认识，增强工作的主动性；② 在校党政的统一领导下，积极配合学校做好防治“非典”的各项工作；③ 各级工会组织要从各方面关心、帮助教职工，为患病和有困难的教职工排忧解难；④ 工会从有限的经费中拨出12万元专款，通过各二级工会为全体会员购赠防护用品。

校工会根据校党政安排，在做好本职工作的同时，积极地承担起全校教职工“非典”防治信息的汇总工作，保证全校“抗非”信息渠道的畅通和数据的准确，受到各方面的好评。从4月20日以后的三个多月，校工会每天都要接听或接收来自全校20个院（系）、15个直属单位和20多个机关部门的有关电话、传真与电子邮件，耐心细致地询问各单位教职工及其家属患病发热、出差返沪和接触外来人员的情况，认真负责地整理、汇总各方面的信息与数据，并及时地填表上报学校防治“非典”办公室。

为了贯彻落实党中央和上海市防治“非典”工作部署，以及学校党政关于“非典”防治工作的要求，充分发挥工会、妇委会联系群众的作用，校工会发出倡议书，号召全体教职工在防治“非典”战斗的严峻考验面前，要坚定必胜信念，密切配合各单位党政组织，积极投入群防群治工作，努力把学校建成安全、健康、稳定的校园。工会还要求广大教职员工为了自己的健康，为了他人的幸福，为了社会的安全，要多加自我保护，“五一”期间不要离开上海，婉拒外地客人来沪，并做关爱社区和家人的细心人，做到防治“非典”八条要求。工会还利用《上海交大教工》广泛宣传和大力发扬交大教职工抗击“非典”的先进事迹和高尚精神，号召广大教职工同舟共济，群策群力，坚决打胜抗击“非典”这场硬仗。

因校工会在“非典”防治工作中的突出表现，在11月5日校精神文明表彰大会上，校工会被授予“2001—2002年度上海交通大学文明单位”荣誉称号，校工会办公室被授予“上海交通大学非典防治工作先进集体”荣誉称号，张增泰被评为“上海交通大学非典防治工作先进个人”。这是学校领导和广大师生对校工会近两年来在精神文明建设和抗击“非典”斗争中所做工作的肯定与鼓励。

（二）开展帮困解困工作

工会时刻关心群众的安危冷暖，建立健全帮困、解困联系制度，致力于使帮困“送温暖”活动经常化、制度化，努力给予弱势群体更多、更切实的关爱与帮助。一方面，进一步做好全校特困教职工的调查摸底工作，努力使工会组织成为他们的“第一知情人”和“第一帮助者”，更多地关注、帮助教职工中的困难群体和弱势群体。另外，通过设立一系列帮困基金，帮扶患病和低收入困难职工，助其克服暂时的经济困难，同时为特困教职工的再就业、子女入学、医疗等提供帮助，持续不断地做好帮困、解困、“送温暖”工作。

1. 建立特困教职工家庭档案

工会将学校困难户、重病号统计造册，作为校、系两级工会重点关心的对象。对特殊困难的家庭给予特殊关心，深入调查研究，做好“第一知情人”。建立定期调查的制度，及时了解掌握情况，对特困教职工总体生活状况要做到心中有数。在调查摸底的基础上，建立特困教职工动态管理档案，并及时采取有效措施，解决教职工的实际困难。发现特困教职工遇到特殊的生活困难及时向同级党政、工会和上级教育工会报告，与有关部门做好协调沟通工作，制定可行的帮扶计划。对涉及教职工切身利益的问题要及时向党委行政反映，凡有条件解决的，要督促有关部门加以解决；对一些暂时解决不了的问题，要实事求是地向教职工讲明原因，做好思想政治工作。对因教职工个人原因造成生活难以为继的，积极与有关部门沟通协调，拿出具体办法进行帮助。例如，1994年电机系实验室一位职工家中遭受不幸，在工会倡议下广大教工及校外单位纷纷捐款，挽救了濒于崩溃的家庭。

2. 构筑帮困帮扶基金体系

工会还积极建立各项帮扶基金，包括“上海交通大学教职工慈善帮困基金”“上海交大教职工互助储金”“教职工医疗互助补充保险基金”“青年教师奖励基金”“附属中学、小学、幼儿园教师奖励基金”“交大少年儿童艺术教育基金”“交大子弟小学好苗苗奖励基金”“交大老年基金”等，各类基金构筑起教职工互助补充保障体系，犹如一道屏障有效地增强了教职工抵御各种风险的能力，同时也为教职工送去实实在在的温暖，使他们坚定支持改革、做好教书育人工作的信心。

1996年，工会与红十字会联手发起设立“上海交通大学教职工慈善帮困基金”，并成立上海交通大学慈善帮困基金理事会，负责基金的筹集、管理、使用。该基金资金主要来源于学校行政拨款、工会节余经费资助、二级工会捐赠、红十字会牵头向各界的募捐款、校内各单位代每位教职工捐赠、校外企事业单位捐赠和海内外校友、朋友捐赠等。此外，工会持续组织全校教职工开展每年一次的“献爱心，一日捐”活动，呼吁教职工捐赠一天的工资充实慈善帮困基金，使更多的困难教职工得到帮助。从1999年至2004年11月，共筹得100.7万元充实到这一基金中去，充分体现交大教工“一人有难、八方相助”的友爱互助精神。在工会统筹下，该基金用于救助全校教职工中患重病、绝症时个人承担过多的医疗费用确有困难者、因意外事故伤亡家庭经济确有困难者、孤寡老人及教职工的遗孤、家属下岗待业经济十分困难者、自然灾害等造成财产重大损失、理事会认为需要补助的特困者等。1999—2004年，“上海交通大学教职工慈善帮困基金”先后对2 107人次困难教职工进行资助，补助款累计达66.5万元，困难教职工从“慈善帮困基金”中每人得到200元至500元数额不等的补助。

上海交大“教职工互助储金”则是解放初期由校工会筹建，主要用于在工会会员之间开展的互助互济活动，至1996年该储金只剩1万余元，互助互济的力度太小。为了加大互助互济的力度，1996年9月，上海交大工会决定扩大“互助储金会”，凡自愿参加每人一次性交款50元，用增值款为互助金会成员提供借贷，共筹集16.5万余元。四年间，全校有100多人从该“储金”中短期借款，多者一次借款一万元，一年内扣还。“教职工互助储金”为教职工临时借款提供了方便，发挥为教工排忧解难的作用。

（三）设立爱心助学基金

“不让一个学生因经济困难而辍学”是交大人的承诺，为困难学生提供援助，让每位学生德智体全面发展、健康成长，是每位教工也是工会义不容辞的责任。为协助政府发展教育，促进教育改革，进一步做好育人工作，工会倡议设立“上海交通大学教职工爱心助学基金”，为“特困学生”提供助学资金。

1994年，全国37所重点高校试行缴费上学制度，上海交通大学是其中之一。缴费上学制度实施后，校园内出现了为数不少的贫困生，尤其是一些父母双亡和单亲家庭的学生，以及来自城镇下岗待业家庭的学生。据统计，这类特困学生约占当时新生总数的10%。工会了解情况后，向校党委写了情况汇报，并建议发动教职工捐款设立“上海交通大学教职工爱心助学基金”，帮助这些学生克服暂时的经济困难。该请示报告得到校党委重视，党委书记王宗光在请示报告上批示：“交大设立‘教职工爱心助学基金’可取。不分财力高低，能献上爱心，支持那些进了交大，又愿苦读，但又有经济困难的学生，人人有责。”

得到批示后，校工会向全校教职工发出设立“上海交通大学教职工爱心助学基金”的倡议，得到广大教职工的积极响应。仅一个多月时间，教工个人捐款就超过30多万元，而校内各单位捐款也达近30万元；同时，社会各界也纷纷伸出援手，如日本住友信托银行驻上海代表处决定把原拟用于“代表处”开业典礼的40万元人民币节省下来，转赠“上海交通大学教职工爱心助学基金”。基金设立后，1994—1998年先后五次向新生发放教工爱心助学金，共有802人受助，平均每人受助500元，受助款共计达40余万元。1998年，鉴于三江水灾严重，新生中困难学生增加，工会为200名新生资助10.07万元。1999—2004年中，工会从该基金中提取24.4万元，对403名困难新生进行爱心助学。

助学基金是交大教职工爱心的生动体现，是做好“育人”工作的具体行动，为困难学生创造了良好的学习条件。交大教职工这一义举得到社会各界的肯定，《解放日报》于1994年10月24日发表题为《教师的钱，滚烫的心》的通讯，《中国教育报》发表通讯文章《上海交通大学教职工热情资助困难生——决不让一个困难学生因生活困难而失学》对此进行宣传，1996年12月27日，《文汇报》发表独家采访《明天的博士生——记上海交通大学发放教职工爱心助学金》。教职工的爱心助学行动也温暖着每位受助学生的心，在他们心中播下“爱”的种子。学生们纷纷给学校写信，反映自己的心情和感受。1994年暑假，校工会共收到58位学生来信，从中得知，他们中有6人成为中共预备党员，31人参加党章学习小组。有的来信对学校的“校风、教风、学风”建设提出建议，更多的表示要把对教工的感激之情化为学习的动力，以优异的成绩报效祖国。

三、互帮互助架起社会爱心桥梁

“一方有难，八方援助”，是社会主义优越性的体现，也是交大人的传统美德。上海交大工会积极组教职工捐资捐物支援灾区和贫困山区，探索科技和智力扶贫的新举措，用善举架起交大与社会之间的爱心桥梁，充分展现交大人对灾区和贫困同胞的深情厚谊。

（一）开展扶贫济困“送温暖”

1994年10月，工会响应上海市政府的号召，发动教工为云南灾区人民献爱心。五天时间内，全校共捐出单衣3 660件，棉衣148件，棉被9条，总重量达1.8吨。1997年10月，校工会发动教职工为云南、重庆的灾民献爱心，三天时间共收到衣被2万多件，总重14 581千克。1998年夏季，长江、嫩江、松花江发生史无前例的特大水灾，在党中央坚强有力的领导下，在伟大的抗洪精神鼓舞下，工会组织师生员工纷纷捐款、捐物，全校共捐款510余万元，教职工共捐衣被31 632件，总重33.3吨。

2001年，党委宣传部和工会等单位发起《关于举办“捐书助教、学先进、铸师德”活动》倡议，学习查文红老师高尚的师德，为魏庙小学捐书。几天内共收到8 000多本图书，几十盒英语磁带及若干英文打字机等。2001年度，上海市实施对口支援云南、江西两省灾区和贫苦地区，11月9日，工会积极组织全校教职工开展扶贫济困“送温暖”活动，仅一周时间就收集1 096位教职工募集的棉被、衣物等共计6 593件，重5.39吨，打成155个大包送至徐汇区、闵行区集中地点。

2002年8月，为响应上海市妇联提出为上海“三岛”少儿帮困助学的号召，工会女工部与校妇委会代表赴崇明岛参加上海市教育系统妇工委组织的助学成才活动。10月31日，工会开展扶贫济困“送温暖”活动支援云南、江西两省灾区和贫困地区，召开会议动员布置，各级工会干部立即分头传达，教职工利用双休日积极准备。在一天半时间，准时将衣物、书籍集中校工会，并整理打包、运送至有关部门集中。2000—2002年，交大教职工募集到棉被、棉衣裤、单衣裤、书籍等共计40余吨，充分体现交大人对灾区和贫困地区同胞的深情厚谊。

2003年淮河流域、黄河中下游发生特大洪水，新疆、云南、内蒙古发生强烈地震，工会动员教职工积极参加上海市以“冬衣暖人心”为主题的捐助活动，共募集人民币6.4万元，棉被衣物等9 498件，重达5.4吨。此外，工会还对上海市公益事业给予积极支持和帮助，如向上海市红十字会捐款5.6万元，向“中华人民共和国第五届残疾人运动会”资助1万元，向国际少年儿童艺术节资助5 000元等。

（二）探索“科技与智力扶贫”

工会还通过教师暑期社会实践活动积极探索“智力扶贫”新路。2001年7月，校工会组织农学院20多位教授、副教授和研究生赴安徽省大别山开展“科技扶贫”活动；2002年，又向江西省和延安地区延伸与拓展，受到革命老区人民的热烈欢迎，也得到省、市、县有关领导的高度评价。基本做法如下：

（1）精心准备，点好“菜单”。校工会会同农学院首先作了思想动员和队伍组织工作，由各专业教师提出了可提供科技扶贫的29个项目。在此基础上，校工会主席季学玉亲自带领农学院的3位教师赴大别山区进行前期考察、调研，了解各扶贫点的实际需求，带回需要科技扶贫的“菜单”，并对照“菜单”落实对口专业和教师，制定活动计划。

（2）深入基点，咨询指导。科技扶贫团在大别山区6天时间里，冒着酷暑分别到六安、金寨、霍山、舒城等市县，在40多个农业示范点、渔牧养殖基地、农副产品加工厂以及个体承包农户，进行广泛、深入的现场科技咨询、指导活动，包括办短期培训班、开科技讲座、作技术诊断等。内容涉及植物栽培、品种改良、病虫害防治、畜禽疾病防治、农产品保鲜加工和综合利用、环境保护及企业管理等方面，解决当地不少农业生产上的难题。还有的教师通过调查研究，提出许多改进和发展当地农业生产的建设性意见，并向市、县有关领导作了汇报，得到他们的高度重视。

（3）签订协议，长期合作。教师们在现场科技扶贫活动中，通过广泛的接触、调研和磋商，在高山反季节蔬菜栽培、皖西大白鹅养殖、灵芝孢子粉开发、建立组织培养实验室和畜禽诊疗实验室等方面，同当地农业生产与科技部门达成深入开展项目研究的合作意向，并得到当地政府从政策到资金给予全力支持的承诺。2001年10月底，大别山区所在的六安市又专门组织代表团对学校进行回访，双方正式签订科技扶贫协议书和5个项目合作协议书。2002年，六安市农业局局长到农学院就有关农业科技与生产问题请求咨询；六安市农科所也来农学院取回有关水果、黄瓜新品种栽培的资料，向省和国家申报立项推广；农学院还为金寨县的三名技术员提供免费技术培训。以暑期科技扶贫活动为契机，上海交通大学同大别山区建立起长期、全面的技术合作与开发。

（4）拓展延伸，持续发展。2002年暑假，农学院又有三位副院长与工会副主席一行四人到江西省革命老区会昌县农业局、畜牧局及其生产点进行科技咨询与调查研究，特别就困扰当地农民与干部的烟叶与柑橘疾病防治问题提出改进与建设性意见，得到会昌县县政府的高度评价。农学院专家受邀前往延安地区举办植物栽培讲座，并为子长县在农学院免费培训四名技术人员，让他们掌握植物组织培养技术。科技扶贫活动正向中西部其他地区延伸与拓展，产生可持续发展的效应。

科技扶贫活动受到社会各界关注。《安徽日报》《文汇报》和《上海科技报》对该活动作了多次报道，称此举是教育工作者将科技恩惠洒向老区人民，是对老区经济发展的新贡献，体现了新时期上海交通大学教师高尚的精神境界。而组织科技扶贫团下乡服务，不仅有利于老区的建设与发展，同时也拓宽高校工会工作的思路，对提高教师政治思想和业务技术素质起到很大作用。“智力扶贫到山区”被评为2001年度上海市职工精神文明十佳好事，并获“2001年度上海市社会主义精神文明十佳好事”提名奖。

第五节
繁荣校园文化

上海交大工会积极组织开展以群众性文化体育为主要内容的校园文化活动，努力满足教职工精神文化的需求，还以重大纪念日和节日为契机，举行一系列寓教于乐、健康向上的群众性文化活动，寓思想教育于活动之中。

一、开展系列庆祝活动

（一）契合时势开展庆祝活动

1997年，举办迎香港回归系列活动，进行爱国主义教育。在迎香港回归的日子里，工会着重组织学习邓小平关于“一国两制”的论述，邀请前上海市妇联主任谭弗芸作《迎九七回归，话香港前景》的精彩报告；举办爱国主义教育电影周，出版宣传橱窗，举办交大青年迎香港回归卡拉OK演唱比赛，举办“迎香港回归，迎十五大召开，迎八运会”的“三迎”越野自行车拉练活动，并在七一前夕举办“迎回归、颂祖国”歌咏比赛等。这一系列活动使大家从中受到生动、热烈的爱国主义教育。校教工合唱团受邀到外滩参加百支歌队万人大合唱“迎回归”活动，获得上海市“迎香港回归，颂伟大祖国——浦江两岸百支歌队万人唱”优秀歌队奖。党的十五大召开，工会在教职工群众中坚持进行党的基本路线和党的基本理论的教育，积极宣传、学习十五大精神，邀请上海市党校冷鹤鸣教授给工会干部举办讲座，宣讲十五大报告的主要精神以及一系列新观点、新提法。

1999年，举办迎接新中国成立50周年、上海解放50周年、澳门回归祖国和新世纪到来的“双迎双庆”活动。工会通过举办电影周，出版澳门回归的宣传橱窗，举办“迎回归，颂祖国”演讲比赛，举行1 000多教工参加的迎澳门回归象征性长跑活动等系列活动，使大家从中看到“一国两制”方针的巨大威力，受到一场生动的爱国主义教育。利用重大节日，开展各项活动营造庆祝氛围：三八妇女节组织“交大的发展与我的责任”昂立杯女同胞演讲比赛，第十五届教师节举办“学生在我心中”主题演讲比赛。共和国五十大庆前夕，邀请全校200位共和国的同龄人参加“看上海，话责任，展未来”的欢聚活动，举办大型“颂祖国、铸师魂、求创新”演讲朗诵会和“火树银花不夜天”广场交谊舞大赛。12月举办“交大师生昂首迈进新千年文艺汇演”，校领导与1 500多名师生同乐。组织教职工看上海，看浦东，看祖国改革开放的成就展；开展“交大人看交大”活动，参观交大百年校史展，交大生命科学成果展，交大汽车成果展，交大微纳米研究院最新研制成果——微型马达、微型直升飞机展览等。通过参观，鼓舞了士气，增强了信心。

2001年，为纪念建党80周年、庆贺党的十六大胜利召开，工会先后举办了一系列庆祝活动：全校教职工文艺演出，“时代的先锋、民族的希望”演讲比赛，参加上海市女教师“唱支山歌给党听”双语朗诵比赛，组织女教授等去浙江嘉兴南湖瞻仰“红太阳升起的地方”，与上海汽车工业（集团）公司联合举办“华东二省一市老同志桥牌赛”，交大教师合唱团参加上海市总工会举办的“上海市职工五一歌会”并获第一名等。同时，组织教职工加强开展理论学习活动：组织学习江泽民在党成立80周年大会上的讲话；组织工会骨干听七一讲话的辅导报告，深刻领会“三个代表”重要思想；组织工会干部到上海图书馆参观“上海市纪念中国共产党建党80周年图片展”等。

（二）举办百年校庆纪念活动

1996年，以“百年校庆”为契机，工会广泛发动教职工以饱满的热情投入迎百年校庆活动，激发教职工的光荣感、义务感、责任感和爱校敬业精神。① 配合学校做好宣传工作，组织全校教职工参观校史室、听老校友作交大革命传统和办学传统报告等，使大家认识到百年校庆是交大发展史上的里程碑，是交大发展的一个好机遇，引导广大教职工认真做好本职工作，以出色的成绩、崭新的风貌迎接交大百年校庆。② 号召教职工发扬“饮水思源，爱国荣校”的传统，积极参与校庆捐赠活动，为百年校庆献一份热心。③ 会同学校其他部门广泛开展群众性文艺活动：精心筹备组织2台校庆文艺晚会，并为此捐资2万元；与团委一起组织由师生共同参赛的红五月歌会；配合宣传部做好校庆百米长卷制作工作；与妇女会共同组织恰恰舞比赛；配合交大昂立公司举办全市昂立杯交大百年校庆长跑活动等。

图4-9　1996年在百年校庆师生校友篝火联欢晚会上，翁史烈校长点燃篝火

二、组织开展文体活动

为活跃校园文化、丰富教职工的生活，上海交大工会积极规范教职工社团管理，组织开展以群众性文化体育为主要内容的校园文化活动，努力满足教职工精神文化的需求。并组织经常性的舞蹈、声乐、钢琴、太极拳等文体培训课程，陶冶教职工情操、增强教职工的体质，促进学校的精神文明建设。

（一）规范教工社团管理

1992—2004年间，校工会充分利用工会俱乐部等阵地，大力发展教工文化、体育社团，如教师合唱团、京剧团、越剧团、女子健美队、小乐队、乒乓队、游泳队、象棋队、桥牌队、集邮队等十多个社团，并以这些社团成员为骨干，在教职工中组织开展经常性的活动，受到教职工的欢迎。例如，教师合唱团活动历史悠久，多次参加全国与上海市的演出与比赛并获奖，1994年7月赴北京参加国际合唱节获得二等奖，1994年11月参加贝多芬国际音乐节获得二等奖。京剧团的活动也较活跃，在第二届全国高校京剧票友演唱研讨会开幕式上，教工京剧团向隆万教授分别用中文和英文演唱京剧《赵氏孤儿》的片段，并受邀作为票友代表发言，该团刘景星副教授还被选为"全国高校京剧票友联谊会"副主任。越剧团除在教工家属区演出外，也到敬老院去慰问演出。乒乓队、中老年长跑队、象棋队、桥牌队、游泳队等教工体育类社团也多次参加校内外比赛，并取得不俗的成绩。

为营造健康高雅的校园文化氛围，引导、规范教职工文化团体的活动，2003年7月4日，工会发布《上海交通大学教职工社团（协会）管理暂行办法》（2020年修订版见附录5《上海交通大学教职工文体社团（协会）管理办法》），并于9月1日起实施。该办法对社团（协会）成员组成与权利义务、社团（协会）的成立与撤销、社团（协会）的日常管理等作出明确规定。办法实施后，工会对篮球队、交谊舞、棋牌、钓鱼等协会进行扩充、调整和重组，并筹建演讲朗诵协会和拳操协会等。全校共有14个教工文体社团，500多人报名参加，社团活动得到进一步规范和活跃，也取得一定成绩。例如，2004年5月，教工排球队参加由上海市教育工会举办的"2004年上海市教工软式排球比赛"，夺得第六名的好成绩；由严国兆、黄惠慈、王建元组成的交大象棋一队参加2004年"蒙山杯"上海市教工象棋比赛，获得高校组团体亚军。

同时，依托教工文体社团，工会充分利用徐汇校区铁生馆等场馆内的文化体育设施，坚持开办经常性的舞蹈、声乐、钢琴、形体和交谊舞等培训班，受到教职工文体爱好者的欢迎与好评。1994年利用教工俱乐部培训文化骨干，推动群众性文化活动开展。1995年为配合国家体委“全民健身运动计划”的颁布实施，组织全校乒乓球比赛，举办四期气功培训班，每天清晨分4个点组织教工参加练气功、练木兰拳。1999年推进群众性体育活动，组织推广第八套广播体操骨干培训、国庆“火树银花不夜天”广场交谊舞比赛骨干培训和女子健身操培训等。2000—2002年间共举办30期培训班，共有近千人次报名培训班，仅2002年参与的教职工人数就达到400多人次。

（二）文体活动鲜活开展

1. 开展文化活动，陶冶教职工情操

20世纪90年代，工会基本上每年举办一次大型的、全校性的文艺汇演。1993年，在毛主席诞辰100周年之际，组织全校歌咏比赛，同台歌唱祖国、歌唱党、歌颂毛主席的伟绩丰功；1995年，为庆祝世界反法西斯战争和中国抗日战争胜利50周年，组织文艺节目，在党的74周年生日之际进行演出；1996年，迎校庆期间，由交大师生参加演出的两台校庆文艺晚会，赢得海内外校友们一致好评；1997年，举办“迎回归，颂祖国”歌咏比赛；1998年，在闵行校区菁菁堂为纪念党的十一届三中全会召开20周年而举办歌咏比赛；1999年，在徐汇校区文治堂举行“上海交通大学师生昂首迈进新千年文艺会演”；2000年，举办“爱国荣校，与日俱进——昂首跨入新世纪”文艺汇演；2001年，举办庆祝建党80周年文艺演出；2002年，为庆贺党的十六大胜利召开，举办“奔向美好未来——上海交通大学2002教职工文艺汇演”全校性活动；2003年6月中旬，组织教职工校园歌手大奖赛，后“非典”时期的这场教职工校园歌手大赛倍受全校职工的青睐；2004年5月26日，工会与党委宣传部举办全校教职工“五月歌会”合唱比赛，全校有1 200多名教职工参加。

上海交大教职工队伍经常参加上海市工会系统开展的文化竞赛并取得佳绩。1994年9月，在上海市教育工会为迎接第十届教师节而主办的“1994年上海教师艺术节”中，交大教工大显文艺水准，共获得各类奖项8个。1996

图4-10　2004年5月26日上海交通大学2004年教职工“五月歌会”合唱比赛举行

年，由上海总工会、上海市科委等11个单位联合举办的“上海1996年优秀发明选拔赛”评选中，上海交通大学申报的5个项目均获奖，含2个一等奖、2个三等奖和1个四等奖。2001年9月18日，上海交大工会组织2项节目参加市教育工会在大剧院举行的“阳光·大地·绿叶”上海市教师文艺会演的演出，分别获“优秀创作奖”“优秀演出奖”和“优秀组织奖”等。

2. 开展体育活动，增强教职工体质

为进一步推动全校教职工群众体育运动的广泛开展，提高教职工身体素质，增强全校上下的凝聚力，使教职工以奋发有为的精神面貌投入学校的各项改革与工作中去，工会坚持每两年组织一次全校教职工运动大会，并组织太极拳、“迎春长跑”、足球、“元旦杯”乒乓球等比赛，教职工踊跃参赛，各级领导也带头参加。如1999年12月，为推广第八套广播操，举办全校广播操比赛；2001年6月20日下午，全校举办“2001年交大教工24式太极拳比赛”，共有18个队参赛，财务一队、农学院、材料学院获得一等奖。2003年教职工运动会设置11个田径比赛项目和17个群体趣味项目，有40多个院（系）、直属单位和机关部门组队，3 000多人次教职工参赛，运动项目设置数、参赛的单位和教职工人数均超过历届的教职工运动会。

工会还组织教职工参加上级工会举办的体育比赛。1998年，组织教工参与在上海体育学院举办的上海市教工广播操比赛，并获得表演奖。2002年，上海市教育工会举办第五届教工运动会，学校本着“积极参与、展示风采、为校争光、带动群体”的指导思想，先后组织全校250多名教职工参加三大类22个项目的比赛，取得团体总分全市前7名、高校组第4名的优良成绩。2003年参加上海市“雅客多杯”教工羽毛球比赛，获得男女乙组混合双打冠军和男子乙组与女子乙组单打第三名。2004年参加“蒙山杯”上海市教师象棋比赛，获得高校组团体亚军、个人冠军等。

在校工会的支持下，各院（系）工会活动也开展得有声有色。以二级工会为单位，开展小型多样的体育比赛，鼓励各二级工会之间举办体育竞赛如棋类、球类赛等。1995年3月31日，机械工程系“六通杯”教职工小型运动会在徐汇校区工程馆举行，这是一次由机械工程系工会和六通机电设备公司联合举办的运动会，旨在活跃全系教职工的文化生活、增强体质，提高集体凝聚力。不少院（系）也定期举行本单位的运动会，如技术学院2002年举行第15届运动会，后勤集团思源公司于2004年6月19日召开首届运动会等。为促进二级工会活动的开展，1999年，校工会为有活动室的二级工会各添置3 000～5 000元的活动器材，满足教职工在工作之余的锻炼和健身需求。

第六节
评选先进集体与先进个人

1993—2004年间，上海交通大学工会围绕学校改革、发展与稳定的大局，团结凝聚全校教职员工以主人翁的态度投身于学校教育事业转型发展中。多个集体与教师先进分子获得系统内上级部门的表彰荣誉。同时，校各级工会受到上级部门多次表彰，集体及个人获得多项荣誉。

一、国家和省部级先进集体与先进个人

（一）先进集体

（1）全国教育系统“送温暖工程工作先进集体”：校工会（1997）。

（2）上海市劳动模范集体：图像通信与信息处理研究所（1998—2000）；安泰管理学院（2001—2003）。

（3）上海市厂务公开民主管理先进单位：上海交通大学（2004）。

（4）上海市工会系统先进集体：计算机系获1995年度“上海市‘三育人’先进集体”一等奖，应用数学系获三等奖，计算机集成制造研究所获鼓励奖；上海交通大学退管会获评1996年度上海市退休职工管理服务先进集体；电子信息学院图像通信与信息处理研究所获评2002年“上海市职工职业道德先进单位”。

（5）上海市文明班组/上海市教育系统文明组室和文明岗：机械与动力学院车身制造技术中心获评上海市总工会、上海市文明办2001—2002年度“上海市文明班组”；机械与动力工程学院车身制造技术中心、数学系高等数学教研室和建筑工程与力学学院一般力学教研室获评2002年“上海市教育系

统文明组室”；水下工程研究所和基础化学实验中心获评2004年“上海市教育系统文明组室”；图书馆参考咨询服务岗获评2004年“上海市教育系统文明岗”。

（二）先进个人

（1）全国先进工作者：丁文江（2000）。

（2）全国五一劳动奖章：严隽琪（1996）、丁文江（1999）。

（3）全国教育系统劳动模范/全国模范教师：顾宏中（1993）、何友声（2001）、洪嘉振（2004）。

（4）全国师德先进个人：裘兆泰（2001）、俞勇（2004）。

（5）全国民族团结进步先进模范个人：田新民（1994）。

（6）全国专利系统先进工作者：王锡麟（2004）。

（7）全国优秀工会积极分子：邵世明（1995）。

（8）上海市劳动模范：诸鸿文（1993）、严隽琪（1995）、丁文江（1997）、潘健生（2000）、吴毅雄（2001—2003）。

二、工会及工会工作者荣誉表彰

（一）校工会所获荣誉

（1）1995年度上海市教育系统工会“送温暖先进集体”。

（2）1995—1996、1997—1998、1999—2000、2001—2002年度上海市高校“先进教工之家”；校工会财务部门1995—2002年（连续八年）获上海市教育工会财务竞赛一等奖。

（3）1996年度上海市“职工保障互助先进运营委员会”。

（4）上海市总工会1997年“基层工会特色工作成果奖”。

（5）上海市教育工会1997年度“送温暖工程”最佳工作成果奖。

（6）上海市教育工会1998年“工会工作最佳成果奖”。

（7）1997—1998年度上海市教育工会系统“优秀信息站”。

（8）2002年度科教系统上海市“模范职工之家”。

（9）2003年获评上海市总工会上海市“模范职工之家”。

（10）上海市教育工会2000—2004年度“保障工作先进集体”。

（11）2004年度上海市科教系统合格“教工之家”。

（二）二级工会所获荣誉

（1）计算机系工会获评1995—1996年度上海市高校“模范教工小家”。

（2）数学系工会获评1997—1998年度上海市高校“模范教工小家”。

（3）电子信息与电气工程学院工会、农业与生物学院工会获评2001—2002年度上海市高校“模范教工小家”。

（三）工会工作者所获荣誉

（1）1993年葛家禄获“上海市教育工会服务育人一等奖”，施金福、单爱珍分获“上海市教育工会教书育人三等奖”和“上海市教育工会教书育人鼓励奖”。

（2）1996年王宗光获评“上海市教育系统关心支持工会送温暖的好领导”。

（3）傅钰芳获评“1996年上海市教工暑期休息休养活动先进组织者”。

（4）周国成获评“1996年上海市教工暑期休息休养活动优秀领队”。

（5）1999年王宗光获评“上海市教育系统支持工会工作好领导”；周莲英、周水华获评“上海市教育系统优秀工会干部”；王殿臣、吴刚、童品苗、谭弗娃、孟长富、胡企平获评“上海市教育系统优秀工会积极分子”。

（6）2004年张增泰获评“上海市教育系统优秀工会工作者”。

第五章

开拓谱新篇

2004—2021

21世纪后，随着改革开放的深入推进，我国进入全面建设小康社会的历史阶段。党的十八大提出了实现全面建成小康社会和全面深化改革开放的目标。党的十九大明确指出中国特色社会主义进入了新时代的历史方位，形成了习近平新时代中国特色社会主义思想，开启了全面建设社会主义现代化国家的新征程。

党的十八大以来，习近平总书记对党的工运事业和工会工作高度重视，科学回答了工人阶级和工会工作的一系列方向性、根本性、战略性重大问题，形成了习近平总书记关于工人阶级和工会工作的重要论述。在2015年7月首次召开的“中央党的群团工作会议”上，习近平总书记强调要切实保持和增强党的群团工作和群团组织的“政治性、先进性、群众性”，去除“机关化、行政化、贵族化、娱乐化”，为党的群团工作与时俱进指明了前进方向。

在党中央的坚强领导下，全国总工会高举中国特色社会主义伟大旗帜，继续坚持以职工为本，组织和动员职工为实现小康社会而奋斗。2013年，中国工会十六大提出“为实现中华民族伟大复兴的中国梦而奋斗”是我国工人运动的时代主题，强调工会要充分发挥党联系职工群众的桥梁纽带作用、国家政权的重要社会支柱作用、职工利益的代表者和维护者作用，奋力推进党的工运事业。2018年，中国工会十七大提出坚持走中国特色社会主义工会发展道路，忠诚党的事业，竭诚服务职工，团结动员亿万职工为决胜全面建成小康社会、夺取新时代中国特色社会主义伟大胜利而奋斗。

2004—2021年间，上海交通大学在建设世界一流大学的征程上快速前进。2004年12月，在校第八次党代会上，提出要贯彻实施人才强校主战略、国际化战略、交叉集成战略、服务社会战略、加快闵行校区战略，为建设综合性、研究型、国际化的世界一流大学打下坚实基础。2005年，学校与上海第二医科大学强强合并，完成了综合性大学的学科布局，合并后校工会与医学院及各附属医院工会及时建立了工作协调机制。2010年，学校提出以改革创新为主线，聚焦内涵与质量，实现由外延发展向内涵发展转变，加快世界一流大学的建设步伐。2014年后，学校进一步探索“中国特色、世界水平、交大模式”的发展道路，着力推进人才强校主战略、协同发展战略、文化引领战略，打造以制度激励为核心的现代大学治理体系，探索以部市协同为支撑的部属高校自主发展道路。2018年，学校宣布“双一流”建设“三步走”时间节点：到2020年，使上海交通大学跻身世界一流大学；到2035年，进入世界大学前列；到2050年，建成世界顶尖的一流大学。当前，经过国家“211工程”“985工程”和“双一流”工程的多年建设，学校名师大家荟萃、学科建设成效显著、科研实力雄厚、国际合作日益广阔，已形成“综合性、创新型、国际化”的办学格局，整体实力跻身世界一流大学行列，正坚定自信朝着中国特色世界一流大学前列的目标奋进。

在学校党委和上级工会的坚强领导下，学校工会高举中国特色社会主义伟大旗帜，以马克思列宁主义、毛泽东思想、邓小平理论、“三个代表”重要思想、科学发展观、习近平新时代中国特色社会主义思想为指导，坚定不移地走中国特色社会主义工会发展道路，努力开创一流大学一流工会工作新局面。始终坚持党对工会工作的领导，把党的路线方针政策和决策部署落实到工会各项工作中去，加强工会思想政治引领，不断提高工作政治站位，团结凝聚广大教职工听党话、跟党走。始终坚持新时代工会工作改革创新，按照党中央群团改革部署，不断推进工会工作理论创新、实践创新、制度创新，不断增强工会民主参与、团结教育、维护权益、服务教职工功能。始终坚持服务学校发展改革大局，坚持在大局下思考、在大局下行动，为学校落实立德树人根本任务做好服务和支撑，以一流工会建设有力地推动了学校建设世界一流大学事业。始终坚持发挥好桥梁纽带作用，坚持从群众中来，到群众中去，切实发挥好桥梁纽带作用，充分利用教代会等渠道，及时倾听和回应教职工诉求，不断增强工会组织的凝聚力和战斗力。始终坚持服务群众工作生命线，坚持心系教职工，为教职工说实话、出实招、办实事，努力做好教职工“娘家人”和贴心人。交大工会事业发展走在上海市乃至全国高校工会前列。校工会2005年荣获“全国模范职工之家”称号；学校2007年荣获“全国厂务公开民主管理先进单位”称号；教职工获2019年“全国优秀职工代表提案”;“交小苗”暑期成长营先后获评2019年、2021年“全国工会爱心托管班”。

第一节
扎实推进“双代会”

随着学校综合改革进一步深入，上海交大“双代会”逐步走向规范化、制度化、程序化，并建立健全二级“双代会”，不断推进长效化、精细化民主管理，为保障教职工行使民主权利，促进学校决策科学化、民主化，起到了重要的推进作用。

一、召开第五届教代会暨第十届工代会

2004年12月30日—2005年1月12日，上海交通大学第五届教代会暨第十届工代会在徐汇校区召开。校长谢绳武、校党委副书记潘敏等校领导出席开幕式。上海市总工会副主席吴申耀、上海市教育工会主席夏玲英等上级工会领导，复旦大学工会副主席杨兴海等兄弟学校代表到场并致贺词。出席大会的正式代表398人，列席代表120人。代表们听取了学校年度工作报告、学校财务工作报告、工会财务工作报告、工会经费审查报告。校工会主席张增泰代表四届教代会暨九届工会委员会作题为《围绕中心履行职能心系教工促进发展——努力开创上海交通大学教代会和工会工作新局面》的工作报告，总结了1998—2004年来的工会工作。第五届教代会第一次会议审议通过了《上海交通大学教职工代表大会实施细则》(2021年修订版见附录6《上海交通大学教职工代表大会实施办法》)。

大会确认了九届工会委员会任期内增补倪浩为工会委员、副主席的决定，并根据代表团（组）讨论审议意见，将工会委员人数由29人增加至31人，工会经审委员人数由5人增加至7人，同时增加候选人人数，较大幅度地上调

了学院一线教师候选人的比例。选举结果如下。第十届工会委员会委员：卜艳萍、王一抗、王德忠、叶庆好、孙龙、纪凯风、吴旦、吴伟、吴刚、张增泰、杨志成、杨祥玉、沈志刚、肖冬梅、陆莹、陆莲芳、陈军、陈国庆、陈善本、周莲英、武邦涛、姜宗来、胡企平、胡果文、倪浩、莫光成、贾金平、陶德坤、曹荣瑞、舒培丽、廖盈。第十届工会经费审查委员会委员：毛立忠、王光艳、王秋华、叶必丰、连琏、陈进、袁景淇。工会委员会民主选举产生常务委员会委员张增泰、倪浩、纪凯风、舒培丽、王德忠、吴刚、莫光成、杨祥玉、胡果文、杨志成等共10名；选举张增泰为主席（专职），倪浩（专职）、纪凯风、舒培丽、王德忠、吴刚为副主席。工会经费审查委员会民主选举王秋华为主任，王光艳为副主任。

第五届教代会暨第十届工代会是在学校第八次党代会胜利闭幕之际召开的。“双代会”总结了四个方面的基本经验：坚持以科学理论为指导，旗帜鲜明地支持学校的改革与发展；坚持党委领导和争取行政支持，保证“双代会”工作的顺利开展；坚持心系教工、服务教工，理直气壮地维护教工合法权益；坚持抓好工会干部队伍的建设，不断提高全校各级工会组织的工作能力与水平。“双代会”积极响应学校第八次党代会确定的“将人才强校战略确立为学校发展的主战略、持续推进现代大学制度建设”的指导思想，围绕着学校中心工作对工会工作提出的“服务大局、心系教工、履行职责，努力开创学校‘双代会’工作的新局面，为加快建设世界一流大学的步伐，为促进教职工的全面发展而努力奋斗”的新要求，对下一阶段的工会工作进行了新部署，提出“进一步充分认清工会在加强党的执政能力方面肩负的重要使命、‘双代会’工作在现代大学制度中的地位与作用、构筑全方位的维权格局、进一步加强工会自身建设”等建议，对于牢固树立和落实科学发展观，确立教职工办学的主人翁地位，实现学校决策的科学化、管理的民主化，加快学校的改革发展，加强维权机制建设，以及促进教代会、工会组织的自身建设，都具有重要的意义。

2005年末至2009年，校工会会同有关部门先后成功筹备召开了学校五届教代会暨十届工代会第二、三、四、五次会议，分别听取与审议了每年的校长工作报告、学校财务工作报告和工会工作报告，并在第二、三、五次会议上分别讨论审议了《学校“十一五”发展规划》《上海交大创新性人才培养专题报告》和《上海交大2010—2020战略发展规划》等重大事项。在第二、四次会议上分别讨论审议并无记名投票表决通过了《上海交通大学章程》《上海交通大学全员聘用合同制方案》《上海交通大学校徽修订方案》和《上海交通大学教职工奖惩办法（试行）》等涉及学校法律地位和教职工切身权益的重要议案，为学校坚持依法治校、构建和谐校园创造良好制度环境，为建设现代大学制度奠定了基础。

2007年11月27日，校工会召开全体委员会议，补选贾金平为上海交通大学工会常委、主席，接替张增泰的工作。该年底，考虑到“双代会”开会时间与学校工作衔接等因素，校工会向上海市科技教育工会申请延期召开“双代会”。获上级工会批复后，自2008年起，“双代会”即由每年年底召开调整为次年春季学期开学后召开。

贾金平，1961年生，山东临沂费县人，上海交大特聘教授、博士生导师。曾先后担任上海交通大学应用化学系副系主任、环境科学与工程学院副院长、党总支书记、上海交通大学第十届（届中）、第十一届工会主席（2007.11—2017.5）、上海交通大学化学化工学院党委书记等职。2009年起连续两届担任上海市教育工会兼职副主席，2011年当选为中国教科文卫体工会第三届全国委员会委员，2013年作为全市高校工会主席代表参加中国工会第十六次代表大会。曾获“全国优秀工会工作者”“上海市五一劳动奖章”“上海市优秀工会工作者标兵”等荣誉称号。

2009年2月，第十届工代会第五次会议确认十届工会委员会任期内增补万晓玲为工会委员、副主席的决定。

图5-1 2009年3月18日上海交通大学党委书记马德秀在第五届教代会暨第十届工代会第五次会议上讲话

二、召开第六届教代会暨第十一届工代会

2010年3月18—31日，上海交通大学第六届教代会暨第十一届工代会在闵行校区召开。出席开幕式的有校长张杰、校党委副书记潘国礼，上海市总工会副主席陈国华、上海市教育工会副主席张中韧，复旦大学工会常务副主席袁继鼎等。出席大会的正式代表445人，列席代表113人。代表们听取了学校年度工作报告、学校财务工作报告、工会财务工作报告、工会经费审查报告。校工会主席贾金平代表五届教代会暨十届工会委员会作题为《关注学校民主民生民意促进和谐校园共建共享》的工作报告。总结了第十届工会委员会的工作，提出了下一个五年工会工作的思考与建议。

会议经过民主选举，产生新一届工会委员33人，工会经审委员7人。选举结果如下。第十一届工会委员会委员：丁晓萍、卜艳萍、万晓玲、王伟明、王秋华、王凌宇、王维克、王新灵、王德忠、申瑞民、刘英飞、朱卡的、纪凯风、吴刚、张杰、李志勇、李绍顺、杜朝辉、肖冬梅、陆莲芳、陈国庆、陈善本、武邦涛、侯士兵、姚家华、费伟民、赵社戍、贾金平、顾江、梁齐、章晓懿、董玉山、谢立平。第十一届工会经审委员会委员：王光艳、王秋华、范进学、袁景淇、喜苏南、蔡军、蔡远进。经工会委员无记名投票，贾金平、吴刚、张杰、纪凯风、万晓玲、王德忠、姚家华、杜朝辉、武邦涛、赵社戍、王秋华、董玉山、李志勇13人当选常务委员会委员；贾金平任专职工会主席，吴刚、张杰任专职副主席、纪凯风、万晓玲、王德忠、姚家华任副主席。经工会经费审查委员无记名投票，选举王秋华任主任，王光艳任副主任。

第六届教代会暨第十一届工代会的召开正值学校实现跨越式发展的关键时期。工代会提出了今后五年的教代会与工会工作总的指导思想：以邓小平理论、“三个代表”重要思想和科学发展观为指导，深入贯彻党的十七大、中国工会十五大和学校第九次党代会的精神，坚持以教职工为本的理念，以构建和谐校园为主线，切实履行教代会和工会组织的职责，努力扩大工作的覆盖面和影响力，团结动员广大教职工为全面实施全国教育改革与发展规划纲要，以及学校2010—2020年发展战略规划，加快建设世界一流大学的步伐和实现自身的全面发展而努力奋斗。这为下一阶段工会工作的重点指明了方向，对深入贯彻党的十七大和中国工会十五大精神，进一步加强校园民主政治建设和工会组织建设的大事，全面实现学校第九次党代会确定的“加快建设世界一流大学”的奋斗目标具有重要意义。

2011年至2014年，校工会会同有关部门先后成功筹备召开了六届教代会暨十一届工代会第二、三、四、五次会议，分别听取与审议了每年的校长工作报告、学校财务工作报告和教代会与工会工作报告。六届二次教代会讨论审议了《上海交通大学“十二五”发展战略规划纲要》，并以无记名投票的方式表决通过了《校旗修订方案（2011）》；六届三次教代会修订并通过了《上海交通大学教职工代表大会实施细则》；六届四次教代会讨论审议了《上海交通大学章程》（修订稿）、《校园交通管理方案》和《闵行校区修建性详细规划方案》；六届五次教代会听取了《上海交通大学学术荣誉体系》的专题报告。

图5-2　2010年3月18日上海交通大学校长张杰在第六届教代会暨第十一届工代会第一次会议上作年度工作报告

图5-3　2014年3月28日上海交通大学党委书记姜斯宪在第六届教代会暨第十一届工代会第五次会议上讲话

2014年，第十一届工会委员会调整委员、常委、副主席。增补徐汝明、汪后继、莫光成任常务委员会委员，徐汝明任副主席，姚家华不再担任副主席和常委，在第六届教代会暨第十一届工代会第五次会议时予以确认。

三、召开第七届教代会暨第十二届工代会

2015年6月3—17日，上海交通大学召开第七届教代会暨第十二届工代会。开幕式上，上海市教育工会常务副主席王向群莅临现场并发表讲话，同济大学工会常务副主席赵培忠致贺词。校长张杰、常务副校长林忠钦、校党委副书记朱健等校领导出席并发表报告。本次会议正式代表450人，列席代表85人。代表们听取了学校年度工作报告、学校年度财务工作报告、120周年校庆总体方案及筹划工作情况、工会经费审查报告。校工会主席贾金平代表六届教代会暨十一届工会委员会作题为《围绕中心服务大局提高质量构建和谐》的工会工作报告，总结了五年以来的工会工作的成绩与不足，提出了下一个五年的工作思路与主要任务。

大会选举产生第十二届工会委员33名，第十二届工会经审委员7名。选举结果如下。第十二届工会委员会委员：于泠、万晓玲、王风平、王亚光、王伟明、王会儒、王秋华、王新灵、邢连清、刘宇空、关新平、杜夏明、李铮、李维、杨一帆、吴刚、吴静怡、汪后继、张杰、陆莲芳、林立涛、周泽红、孟雁、赵文华、赵社戌、姚雪、姚仁忠、贾金平、顾江、徐放、徐汝明、郭俊华、董玉山。第十二届工会经审委员会委员：王光艳、王秋华、朱晓岚、吴萍、张少宗、袁景淇、夏立军。“两委会”第一次会议选举产生第十二届工会常务委员13名，分别为于泠、万晓玲、王伟明、王秋华、王新灵、杨一帆、吴刚、张杰、贾金平、孟雁、徐汝明、郭俊华、董玉山。贾金平任第十二届工会委员会专职主席，吴刚、张杰任专职副主席，万晓玲、徐汝明、王新灵、郭俊华任兼职副主席。王秋华任第十二届工会经审委员会主任，王光艳任副主任。

2017年3月29日，经过十二届工会会员代表大会第三次会议确认，吴刚不再担任常委、副主席，增补罗莹担任十二届工会委员会委员、常委、副主席。2017年5月17日，第十二届工会委员会第三次全体会议，增补于朝阳为

第十二届工会委员会委员、常委、主席。2018年5月11日，经过十二届工会会员代表大会第四次会议确认，张杰不再担任常委、副主席，增补戴宝印担任十二届工会委员会委员、常委、副主席。2020年4月30日，经第十二届工会委员会第六次会议选举，杜夏明当选为上海交大工会委员会委员、常委、副主席。

于朝阳，1970年6月生，黑龙江省塔河县人，副教授、博士。上海交通大学第十二届（届中）、第十三届工会主席（2017.5迄今）、上海市教育工会兼职副主席、中国教科文卫体工会第五届全国委员会委员。先后担任交大学生处副处长、党委宣传部副部长、体育系党总支书记、党委统战部部长、基础教育办主任等职务。任职工会主席期间，勇于创新工作载体，激发基层活力，不断增强工会组织的凝聚力和影响力，多次在全国总工会官微、《工人日报》《劳动报》《中国教工》等发表理论和实践文章，带领上海交通大学工会工作走在上海市乃至全国高校工会前列。近年先后获2018年度“上海市教育系统优秀工作工作者”、2019年度“上海交通大学优秀党务工作者”等荣誉称号。

第七届教代会暨第十二届工代会的召开正逢学校全面深化综合改革的启动年，是全面贯彻党的十八大、十八届三中、四中全会和习近平系列重要讲话精神，进一步加强依法治校、加强校园民主政治建设和工会组织建设的大事；对全面实现学校第十次党代会提出的“积极探索中国特色世界一流大学的交大之路”，团结动员全校教职医务员工，自觉践行社会主义核心价值观，进一步统一思想、锐意改革、发扬民主、凝聚智慧，加快创建具有中国特色的世界一流大学具有重要的意义。

2016—2020年，校工会会同有关部门先后成功组织召开七届教代会暨十二届工代会第二、三、四、五、六次会议。分别听取与审议了每年的学校工作报告、学校财务工作报告和教代会与工会工作报告。此外，七届一次教代会审议了“120周年校庆筹备工作专题汇报”；七届二次教代会审议了《上海交大“十三五”发展规划》；七届三次教代会审议通过了《教职工奖惩办法（修订）》修订说明；七届四次教代会听取江川路街道《校区融合·共建共享》

图5-4 2017年3月29日上海交通大学校长林忠钦在第七届教代会暨第十二届工代会第三次会议上作学校年度工作报告

图5-5 2020年11月4日上海交通大学校党委书记杨振斌在第七届教代会暨第十二届工代会第六次会议上讲话

设想；七届五次教代会讨论听取《闵行区吴泾镇区域建设规划方案》；七届六次教代会听取审议了《“十四五”规划编制情况》《专业技术职务聘任试行代表性成果评价制度》《上海交通大学闵行校区导视及标识系统设计制作方案》专项议题。需要说明的是，根据《上海交通大学教职工代表大会实施细则》，七届教代会暨十二届工代会于2020年6月届满，2020年底前应予换届。因受新冠肺炎疫情等影响，经上级工会和学校党委同意，换届推迟至2021年5月进行。

四、推进精细化民主管理

教代会工作是高水平大学民主建设的基础，是现代大学治理体系的重要组成部分。随着学校综合改革稳步有序向纵深推进，以发展和完善教代会制度为核心，校工会逐步推进教代会民主管理长效机制建设，推出网上提案系统，指导强化二级“双代会”建设，使民主管理、校务公开常态化开展，并落实到基层，有效促进了民主管理的精细化，为学校扩大基层民主提供了有力保障。

（一）推进教代会民主管理长效机制

1. 增设教代会专门工作委员会

参与学校民主管理和监督是教代会工作的核心任务。2004年以前，上海交通大学的历届教代会均设置提案工作委员会，承担提案的征集、审核、立案、处理等工作。2004年，在校工会的大力支持下，教代会提案工作委员会制定了《上海交通大学教职工代表大会提案工作办法》。同时，由于认识到提案工作委员会规模、精力有限，无法独当一面处理教代会的所有问题，为了细化民主工作，使民主渠道更加畅通，校工会于第五届教代会第一次会议起，组织设立四个专门工作委员会，除原有的提案工作委员会外，还设立民主管理工作委员会、“三育人”工作委员会、生活福利工作委员会。与提案工作委员会相同，每个专门工作委员会都由主任、副主任和委员若干人组成，其成员从教代会代表中产生，由大会筹备委员会和各代表团协商推荐，经大会主席团审议后，提交教代会表决通过。委员会实行常任制，任期与教代会届期相同，可以连选连任。次年，在第五届教代会第二次会议上，教代会对专门工作委员会成员进行了调整，副主任由三个缩减至两个。

2010年，在第六届教代会第一次会议上，教代会取消了“三育人”工作委员会，增设了教学科研工作委员会，并组织了其他三个工作委员会换届。2014年，第六届教代会第五次会议根据实际情况对提案工作委员会人员作出调整。2015年，在第七届教代会第一次会议上，四个专门工作委员会完成了换届。

多个专门工作委员会的成立，极大疏解了提案工作委员会的工作压力。通过校工会组织的专门工作委员会正副主任会议，各委员会的工作职责、制度与年度工作计划都得以明确。教代会的民主功能，也得以扩展到闭会期间。

2. 拓展教代会闭会期间民主渠道

为了更好地发挥教代会的长效作用，校工会组织在教代会闭会期间建立或完善了教代会常设主席团会议、教代会联席会议、校情通报会、教代会代表巡视制度等一系列新的民主机制，尤其在2012年修订的《上海交通大学教职工代表大会实施细则》中，极大地完善了教代会闭会期间的工作机制，使得教职工代表在教代会闭会期间仍能与学校组织保持密切沟通，及时传达教学工作一线的各类问题，提出民主诉求与意见。

2004年以来，校工会日益重视教代会常设主席团在教代会闭会期间的作用，定期组织召开教代会常设主席团会议。截至2012年，校教代会常设主席团在大会闭会期间先后召开了几十次会议，讨论了一系列问题，通过了《上海交通大学教师公寓改革方案（试行）》《上海交通大学住房制度改革补充办法调整方案（一）》《上海交通大学住房制度改革补充办法调整方案（二）》《上海交通大学住房制度改革补充调整方案（三）》《上海交通大学教职工补充住房公积金缴纳方案》等有关重大事项。2012年后，根据该年修订的《上海交通大学教职工代表大会实施细则》，校工会结合学校工作实际情况增设了闭会期间的联席会议制度，将决策机构由常设主席团扩大到联席会议。与会人员由教代会主席团成员扩大到工会委员会委员、教代会代表团组长、民主管理工作委员会正副主任，人数由45名增加到101名，进一步增大了闭会期间议事与决策人员的广泛性与民主性。此后，教代会联席会议基本接替了教代会常设主席团会议在教代会闭会期间的民主功能，审议通过了《校园停车收费、教工班车调价及资源性增量发放改革方案》《上海交通大学教职工奖励办法（试行）》《上海交通大学教职工违规违纪处理办法（试行）》等多项重要议案。

校工会积极建立校务公开的新渠道。2009年，校工会会同校长办公室举办了上下半年两次校情通报会，由校领导向与会的教代会代表通报学校工作情况，并同与会人员进行面对面的互动交流。自此，校工会决定将其制度化，每年会同党办、校办召开两次校庆通报会，增加教代会代表直接与校领导沟通反映情况的机会，达到“上情下达，下情上达”的目的与效果。根据学校发展的情况，校情通报有时以专题通报的形式呈现，如2016年，校工会就针对学校的人事制度改革政策举办了专题校情通报会。

2005年，校工会建立了校教代会代表巡视制度，在教代会闭会期间组织代表对学校工作进行巡视。在该项制度建立的最初几年，巡视工作尚未正式实施。2009年底，校工会首次组织了两个专题的教代会代表巡视活动，来自27个院系和直属单位的60多名代表参加了巡视，并提出了50多项合理化建议。十余年来，校工会每年确定专题定期组织教代会代表巡视活动，专题包括“三个机关”建设、世博安全、夏季小学期的运行机制和管理模式展、大学章程修订、校园交通安全、教职工停车收费方案、教工之家建设等，往往聚焦时代热点以及教代会期间的重点提案。在这样的专题引领下，教代会代表的巡视工作具有很高的针对性，代表们在巡视中提出的各类意见与建议都更加具有建设性。2019年，校工会把代表巡视名称改为“代表履职巡视”，组织了船建、机动、电信、农生、环境、化工等单位教代会

图5-6　2009年12月9日首次组织教代会代表巡视活动，在信访办巡视文明岗位创建情况

代表对垃圾分类、基础教育、校园安全、食堂餐饮等热点问题进行了履职巡视。

（二）提升提案质量与办理效率

1. 优化提案质量促落地落实

接受、审查、处理教代会代表提出的提案，是每年教代会发挥民主功能的主要方式，也是教代会提案工作委员会的主要任务。在工会的统筹督办下，提案工作委员会对征集来的提案进行审查立案，按照提案类别向学校相关职能部门转达，整理出合乎规范的书面意见、建议和方案，及时反馈给提案代表，推进具体方案的实施。2004年底至2009年，第五届教代会五次会议共收到提案478份，立案439份；2010年至2014年，第六届教代会五次会议共收到提案419份，立案375份；2015年至2020年，第七届教代会六次会议共收到提案566份，立案458份。对于没有立案的提案，提案工作委员会都将其作为意见和建议，直接送交分管校领导和有关职能部门参考；成功立案的提案，绝大多数都得到了很好的落实，其中不少提案的处理还得到了教职工的普遍称赞，如增加体检项目、简化出国手续、提高二附中与附小的教学水平、沧源路与景谷东路红绿灯建设等。

在校工会的督办下，提案工作委员会在处理具体提案的基础上，也在不断研究提高提案本身质量、快速推进提案落实的各种方法。在第五届教代会最初几次会议所收集到的提案中，存在着“一句话提案”的现象，部分教代会代表缺乏对于提案工作的认识，或者疏于调研清楚教职工的真实需求，或者空有热情而缺少发现问题的眼光。为了提高提案质量，将提案工作的民主效力完全发挥出来，第五届提案工作委员会从提案征集和审查立案入手，把好提案质量关。在其任内，“一句话提案”越来越少，高质量的提案越来越多，教代会代表的参政议政水平也在相应提高。2018年，在第七届教代会第五次会议召开之前，校工会为进一步提升教代会代表履职能力，保障教代会作用得到充分发挥，组织了提案工作培训，邀请上海教育系统优秀教职工代表、优秀教代会提案获得者分享教代会代表如何履职、撰写提案、如何做好提案征集，进一步提升提案的层次和质量，使提案能切实紧扣学校中心工作，更好地反映广大教职工的心声和诉求。

在提案落实方面，第六届教代会提案工作委员会首次结合教代会代表巡视，专门组织提案人和教代会代表对提案进行现场检查和督办，加强了提案人与承办单位的沟通，增强了教代会代表参与学校民主管理、民主监督的主人翁意识。2018年，在校工会的指导下，提案工作委员会通过开展提案“圆桌会议”，强化了教代会代表与承办、协办单位的平等对话机制，更好地实现“提”与“办”双方的良性互动，推进教代会相关提案落实。如召开关于停车收费的“圆桌会议”，推进停车收费不清零方案的改革，在第13次校长办公会上通过了调整方案。2019年，第七届教代会第五次会议闭幕后，校工会紧扣学校重大部署，聚焦职工所愿，按照学校主题教育专项整治要求，首次召开提案工作推进会，推动各职能部门将提案办理与整改任务相结合，即知即改，推动从制度上固化以专题送达会形式提升办理效率和质量。

另外，根据2009年底教代会通过的《上海交通大学教职工代表大会提案工作办法》（对2004年版进行了修订，见附录7），提案工作委员会定期组织开展优秀提案和先进承办单位的评选活动，并推荐优秀提案参与上海市教育系统提案评选，有效激发鼓舞了教代会代表的民主热情。

2. 建设网上提案系统

为提高提案办理工作的质量和效率，校工会于2011年筹划建立了教代会网站，自该年举办的第六届教代会第三次会议起，教代会提案工作开始逐步采用网上提交提案的形式。在网上提案系统投入使用初期，教代会代表们未能立即转变提交提案的习惯，存在新老提案方式并行的现象。2011年，在收集到的81份提案中，仅有10份来自网上系统。次年，征集所得共计84份提案中，就有47份，即超过一半的提案来自网上系统。随后，随着网上提案系统的改良完善，以及新型提案方式在代表们中的宣传力度增加，后续每年主要的提案都来自网上系统，大大方便了提案工作委员会对于提案的整理工作。2021年，结合智慧工会建设，开发新版教代会提案系统，并嵌入学校一门式服务平台，提案可通过手机端交我办APP提交、查询，使提案提交渠道更为便捷，有效提高代表履职效率。

除了方便代表们上交提案，网上提案系统的统计汇总功能还使得提案工作委员会在会后能及时召开提案审查工作会议，对所有提案进行审核、立案和分类。对于立案的提案，提案工作委员会主任会根据网上流程、按照归口办理的原则，逐一分送与提案内容相关的主管校领导，由校领导签署意见后转至有关职能部门办理和答复，大大缩短了提案审批流转的时间。同时，代表们能通过网上提案系统及时了解提案办理进度和办理情况。提案工作委员会在提案承办单位办理结束后，也能及时通过网上提案系统进行满意度调查，近年提案总体满意率均超85%，2021年提案总体满意率达到94.6%。网上提案系统的上线，提高了提案工作的透明度，深化了提案工作的民主功能。

在多管齐下的制度引导下，教代会的提案工作日益规范、有序、高效，也越来越契合学校立德树人、教书育人的中心工作，成为教职工民主生活中最重要的组成部分之一。

（三）指导规范二级“双代会”建设

校务公开与全校民主工作需要向院务公开延伸与拓展，校工会在其中起着维系校院两级纽带，深化群众基础，领导带动基层工会组织的作用。除了在工会体系内部指导二级单位组建二级工会，校工会还承担着指导二级单位建立健全二级民主管理制度的任务。根据这一要求，对于新迁闵行的各类二级单位以及随后新成立的学院、新纳入工会组织的单位，校工会都积极督促召开二级工会代表大会或二级教职工代表大会。

对于二级教代会与工代会，校工会一方面以校级“双代会”的水准作为标杆，要求同样做到主题鲜明、组织严密、程序规范，促进二级教代会工作更加健康、有效与持续地开展，另一方面也尊重各二级单位之间的区别，强调二级工会本身的特色，保障会议在主题和基调围绕学校建设这一中心的同时，也深入研究讨论二级单位独有的问题，确保基层教职工参与民主管理、民主决策、民主监督的积极性、主动性与创造性。如“十一五”计划第一年的2006年，医学院、安泰经济与管理学院等单位在上半年召开教代会时，主题大都是讨论和审议学院“十一五”发展规划，而同年下半年电子信息与电气工程学院等单位召开教代会时，主题则大都是讨论和审议本单位全员聘用制改革实施方案。

2005年以来，在各级党组织的领导与校工会的指导推动下，每年都有20多个二级单位召开二级教代会或教职工民主管理大会。此外，如海科院、南洋机电科技有限公司召开的职代会，南洋股份公司召开的工会会员代表大会，也属于二级“双代会”的范畴。在五届教代会暨十届工代会时间范围内，全校所有院系、直属单位和部分机关部处都建立起二级教代会制度。此后，校工会也在逐步追求、完善二级教代会制度在校内的全覆盖。

2012年，校工会修订并通过了《上海交通大学二级教职工代表大会实施

图5-7　2004年11月26日上海交通大学船舶海洋与建筑学院召开第一届教职工代表大会

办法》，将已经成型的制度规范化。2014年，学校党委组织部发文，明确要求在二级教代会或教职工大会上对领导干部进行民主测评，使广大教职工充分行使民主参与、民主管理和民主监督的权利。而这项工作自2007年起就已经在部分二级教代会中陆续实施展开。由于收效颇佳，经过校工会的宣传指导，这一优秀经验也迅速铺开，成为多数二级教代会工作中的必要内容。

2016年，为贯彻落实《上海市教卫党委关于进一步加强二级教代会的意见》，校工会提出《关于进一步加强上海交通大学院系教职工代表大会工作的若干意见》，强化指导、规范运作，切实发挥二级教代会在“院为实体”改革发展中的作用。次年，校工会将二级教代会列为“教工小家”评比的必要条件。同时，对于二级教代会的环节和议程，校工会的审核也更加严格，指导也更加规范。各二级教代会上的代表们围绕学院发展规划、岗位职责及其考核办法、职务聘任与薪酬实施办法等中心工作，集思广益充分讨论，加强民主管理、促进院务公开，发挥了二级教代会在服务学校“院为实体”改革发展中的作用。

五、强化思想政治引领

2015年7月，中央党的群团工作会议在北京召开。习近平总书记在会上发表重要讲话时指出，群团组织一定要坚持解放思想、改革创新、锐意进取、扎实苦干，切实保持和增强党的群团工作和群团组织的政治性、先进性、群众性。11月，《全国总工会改革试点方案》经中央全面深化改革领导小组审议通过，增强“三性”（政治性、先进性和群众性），去除“四化”（机关化、行政化、贵族化、娱乐化）成为重要的改革内容。2018年10月22至26日，中国工会第十七次全国代表大会在北京召开。习近平、李克强、栗战书、汪洋、赵乐际、韩正等党和国家领导人到会祝贺，王沪宁代表党中央发表了题为《展示新时代我国工人阶级团结奋斗新风采》的致词。王东明代表中华全国总工会第十六届执行委员会作了题为《以习近平新时代中国特色社会主义思想为指导团结动员亿万职工为决胜全面建成小康社会夺取新时代中国特色社会主义伟大胜利而奋斗》的报告。会议指出“围绕增强政治性、先进性、群众性这条主线，深化工会改革创新，构建联系广泛、服务职工的工会工作体系，把工会组织建设得更加充满活力、更加坚强有力”，并在《中国工会章程》中增写中国工会“保持和增强政治性、先进性、群众性”。

校工会深入学习贯彻习近平总书记关于工人阶级和工会工作的重要论述，切实把党中央对群团工作和群团改革的各项要求落到实处；高度重视职工思想政治工作，把团结引导广大职工听党话、跟党走，作为必须履行好的政治责任；坚持正确方向、着力开拓创新，把保持和增强政治性、先进性、群众性贯穿全过程，全面加强党对工会工作的领导，提升工会联系服务教职工的能力，提振了工会干部队伍的精气神、工会组织的凝聚力战斗力，开创学校“双一流”建设的新气象。

校工会自2017年以来，每年面向全校二级工会和教工文体协会开设“思想政治引领专项”，通过生动活泼的工作形式，充分调动群众积极性和基层创造力，广泛团结和凝聚教职工，引领广大教职工准确把握习近平总书记关于工人阶级和工会工作的重要论述的丰富内涵，始终坚持把“思想引领、岗位建功、队伍建设、权益维护”作为重要着力点，自觉把新思想蕴含的内在动力转化为担当作为，积极主动创新实践，激发干部队伍活力，让广大教职工充分感受到工会组织的温暖和改革创新带来的实效。

自2017年起连续五年，结合喜迎十九大、纪念改革开放40周年、庆祝新中国成立70周年、中国教育工会成立70周年以及庆祝中国共产党成立100周年等，校工会分别以“昂首迎接新征程，砥砺奋进加油干”“弘扬爱国奋斗精神，建功立业新时代”“践行新思想，奋进新时代”等为主题组织开展思想政治引领专项，盘活结余经费予以专门支持。该项目把思想政治教育嵌入主题活动全程，主题涵盖师德师风、主题实践、能力提升、公益服务、文化艺术、体育健康等六大门类，已成为上海交大的品牌项目，吸引全校教职工广泛参加。五年来，共立项252个项目（2017年64项，2018年68项，2019年74项，2020年18项，2021年28项）。为了鼓励教职工积极申报，最初三年立项率接近100%。2020年后逐渐提高标准，保障立项课题质量。该专项每年参与教职工约2万人次，占全校教职工约75%。近年来，校工会还打造了“习近平用典大赛”、“情系洱源帮扶”、“学劳模做工匠”、南苏园“微型洱海”主题景观等活动品牌，推进专项活动不断走实走深，成为教职工思想政治教育的长效载体。《中国教工》两次进行专题报道，《劳动报》以《探索教职工思想政治引领的交大方案》为题进行整版报道。

通过开展思想政治引领专项活动，上海交大工会团结引导广大教职工坚定不移听党话、跟党走，为决胜全面建成小康社会、实现两个一百年奋斗目标，为学校全面推进综合改革和世界“双一流”建设贡献智慧和力量。同时以其创造性和可复制性，为全国高校工会思想政治工作的开展提供了“交大探索”。在2019年举行的全国教科文卫体系统工会思想政治工作会议上，校工会主席于朝阳以《坚持“四项”引领，做好新形势下教职工思想政治工作——上海交通大学工会思想政治教育工作实践与探索》为

图5-8 2019年5月16日上海交通大学工会主席于朝阳（右一）在长沙举行的全国教科文卫体系统工会思想政治工作会议上分享经验，并与中华全国总工会副主席、书记处书记蔡振华（左二）合影

题，分享学校工会工作经验，该报告被收录于《2020年上海工会工作创新案例集》。

2020年，为落实“践行新思想奋进新时代”思想政治引领活动，校工会和图书馆共同举办“赛经典名句，促‘四史’学习”——上海交通大学学习习近平用典大赛，反响良好。2021年，校工会将这一赛事推广到上海市，与上海市教育工会联合主办“赛经典名句、促党史学习、庆建党百年——上海教职工学习习近平用典大赛”，为上海市广大教职工带来深入人心、别开生面的思想引领与传承中华优秀经典文化课，给人以深刻的思想启迪和巨大的精神鼓舞。

校工会致力于深挖学校深厚的文化和历史底蕴，连续四年组织编撰文化书籍，并开展系列文化活动，让高校思想政治教育工作迈上新台阶。2017年12月，校工会托教工致远文艺协会和摄影协会编撰出版书籍《诗文交大》《视界交大》，累计收录近350名教职工的300余件作品，分别由校党委书记姜斯宪、校长林忠钦作序。2019年4月，《匠心交大》《书画交大》接续出

图5-9　2021年6月26日“赛经典名句、促党史学习、庆建党百年——上海教职工学习习近平用典大赛”决赛在上海交通大学文博楼会议中心举行

版，分别收录28位劳模和先进教师的匠心传承事迹以及教职医护员工155件优秀书画作品，分别由校党委书记姜斯宪、校长林忠钦作序。这四本书已经成为交大教职工的文化新名片，思想政治教育也转化为教职工专注三尺讲台淬炼匠心的强大动力。依托教学竞赛、专题培训等载体，上海交大工会服务教职工职业发展、鼓励岗位建功，一大批青年教师在全国教学竞赛中崭露头角。

图5-10　2017年12月7日上海交通大学举行《诗文交大》《视界交大》新书座谈会。从左到右是：张帆、于朝阳、胡近、张安胜、梁齐、张玉梅

图5-11　2019年4月9日上海交通大学举行《匠心交大》《书画交大》新书座谈会，原校党委书记王宗光（左二）出席。从左到右是：于朝阳、王宗光、张安胜、仰颐

六、上海第二医科大学工会

医学院前身是上海第二医科学院，由圣约翰大学医学院（1896—1952）、震旦大学医学院（1911　1952）、同德医学院（1918—1952）于1952年全国高等学校院系调整时合并而成。1952年11月，在三校原有工会组织的基础上，协商成立上海第二医学院工会筹备委员会。次年1月，经上海市教育工会批准，成立中国教育工会上海第二医学院委员会。1954年6月，召开上海第二医学院第一次会员大会，大会选举出由杨士达任工会主席，张鸿德、赵君实任工会副主席的18人委员会。至1965年共召开了6次会员代表大会，产生了六届工会委员会。工会在团结和教育教职员工发挥主人翁精神投身学院和社会主义新中国建设中发挥了积极作用。

“文革”期间工会停止工作。1979年7月，学校恢复工会组织并召开第七次会员代表大会。1980年建立教职工代表大会制度，2月召开首届职代会第一次会议。1984年9月作为上海市教育工会试点单位实行党委领导下的教工代表大会制，第八次会员代表大会与第二届职代会联合召开。

1985年6月，上海第二医学院改名为上海第二医科大学，工会改名为“中国教育工会上海第二医科大学委员会”。2005年7月18日，上海交通大学与上海第二医科大学合并，成立新的上海交通大学医学院，工会再次更名为“中国教育工会上海交通大学医学院委员会”。2012年3月，上海交通大学医学院八届教代会暨十三次工代会第一次会议召开，选举产生了第十三届上海交通大学医学院工会委员会。2017年12月，上海交通大学医学院九届教代会暨十四次工代会第一次会议召开，选举产生了第十四届上海交通大学医学院工会委员会，医学院8个二级工会换届工作规范有序完成。

医学院工会在医学院党委和上海市教育工会的领导下，坚持以邓小平理论、“三个代表”重要思想、科学发展观、习近平新时代中国特色社会主义思想为指导，坚持全心全意为广大教职工医护员工服务的宗旨，紧紧围绕医学院医、教、研中心工作，服务大局，服务基层，服务群众，认真履行工会组织的职责，努力为教职医护员工办实事，在维护教职工合法权益、促进学校民主管理，推动师德师风和校园文化建设等方面开展富有成效的工作。

1980年，上海第二医学院建立教职工代表大会制度，工会作为教代会常设机构，承担日常工作。1985年1月，上海第二医学院举行第三届教职工代表会议，讨论并通过了试行院长负责制的工作条例，教代会负责审议院长的工作报告，学院的工作计划和总结、发展规划、财政预决算、改革方案、教职工队伍建设、重要规章制度及其他重要问题。1985年5月，第三届第三次教职工代表大会召开，讨论通过了院工会作为教代会闭会期间的常务机构的决议。1990年11月，上海第二医科大学五届一次教职工代表大会召开，大会审议讨论了包括学校内部管理体制改革的总体方案、机关管理体制改革的试行方案、职工分配制度改革试行办法以及有关劳动人事制度改革等4个条例，会后根据代表们的合理意见和建议对这些改革方案进行修改，并制定配套实施细则，在实践中不断加以完善。2017年，第九届教代会暨十四次工代会首次将医学院教代会扩大至13家附属医院，搭建了医学院层面共商发展大计的沟通平台。

工会始终坚持把职工的思想教育和文化教育作为工作重心，配合学校党政部门开展多种形式的活动，提高广大职工的思想道德素质和科学文化水平。工会积极配合做好各项评选表彰先进活动，动员广大职工开展学习先进活动，推动学校各项工作。医学院本部教职工个人和集体获全国“五一劳动奖章”、全国工人先锋号、全国先进工作者、上海市“五一劳动奖章”、上海市工人先锋号、上海市劳模集体和上海市先进工作者等多项荣誉。工会与教务处、党委教师工作部等联合组织开展医学院青年教师教学竞赛，为青年教师成长、成才搭建舞台，医学院系统多位青年教师通过这个平台走向全国，先后荣获全国、上海市青教赛一等奖等重要奖项。工会多次举办书法、绘画、篆刻、摄影等展览，组织元旦迎春茶话会、游园会等文娱活动，丰富职工业余文化生活，并利用暑期组织教职工到外地疗休养。工会关心关注职工福利，设立互助基金，为困难教职工提供帮扶。

上海交通大学医学院工会曾先后荣获上海市总工会“模范职工之家”称号，中国教育工会上海市委员会“先进教工之家”（免检）单位称号。

表 5-1 上海第二医科大学工会历史沿革（1954—2005）

工会委员会届次及任期	工会主席	常务副主席、兼职副主席
第一届（1954—1956）	杨士达	张鸿德、赵君实
第二届（1956—1957）	杨士达	张鸿德、赵君实
第三届（1957—1960）	杨士达	张鸿德、宋梅平
第四届（1960—1962）	杨士达	王国银、张鸿德
第五届（1962—1965）	杨士达	张鸿德、王国银
第六届（1965—1979）	王国银	戴金福、童致棱
第七届（1979—1984）	王立本	孔宪本、张鸿德、马凝华、杨应华
第八届（1984—1987）	林荫亚	张贵坊、梁蒲芳
第九届（1987—1991）	林荫亚	张贵坊、徐丽芷、丁维功
第十届（1991—1996）	严　肃、陈万隆	徐丽芷、丁维功
第十一届（1996—2005）	严　肃、赵佩琪	徐建中、夏爱娣

第二节
进一步完善组织机构

2004年以来，在校党委的领导和关心支持下，校工会根据学校深化改革和自身发展的需要，以改革创新精神加强自身建设，不断扩充工会组织，完善制度体系，提升工会干部的政治素质、业务能力与研究水平，扎根闵行校区开展整组建家，利用线上平台打造“智慧工会”，朝着创建学习型、服务性、创新型工会的目标稳步迈进。由于在组织建设上的出色工作，校工会先后荣获“上海市模范职工之家”“全国模范职工之家”等荣誉称号，受到学校领导的亲切关怀。

图5-12　2020年6月28日上海交通大学党委书记杨振斌（前排中）、副校长张安胜（前排右五）到校工会妇委会调研

一、扩充组织与规范制度

（一）工会组织的融合与纳新

2005年，上海交通大学与原上海第二医科大学合并，新的上海交通大学成立，并组建了新的上海交通大学医学院。两校合并后，据校党政的部署，校工会提出了两校工会工作的对接与融合的实施意见，并主动与医学院工会交流与沟通。为了加强校本部和医学院之间的交流，从2005年10月起，校工会和医学院工会开始组织开展工会干部和教职工的互访活动。2006年，校工会先后走访了附属瑞金、仁济、新华、三院、一院、九院、儿童医院和附属卫校，认真听取院党政领导及工会主席的工作介绍，了解医院的改革发展状况与工会工作情况，并对医院工会工作者致以亲切慰问。2006年11月24日，校工会在闵行校区与各附属医院首次召开了工会主席联席会议。此后，校工会建立了与医学院和各附属医院工会的工作协调机制，试行月度工作例会与季度工会主席联席会议制度，有效加强了校工会同医学院工会和各附属医院工会的信息沟通与工作协调，促进了全校范围内工会工作的深度融合。

图5-13　2014年11月5日上海交通大学工会与各附属医院工会主席2014年第三季度联席会议在第三人民医院召开

工会积极落实全国总工会“组织起来，切实维权”的基本工作方针，自2008年起，在编外人员会员发展与工会组建工作方面不断探索突破，于2010年制定通过了《关于组织非事业编制合同人员加入工会的指导意见》。一方面，组织相关单位非事业编制聘用人员整体加入学校工会。该项工作以上海交通大学南洋控股公司为试点，逐步扩展至在浦东独立办学的中欧国际工商学院、新成立的高级金融学院等单位，意味着这些非事业编制职工从此有了维护自己权益的“娘家”和“靠山”。另一方面，吸收博士、博士后、专职科研队伍、项目聘用人员等依次自愿加入工会，同所在单位教职工组成一个混合工会，同时试点探索将硕士生作为准会员，组织他们参加工会相关活动，接受工会的宣传教育，培养并提高他们的工会意识。

截至2020年底，校工会共有在职工会会员7 800余人，二级工会组织63个，其中院（系）工会33个、机关工会14个、直属单位工会10个、直属企业及附属单位工会6个。

（二）完善制度，建设内控体系

2004年以来，随着工作的深入与创新，工会不断加强各项规章制度的建设，切实提高全校工会组织的管理水平，制定了《上海交通大学工会工作实施细则》（见附录8），修订了《上海交通大学工会经费使用管理办法》《上海交通大学教职工慈善帮困基金实施办法》，制定了《上海交通大学工会常委会会议议事规则》（见附录9）、《校工会关于落实“三重一大”制度的实施细则》《上海交通大学工会教职工先进评选表彰奖励标准》《上海交通大学工会教职工参加市级文体比赛活动的奖励标准》《上海交通大学教职工代表大会提案工作办法》《关于组织非事业编制合同人员加入工会的指导意见》《校工会党风廉政建设工作职责和领导班子成员责任分工》《工会妇委会领导班子议事规则》《工会物资采购管理制度》和《上海交通大学“劳模创新工作室”管理办法》等规章制度。

在常态化工作方面，工会始终坚持工会办公周例会、工会常委会月例会和一年两次的经费审查制度。除上述新增与附属医院工会主席季度联席会议制度外，也于2016年建立起与附属中小幼学校工会联席会议制度。此外，每年举行“上海交通大学工会工作恳谈会”，听取院（系）党政负责人、机关与直属单位党政负责人对校工会工作的意见与建议，进一步加强同院（系）党政组织、机关与直属单位党政组织的联系与沟通，得到了他们对工会与教代会工作的理解与支持。

2017年，根据财政部与教育部发布的有关指导意见及规范，校工会召开十余次协调会，在全国高校工会系统中率先实践内控体系建设，从管理体制与机制、财务管理、资产管理、招标与采购管理、合同印章及档案管理、信息系统管理、监督与评价等各个业务环节的业务流程、主要风险点和风险控制矩阵进行了详细而系统的梳理和完善。几年以来，先后制定了《工会管理内部控制规范操作手册》《工会管理内部控制规范制度汇编》《工会管理内部控制基础性评价报告》等多项规章制度，完成了工会内部控制基础性评价，建立起规范、系统的工会内控管理体系，提高了学校工会的内部管理水平，加强了廉政风险防控机制建设。在此基础上，上海交大工会于2019年入选上海市工会经费试点单位，为入选的两家教育系统工会之一，同年顺利完成上海工会经费工作基层工会示范点验收工作并在全市介绍经验。

二、提升工会干部的综合素质

（一）以党建促业务能力提升

自党的十六大以来，工会长期保持对思想政治教育的高度重视，高举邓小平理论的伟大旗帜，认真学习“三个代表”重要思想，科学发展观，习近平新时代中国特色社会主义思想。每逢党和全国总工会的重大会议，工会都积极组织学习大会、文件、讲话精神，包括党的十六至十九大精神、中国工会十四至十七大精神、中央群团工作会议精神、中国教育大会精神等、《中华人民共和国工会法》、《中国共产党廉洁自律准则》和《中国共产党纪律处分条例》、习近平关于工人阶级和工会工作的重要论述等文件精神。通过个人自学、集中培训、专题研讨和报告会、考察调研等多种形式，不断强化工会干部的政治意识、大局意识、责任意识、服务意识和创新意识，把党的精神有机融入教职工的价值追求、职业操守、精神境界等各方面，提高工会干部的思想素质，以党建促工建，培养出一批批政治立场坚定，具有高度使命感、责任感、紧迫感的工会队伍。

2004年以来，校工会坚持双月报告会制度，邀请上海市总工会、上海市教育工会、上海工会干部管理学院等单位的专家领导来校讲座，指导工会组织成员认清当前国内外形势与任务，学习相关条例与精神，增强工会工作的使命感和责任感，努力促进学校工会工作的改革与创新。校工会还定期开展工会干部培训，邀请专家开展解读《上海市职工代表大会条例》，举办《实施压力管理，维护心身健康》《新形势下工会工作面临的新任务》等专题讲座。

2010年后，校工会通过“共产党员岗”的亮牌活动，在党员中形成“从我做起，向我看齐，自我监督”的良好氛围。积极开展党的群众路线教育实践活动，立足“维护职工合法权益”基本职责，确立“一切为了群众，一切依托群众，从群众中来，到群众中去”的群众工作理念，以贯彻落实中央八项规定精神及学校实施办法为切入点，结合支部实际，聚焦作风建设，深入基层调研，查找自身问题，制定落实整改方案，即知即改，建章立制。

2015年，校工会不断强化党支部理论学习试点工作，打造“学习型、服务型、创新型”党支部，开展“三严三实”专题组织生活会，进一步查摆在管理服务中存在的不严不实问题，提出整改举措；2016年，扎实开展“两学一做”学习教育活动。2019年，结合主题教育，利用工会的自身特点创新开展党建活动组织各类形式的主题党日、特色党课等活动，如特邀孔海南教授面向工会干部上专题党课等，推动主题教育往深里走、往心里走、往实里走，《光明日报》、《人民日报》、学习强国等媒体平台均报道校工会支部的创新做法。2020年，结合工会自身特色，创新“温暖快递，使命必达”支部品牌，构建“实事联办、阵地共建、党员互动”的支部工作机制。聚焦管理服务质效，与网络信息中心、人力资源处、资实处等开展联组学习，促进工作的协同提升。聚焦特色阵地建设，与宣传部、大理研究院等共同开发“四史”教育特色活动、精品党课。加强党建规范建设，接受学校党委校内巡查，不折不扣完成整改任务。2021年，工会与环境学院、教服集团合作推动南苏园“微形洱海”建设，打造了“湖下莲动，海上花开”主题景观，成为学校“大思政课”的生动素材，更是开展党史学习教育的生动案例。

校工会非常注重把党建工作与业务培训深度融合，不仅进一步提高了工会干部的思想政治素质与水平，也有效助推了业务能力的提升。自2018年起，校工会联合党委组织部举办工会干部专题实务培训，形成了“1（理想信念教育）+4（主题讲座）+X（实践活动）”的培训模式，即以理想信念为核心，聚焦“加强党性教育、突出理论深度、提升能力素质、强化实务培训”四个重点，组织专题学习、参观、考察等活动。2018年举办工会委员、工会主席专题培训班，组织近百名学员分赴延安、井冈山开展理想信念教育，邀请上海工会管理职业学院院长李友钟、《劳动报》总编王厚富等进行课堂教学，聆听上海市总工会主席、党组书记莫负春传达中国工会十七大精神，组织考察长兴岛江南造船集团、参观上海劳模纪念馆、走进上海市总工会、四大会址等多场实践交流；2019年举办工会骨干培训班，组织赴古田开展理想信念教育，开展4场理论学习和工会实务讲座，赴市总劳模基地、四大会址等地交流学习，下半年举办工会宣传干部培训班和女工培训班，组织学员赴北京展览馆观摩新中国成立70周年成就展、《劳动报》社现场教学、上海金融城党建服务中心参观；2020年，举办工会骨干培训班和工会宣传干部培训班，邀请市总工会领导、工会政策理论专家开展了多场工会理论和宣传实务讲座，组织赴洱源、大理开展理想信念教育，聆听孔海南教授洱海治理现场教学，开创了“培训+扶贫”的新模式。

党建工作与业务培训的有机结合，有效发挥了思想政治教育凝聚人心、

图5-14　2019年7月4—7日2019工会骨干培训班40名学员赴福建古田开展“不忘初心、牢记使命”主题教育培训

图5-15　2020年12月4日在2020年工会骨干及宣传委员培训班上，上海交通大学环境科学与工程学院孔海南教授现场教学，讲述治理洱海经历，勉励学员们不忘初心，行稳致远

鼓舞斗志、促进发展的作用，对提升工会干部的思想政治水平和业务素质起到了积极作用。

（二）以理论研究促工会创新发展

加强工会理论研究是推动工会工作创新发展的重要手段。工会积极开展学术活动，以问题为导向，探索新时代工会工作的理论研究和实践操作，助推工会事业的发展。除了承办、参加各类会议、论坛外，校工会也从学校和自身发展出发，设立专项研究课题，紧密结合工会工作的新情况、新特点，积极探索新时期工会工作的规律与实践创新，以高质量的研究成果指导业务工作。

2006年10月23—24日，在市科教工会领导下，由上海交大校工会牵头，与复旦大学等四所高校工会共同承办了第二届中国高校工会工作论坛。来自全国各地的100多名高等学校的专家、学者和工会干部参加了在上海教育会堂举行的论坛大会。适逢党的十六届六中全会召开之际，该届论坛以“和谐社会建设与工会发展道路的思考”为主题，反映了高校工会组织与工会干部政治上、理论上的成熟。论坛邀请高校的哲学、人文与社会科学方面的专家、学者审视正处在转型期的高校工会组织，研讨构建社会主义和谐社会新形势新任务下的高校工会工作，体现了跳出工会看工会、论工会的特点。这种论坛形式是对原有的工会理论研究模式的一个突破和创新。会议的规模和论文数均超过了第一届论坛，会议的组织工作也得到了与会全体代表的充分肯定，得到全国教科文卫体工会、上海市总工会和科教工会领导的高度评价与表扬。2008年1月，校原工会主席张增泰主编的“第二届中国高校工会工作论坛”论文集《高校工会工作的理论思考》也由上海交通大学出版社出版发行，全国教科文卫体工会主席张宏遵撰写了题为《坚守良知，担当道义》的代序。此外，校工会也会同妇委会主办了“妇女发展论坛”，参与了教育部部分直属高校工会工作交流与研讨工作，参加了中国高校工会宣传思想工作会议，于2006年被增补为高校工会宣传工作研究会理事单位，并有多篇文章入选会议论文集。

2010年起，校工会开始与校文科建设处合作，利用上级工会的奖金设立

图5-16 2006年10月23—24日第二届中国高校工会工作论坛在上海教育会堂召开

了“文科科研创新基金-工会工作理论与实践研究课题”，每届细化制定贴合当下热点问题的调研方向，资助相应的研究课题，涉及工会维权机制、多元用工形式、二级教代会建设、工会质量管理体系等多方面内容，覆盖青年教师、退休教职工、非编人员等多类人群。创立第一年，基金设立了5个调研方向，资助了11项课题。随着运作日益成熟，工会干部的理论研究热情也逐步高涨，每届立项课题数量基本保持稳步增长的态势，至2016年，立项课题已达28项。至此，在课题结题的基础上，校工会还会根据专家组评审，评选出优秀成果一、二、三等奖。课题孵化的亮点成果也在市级和国家级评选中多次获得优异成绩，不仅进一步鼓舞了工会干部的理论研究热情，加深了校工会内部学习研究的氛围，也为上海交大工会承担上级工会委托的理论工作打下了扎实的基础。

理论和实践的融合共进结出硕果，校工会课题论文多次获得中国科教文体卫工会优秀调研成果奖项、上海市总工会调研成果奖项、上海市科教工会优秀论文、上海市教育系统工会理论研究课题奖项等。2006年，张增泰的论文《关于建立中国特色现代大学制度的几点思考》获上海市科教工会首届优秀论文一等奖，胡果文的论文《论工会在高校政治文明建设中的角色设计与扮演》获二等奖，倪浩的论文《切实加强高校工会组织的能力建设》获三等奖。2011—2013年间，贾金平等撰写的《研究生加入工会试点工作的实践与思考》《中西方国家工会维权的对比分析》《高校非编教职工入会及权益保障的研究》三篇论文先后分获第十一、十二届、十三届中国科教文体卫工会优秀调研成果论文类一等奖、三等奖、二等奖。

在工会理论研究成果的推动下，上海交通大学于2013年当选为上海市教育工会工会理论研究会理事长单位。次年起，校工会开始主持上海市教育系统工会理论研究课题重点委托课题、立项课题等工作，并多次获奖。例如，汪国琴的《上海市教师职业压力和心理健康状况调查》和曹友谊的《现代大学治理中工会的定位与作用研究》两项课题分获2014年上海市教育系统工会理论研究会立项课题一等奖和二等奖。2015年，《上海市教师职业压力和心理健康状况调查》还获得了上海市总工会调研成果一等奖。校工会《把握群团工作时代要求，健全教职工帮扶体系》《切实加强思想引领，推动工会基层组织创新与实践》两篇案例分获2015—2017年度上海市教育系统优秀工会工作创新案例一等奖和三等奖。

近年来，随着校工会工作不断创新和拓展，工会理论研究成果更加丰硕。2018年，校工会有3篇论文入选《中国高校工会第十九次宣传思想工作会论文集》。在上海市教育系统工会理论研究会年度立项课题优秀成果评审中，2018年，张安胜的《高校工会增强文体活动政治性、先进性、群众性的思考与实践——以上海交通大学为例》、于朝阳和王华博的《互联网思维下教育工会工作创新机制研究》、陈中润的《高校工会创新优化教师考核评价机制的作用研究》三个课题成果获得一等奖；2019年，于朝阳的《高校工会内部控制体系建设与实践应用研究》获一等奖，张安胜的《高校工会推动高雅艺术融入校园文化建设的工作路径研究》和陈中润的《关于进一步加强高校二级工会干部队伍建设研究》获二等奖。2020年，于朝阳的《加强学校网上工会服务工作的实践与思考》、张安胜的《高校工会加强思想引领工作的路径研究——以上海交通大学为例》分获一等奖、二等奖。2021年，于朝阳的《高校工会在“立德树人”中的作用及实践探索》获二等奖。

（三）**积极开展国内外交流**

21世纪以来，随着学校国际化办学的稳步推进以及在国内影响力的进一步提升，工会主动寻求与各类工会组织交流工作经验，建立沟通联系的机会，走出去，请进来，既把视野放诸国际，也关注本土，在不同层次的交流中学习优秀工作经验，开拓工会工作思路。

在国际交流方面，在上级工会的领导与统筹下，上海交大工会积极接待来沪参观访问的海外工会组织，也跟随组织出国了解外国工会组织的工作情况，在沟通交流中形成良好的关系纽带。2005—2006年，校工会与日本方面工会组织交流密切，极大丰富了与外国工会组织交流的经验。2005年8月19日，在上海市科教工会的安排下，校工会接待了以日本兵库县教职员工会委员长田治米美为团长、原日本参议院副议长本冈昭次为顾问的日本兵库县日中友好教育交流代表团一行近20人来上海交通大学进行的友好交流访问，双方就工会工作和教育创新工作进行了友好交流。2006年6月2—8日，时任校工会主席张增泰受上海市科教工会委派，带领第七次友好访日代表团到日本大阪府和大阪市进行了友好访问、交流与考察。通过交流互访，双方增进了相互了解，达成了共识，促进了友谊。

校工会也积极与世界其他国家的工会组织开展交流活动。早在2003年，应澳大利亚昆士兰州教师工会和独立教育工会的邀请，时任上海交大工会专职副主席倪浩作为上海市教育工会代表团成员，曾赴澳大利亚进行了为期10天的访问考察。2018年9月27日，澳大利亚昆士兰州教师工会和独立教育工会代表团造访上海交通大学工会，双方就中澳工会工作、中澳教育及教师现状等展开交流，并着重探讨了补充医疗保险、基础教育等问题。同年3月19日，校工会还接待了美国教师工会代表团来访，双方就中美工会工作方式差异及经验、中美教育及教师现状、工会培训的改革创新等问题进行了交流。2020年9月，应美国加州教师工会邀请，校工会主席于朝阳作为上海市教育工会代表团成员赴美国加州访问交流。

这些国际交流活动为中外工会工作者搭建了良好的沟通平台，有助于双方开拓视野，交流经验，提升工会工作水平，同时也让国际同行进一步了解中国特色社会主义工会道路。

图5-17　2018年3月19日美国教师工会代表团一行到访上海交大工会

在国内交流方面，校工会一直保持着相互学习、取长补短的开放姿态，踊跃参与行业内各种交流学习活动，积极承办或参加工会系统的重要会议。校工会副主席倪浩曾多次参加历次“中国高校工会宣传思想工作研讨会”，并在大会上做交流发言。2015年10月16日，由上海交通大学工会承办的“教育部部分直属高校第二十一次工会工作会”在徐汇校区浩然高科技大厦举行，来自全国30所教育部直属高校的60名代表参会，研讨新形势下如何加强和改进高校工会工作。2017年12月13日，在南京召开的“全国高校工会思想政治工作座谈会”上，校工会主席于朝阳以《新形势下加强和改进高校工会妇委会工作的思考与实践》为题，分享上海交大工会相关工作经验。

校工会积极承担行业职责，助力行业发展。原工会主席张增泰、贾金平都曾经当选为中国教科文卫工会/中国教科文卫体工会全国委员会委员、上海市科技教育工会/上海市教育工会委员会兼职副主席。现任工会主席于朝阳先后当选为中国教育工会上海市第十届委员会委员、中国教科文卫体工会第五届全国委员会委员，并担任上海市教育工会兼职副主席。

图5-18 2019年4月27日上海交通大学副校长张安胜、工会主席于朝阳率交大代表团参加中国教育工会上海市第十次代表大会

校工会积极参与行业事务，尤其与上海市内的工会组织保持着密切交流与联系，2005年，校工会承办科技、教育系统市中心块工会主席联席会议，与200名工会同行进行了工作的研讨交流，学到了很多先进经验。2006年，校工会承办西南片高校工会主席联席会议，围绕学习贯彻党的十六届六中全会精神，进一步开拓工会工作新局面，进行热烈交流与研讨。2019年，上海市教育工会在上海交通大学浩然高科技大厦召开教育系统高校、区教育局党政分管（工会）领导会议，市教卫工作党委副书记、市教育工会主席成旦红出席会议并讲话。各高校、区教育局60多位分管工会工作的领导出席会议。2020年，校工会承办上海市教育工会西南片高校工会年终工作交流会，140余名工会干部以工作交流会为契机，齐聚上海

交大闵行校区，共同探讨工会工作经验，积极推动新时代工会工作开创新局面。

一代代工会人接续奋斗，推动上海交大工会工作不断走在上海市乃至全国高校工会前列，吸引了各省市教科文卫体工会、高校工会前来上海交大学习交流，共话一流工会建设新思路。接待来访单位包括中国教科文卫体工会、黑龙江总工会、陕西省教育卫生科研系统工会、云南省教育卫生科研系统工会、江西省教育卫生科研系统工会、高等医学教育工会等行业工会或省市级工会，北京大学、浙江大学、复旦大学、中国科技大学、武汉大学、华中科技大学、四川大学、兰州大学、哈尔滨工程大学、中国科学院上海分院、华东师范大学、华东理工大学、电子科技大学、东南大学、贵州大学、天津大学、兰州大学、北京邮电大学、北京林业大学、浙江工业大学、湖南大学等数十所高校工会。同时，校工会也坚持“走出去，请进来”，积极组织学校各级工会干部前往校外各级工会考察，推动工会工作发展。考察访问单位包括清华大学、北京大学、浙江大学、武汉大学、中山大学、天津大学、南开大学、四川大学、大连理工大学等兄弟高校工会。无论是在接待来访还是外出

图5-19　2021年5月26日中国教科文卫体工会主席章国贤（中）、清华大学工会主席王岩（左六）等调研上海交通大学工会工作

考察期间，校工会都在交流中学到了宝贵的工作经验。

尤其值得一提的是，校工会与同根同源、情同手足的西安交通大学、西南交通大学、北京交通大学建立起密切关系。2005年5月底，在建校109年之际，上海交大工会首次组织了上海、西安、西南、北京四所交通大学工会工作研讨会，就新形势下工会组织的地位与作用，工会工作的重点、热点、难点和对策，工会组织的自身建设等多方面进行探讨。当时与会四所高校约定，按照“东西南北”的顺序每年轮流承办四所交通大学工会工作研讨会。2018年的四所交大工会工作研讨会在上海交通大学闵行校区学术活动中心举行。来自四所高校的工会干部、上海交通大学首期中青年工会干部培训班学员等近百人参加会议，除了召开每年例行的工会工作会议外，还为学校首期中青年工会干部培训班举行了授旗仪式。

从2005年到2021年，这项会议持续举办了十余年，成为四所交大工会每年对外交流中的一项重点工作与常态化工作，成为四所高校工会干部加强沟通、增进友谊的重要载体，为四所交大工会创新工作思路、交流工作经验和工作方法、提升工会工作水平提供了重要平台。在长期坚持举办过程中，为四所交大工会的蓬勃发展、共同前进注入了活力，有效增强了“天下交大是一家，齐心协力闯天下，科教兴国担重任，共建小康兴中华”的共识，共同致力开创新时代工会工作新局面。

图5-20　2018年5月18日“四所交大工会工作研讨会”在上海交通大学闵行校区学术活动中心举行

三、线下线上扩建基础设施平台

（一）部署建设“教工之家”

1. 扎根闵行兴建“教工之家”

上海交通大学闵行校区于1987年落成。进入21世纪，随着闵行校区二期建设逐步完成，学校发展重心向闵行校区转移，包括校工会在内的绝大多数单位均开始向闵行校区整体搬迁。搬迁伊始，工会就意识到教职工活动场所不足，特别是徐汇校区教工之家（铁生馆）面临维修，而闵行校区又还没有教工之家。于是，闵行校区“教工之家”的建设成为搬迁后校工会在硬件设施建设方面的首要任务。

2006年4月8日，在建校110周年校庆之际，闵行校区首个教职工活动场所——位于法学院底楼大厅的“教工沙龙”开始试运行。2008年，工会又在老行政楼一楼开设教工活动室。这两大场所免费为教职工提供休闲、交流的场所及咖啡等饮料，基本满足了闵行战略转移初期教职工的活动需求。到2011年，徐汇铁生馆的修缮工作宣告完成，徐汇校区教职工活动场地的环境和条件也得到了很大的改善。

2015年，校工会积极筹建改造位于第五餐饮大楼三楼的“教工之家”，年底投入试运行，2016年3月正式运行。该处“教工之家”的面积达1 200平方米，在空间大小和功能上都有了显著提升，成为集讲座培训、会员活动、运动健身、休闲娱乐、情感交流为一体的真正意义上的“教工之家”，受到了教职工的普遍欢迎。

在此基础上，为了进一步解决闵行场地不足与物理空间离散等问题，更好地满足教职工开展工会活动的需要，校工会于2018年起创造性地进行“分家”建设。结合院系楼宇新建和调整，工会筹划并推进建设三个全新的“教工之家”，在密西根学院龙宾楼建设东部分家，约264平方米，在理科大楼建设西部分家，约200平方米，在转化医学大楼建设北部分家，约700平方米。

新建的三个分家于2019年9月份全部投入使用，与此前的老行政楼教工活动室、第五餐饮大楼“教工之家”共同形成了“教工之家”东西南北中“1+4”的分布格局，实现一个片区一个家，方便全校教职工就近使用。校工会还优化全校部门工会教工之家的空间布局，资源下沉，提高对部门工会建家支持力度，全方位打造工会独有的“家”文化。同年，“1896探咖啡”广场建成投入使用，迅速成为教职工交流休闲新场所和闵行校区文化的新地标。同时，法律咨询室、心理咨询室、妈咪小屋、舞蹈瑜伽室、健身室等各种场所也在校园内遍地开花。借助各二级单位的专业优势与固有空间，不断加大软硬件投入力度，校工会的“教工之家分家”建设也形成了“1+4+X”的全新布局。

2. 建设考核“教工小家”

自办学重心转入闵行校区以来，有关院系、直属单位、机关部门等各大二级单位也与校工会一道将办公、教学地点搬迁至此。与徐汇校区相比，进入二期建设的闵行校区空间相当开阔，但这也意味着全校性“教工之家”的辐射能力远低于徐汇校区原有的铁生馆。因此，迁入闵行初期，在“教工之家分家”建设尚未开展之际，校工会就积极组织二级工会在乔迁新址的各二级单位内部创建“教工小家”。

2006年，上海市科技教育工会为提升工会工作的整体水平，进一步理顺基层工会的先进评选表彰机制，决定从该年起，每三年评选一次先进“教（职）工之家”和模范“教（职）工小家”。根据这些要求，工会也整理完善了对于“教工小家”的考核标准，改为两年一次考核评选，积极以最新的标准推动各二级工会在闵行校区“建家”，加大经费倾斜力度，支持各基层工会参与市级的考核评选。

这一时期的“教工小家”建家工作要求围绕学校中心工作与推进民主政治建设的热点来进行，突出维护职能的重点，体现加强工会自身建设的亮点，把落脚点放在搞活基层、增强基层工会的活力上，力求真正把各级工会组织建设成为凝聚职工群众、充满生机活力、带领职工群众团结奋进的“职工之家”。在长期的经费与政策支持下，随着学校院系等工作队伍的壮大，“教工

图5-21 2016年12月28日，凯原法学院“教工之家”揭牌仪式在徐汇校区法学楼举行，校工会主席贾金平（左三）、妇委会常务副主任万晓玲（右三）等出席

小家”数量不断增加，质量显著提高。

与“教工之家”“教工小家”模式平行，自2011年起，校工会又创建“妇女之家”，加强软件和硬件建设，会同妇委会在二级部门开展创建“妇女小家”特色项目建设，培育和扶植了大量根植于二级工会的“女性社团”，逐步形成了“一家一品”的部门特色品牌。

建设“爱心妈咪小屋”是校工会关心关爱女教职工的又一重要举措。“爱心妈咪小屋”（以下简称“小屋”）是上海市总工会女职工委员会2013年启动的“七色花”系列女职工关爱项目，旨在为职场备孕期、怀孕期和哺乳期的女性提供一个私密、干净、舒适、安全的休息场所。校工会指导二级工会积极推进小屋建设。截至2021年底，已建成近40家小屋分布在闵行、徐汇、长宁校区，其中五星级小屋7家，四星级小屋9家，三星级小屋9家。女教职工可通过交大版妈咪小屋地图寻找离自己最近的小屋。小屋配置了空调、冰箱、沙发、书柜、消毒设备、饮水设备、简单的母婴用品等设施用品，能有效满足女教职工在特殊时期的基本需求。为了让新手妈妈们更加了解学前教育知识和科学的育儿方法与观念，妇工委还为每间小屋订了《为了孩子》刊物。为了更好宣传小屋，妇工委公众号特别推出“云参观”妈咪小屋系列，展示每家妈咪小屋的环境与特色。妇工委还鼓励每家小屋定期开展沙龙、亲子活动等，实实在在当好女教职工的“娘家人”。

值得一提的是，图书馆的“妈咪小屋”里挂了一张李政道[1]先生所作的饱含浓浓母子深情又富含童真趣味的随笔画，祝福天下所有母亲节日快乐。

图5-22 2019年5月12日母亲节，李政道先生作画祝福“母亲节快乐”（来源：李政道图书馆）

（二）规划打造“智慧工会”

1. 建设网站网页

2003年，上海交大工会建立起自己的网站。2005年5月，网站首次完成改版。经过最初几年的建设与调整，工会网站初步形成了自己的特色。依靠官方网站这一新平台，工会充分发挥网络的服务功能，精简会议，精简文件，降低了办公成本，提高了工作效率，减轻了基层负担，体现了工会职能。

---

1 2011年6月，开创华人获得诺贝尔奖历史的物理大师之一李政道先生表达愿将其诺贝尔奖章、证书、研究手稿、通讯书信、书画作品等珍贵资料捐赠给上海交大的意愿。后经教育部批复，在闵行校区新建李政道图书馆，收藏李政道特色资源8万余件，《母亲节快乐》即为其中藏品。

随着以智能手机为代表的新型电子设备的普及，网络愈发深入教职工的日常生活，工会也紧跟技术迭代的脚步，不断改进工会网站，拓宽工会在网络信息空间发布、交流的渠道，保障工会工作的便捷程度不受技术的限制，不落伍于时代。2011年，工会筹划建立教代会网站，推动了第六届教代会第三次会议暨第十一届工代会第三次会议以来的“双代会”提案等民主工作，也为各二级教代会提供了宣传和信息公开的平台。2016年，工会又开通了官方微信公众号，并将其作为工会日常宣传工作的前沿阵地。依靠官方网站和官方微信公众号平台，校工会搭建起了“SJTUFAMILY”普惠平台，为教职工提供了前所未有的、便捷易用的掌上服务。

2. 建设“互联网+”工会

2017年2月8日，中华全国总工会发布《全国工会网上工作纲要（2017—2020）》明确指出，要充分运用移动互联、云计算、大数据和人工智能等网络信息技术，推进互联网在工会的广泛应用和融合发展，构建“互联网+”工会服务职工体系，打造方便快捷、务实高效的服务职工新通道，不断提升运用网络服务职工的能力水平，推动工会工作创新发展。

根据《纲要》精神，上海交大工会及时开展“智慧工会”建设。2019年，工会对接教职工需求，完成了“智慧工会”一期建设。首先，校工会走访调研信息化建设6次，在线发布收回调研问卷近1 200份；组织内部统一进行业务梳理和流程编制，明确上线业务30项。年内，工会网站改版上线。作为教职工网上办事、获取信息的窗口，工会网站改版后视觉和功能有明显改进和优化，页面突出交大工会文化和形象，辨识度高，功能上层次清晰、简洁便捷，并适配手机、平板、个人等主流终端，支持APP、微信等新媒体服务，提升了使用体验。同时，校工会对接人力资源处、网络信息中心，上线了会员数据系统、财务系统、活动报名系统等，对会员信息进行系统管理，包括活动统计、数据分析、信息职责查询等，设计和实现了二级单位在线投稿、多级审稿功能，并与网站后台管理系统无缝对接，致力于提高工会新闻采编业务的工作效率。2019年9月，由学校网络信息中心开发和维护的学校一门式服务平台正式更名“交我办”，并在苹果AppStore、华为应用市场、腾讯应用宝各大应用平台上线。校工会也积极在“交我办”中同步上线了相关功能，实现了数据资源共通共享。

图5-23 2019年底“智慧工会”一期建设完成，二期建设正式启动。出席启动仪式从左到右：校工会主席于朝阳，校常委胡昊，校常委、副校长张安胜，上海市教育工会常务副主席李蔚，《劳动报》总编辑王厚富，上海市教育工会副主席吉启华

2020年初，“智慧工会”入选上海交大提升管理服务效能十佳项目。校工会也在此激励下持续推进，在2020年内完成了“智慧工会”二期项目，包括近10个子项目的建设，如官方网站继续改版优化、工会会员管理系统、工会投稿系统、工会财务报销系统、补充医疗保险报名模块、文体培训班报名模块等。“智慧工会”至此覆盖了教职工办事、享受工会服务和福利保障等方方面面。同时，工会申报并完成上海市教育工会委托课题“高校智慧工会建设的实践与思考——以上海交通大学为例”，获2020年上海市教育工会课题成果一等奖，为各高校工会信息化建设提供了交大经验。官方微信公众号粉丝数也在这一年提前实现破万目标，日均阅读量保持在1 500以上。

2021年，在校网络信息中心等单位的支持下，经过持续建设完善，校工会率先在全国高校工会中自主建设完成“一个中心+三大新版网站+四大系统+N项功能模块”的“智慧工会”结构体系，覆盖教职工办事、享受工会服务和福利保障等各方面需求。通过“智慧”赋能，真正让信息多跑路，让教工少跑腿，上海交大工会服务广大教职工的“最后一公里”越走越通，实现了服务职工群众全方位全天候。中国教科文卫体工会主席章国贤专程调研交大“智慧工会”工作，并对建设成果高度肯定。上海交大“智慧工会”相关经验获全国总工会官方微信号、《中国教工》专题报道，取得广泛影响力。

作为“智慧工会”的重要部分，校工会新媒体中心建设也实现了飞跃性发展。2021年以来，新媒体中心继续高水平开展宣传工作，讲好新时代工会故事。内宣上，在校内门户官方认证微信公众号排行榜长期保持前三，并获“十佳校园新媒体平台”“上海交大中文主页优秀供稿单位”“校园网络文化大赛优秀组织奖”等荣誉，校园影响力凸显；外宣上，保持与劳动报社良好的战略合作关系，并努力拓展宣传平台，新华社、人民日报客户端、人民网、中青报、光明日报、工人日报、央视频等30多家主流媒体采访报道交大工会相关工作，取得广泛的社会影响力。工会官微粉丝数连年高速增长，2021年底达1.5万，工会官微在样本量近1 400的全国工会系统新媒体排行中长期位于前列，WCI指数在全国各高校工会官微中始终排名第一。此外，为更好地强化宣传品牌，还围绕“快递小哥”理念和“珏”文化，进行一系列视觉延展设计，传递校工会温暖、凝聚、向上的工作态度，延伸工会服务维度，让交大工会形象更鲜活。

第三节
支撑高层次人才队伍建设

进入21世纪后，以人才为核心的发展理念得到了上海交通大学全校上下的共识。2004年，学校确立了人才强校主战略，2007年学校着手建立人才金字塔，2010年起构建多维度的人才发展通道，党的十八大以后构建长聘体系师资队伍制度。以人为本，人才强校，建立高素质、高水平的一流教师队伍，是学校的战略任务，也是工会工作的目标。为了支撑学校高层次人才队伍建设，上海交大工会全面贯彻学校实施人才强校主战略，积极响应全国总工会发出的充分发挥工会“大学校”作用的号召，多举措弘扬先进模范精神，进行师风师德教育，关心青年教师成长，扎实开展教学技能竞赛活动，搭建交流学习平台，不断提高教职工队伍的思想道德水平、教学能力和综合素质，为培养高素质教职工队伍作出积极贡献。

一、全方位弘扬模范精神

（一）评优秀、推先进、做示范

为了弘扬崇高的师德风范，激励广大教职工更好地投身于学校的改革与发展，为创建世界一流大学、为上海科教兴市建功立业，校工会与有关部门长期开展校内劳动模范、师德模范等先进评选活动，并组织教职工参加上海市至全国各级先进个人、集体评选的推荐、评选与申报工作。一方面通过评选活动在教职工中树立模范典型，浓郁争优氛围，另一方面也通过评选后对优秀个人的事迹宣传让模范故事亲切可感，模范形象深入人心。

在国家层面，校工会根据教育部、全国总工会等国家机关要求，按时做好每年多项评选的推选申报工作。在各院系、部处、直属单位的推荐与申报的基础上，校工会会同校内相关部门层层筛选，报经校评审委员会评审、校园网公示和学校党委批准，十余年来成功将表现格外优异的教职工和集体推往国家级评选，获得了一系列全国性荣誉，包括全国劳动模范、全国先进工作者、全国五 劳动奖章、全国师德标兵、全国优秀教师、优秀教育作者、全国教育系统职业道德建设标兵、全国教育系统先进集体、全国巾帼文明岗、全国巾帼建功标兵、全国三八红旗集体、全国三八红旗手等。

在上海市层面，上海市教育局、上海市总工会、上海市科教工会等单位一方面在全国性评选下设立市一级的评选，一方面也在市内举办符合本市发展特色的评优活动，包括上海市十大科技创新英才、上海市育才奖、上海市校园新星、上海职工晋升技师高级技师奖励、上海市巾帼创新（提名）奖、上海市优秀工会工作者标兵、上海高校后勤标兵、上海高校校园卫士、上海市教育系统比翼双飞模范佳侣、新中国60年上海百位突出贡献女性、新中国成立60年上海百名女教师等一系列荣誉。校工会推举了多位个人、团体、集体，获得了市一级的荣誉。

与市级单位类似，上海交大工会一方面根据申报上级评选的情况，在校内举办同类评选，每年评选校三八红旗集体、校三八红旗手、校师德标兵、校园新星、校比翼双飞模范佳侣等，另一方面也根据学校发展的特征不断改进校级评选与奖项的设置。在继续做好以“三育人”先进个人评选为代表的已经形成特色、传统的校级评选活动的基础上，校工会还在不断探索新的评选激励措施。尤其在进入“十二五”阶段后，校工会积极引导广大教职工为实施国家和上海市中长期教育改革和发展规划纲要、学校“十二五”发展规划建功立业，设立了面向附属中小幼教师的“思源基础教育奖教金”。在改革进一步深入的“十三五”阶段，校工会又借鉴市级评选的经验，继续细化评选对象，将不同类型教职工的工作热情与工作品德调动提升起来，设立面向后勤及服务支撑系统员工的“优质服务奖”等奖项。2019年，在“比翼双飞模范情侣”的评选之外，校工会还首次进行了“第一届最美家庭”的评选。

（二）多渠道传播模范事迹

劳动模范评选活动通过树立典范的方式对全体教职工起到了示范作用。如何将劳模、先进的工作精神有效地传达给全体教职工，使之成为具有普遍参考价值与学习可能的模范，也是工会需要解决与不断完善的问题。工会发挥劳模协会作用，在春节、五一劳动节、教师节、中秋节、国庆节等庆祝大会中，结合时代特色，举办具有节日特色的劳模交流活动，通过座谈交流、演讲比赛、橱窗展示、网上宣传等多渠道向广大教职医护员工弘扬劳模精神和工匠精神，营造劳动光荣的校园风尚和精益求精的敬业风气。

各类交流活动往往具有节日特色，如在春节期间举办春节团拜会，在教师节举行庆祝、表彰大会，借助节日的喜庆增加了各位分享经验的模范代表的感染力，形成其乐融融的集体交流学习的氛围；同时也紧扣时代旋律，如2006年国庆前夕举办的先进教师座谈会以“弘扬师德，创新教育”为主题，围绕校党委提出的“学校的发展，强调走内涵发展的道路；人才培养方面，强调创新人才的培养”的要求，进行座谈。2010年，围绕迎世博和教育科学发展的主题，多次举办劳模与先进教师代表座谈会，广泛发动教职工为学校的改革发展献计献策。2011年则结合建党90周年庆祝活动，举办了以“大力弘扬师德师风、着力提高办学质量”为主题的劳模与先进教师代表座谈会、教师节表彰大会和“教书育人”颁奖典礼。2017年，承办了上海市首场“劳模（工匠）精神进校园”活动，聘请全国劳模李斌为“劳模精神进校园”上海交大特聘教授。2019年，校工会将劳模精神与爱国精神有机融合，开展劳模与教工支部活动，策划劳模参与庆祝新中国70周年系列活动，在宣传爱国情怀的同时增强了教职医护员工的主人翁意识与历史使命感。

除了充分利用校报、橱窗、校内广播与电视各种媒体广为宣传先进模范人物事迹外，在新媒体时代，校工会也对宣传形式进行了更新换代，运用新方式、新媒介讲好劳模故事。一方面，加大网络宣传力度，于2017年起在交大主页开辟了“劳模春秋”栏目，推出何友声、丁文江、洪嘉振、顾海英等多位劳模专访稿等，发挥劳模在教书育人、促进青年教师成长等方面的积极作用。另一方面，以微电影的方式，传播劳模故事，让劳模形象立体起来。在上海市科教工会的指导下，工会先后为劳模、先进工作者拍摄了一系列“师爱无声·师德永铸——身边的好教师”微电影，其中有王如竹教授《冷暖的耕耘》、邓子新院士《说说我的梦》、顾海英教授《奋斗绽放芳华》、陈锡喜教授《理直气壮——陈锡喜》、丁文江院士《“镁”丽人生》等，多部微电影在上海教育电视台播出。劳模们通过讲述亲身经历，将先进模范的精神集中、迅速、广泛地传达给广大教职医护员工，收效良好。2019年，为了更好地传承和弘扬劳模精神，校工会出版《匠心交大》一书，遴选改革开放40年来上海交大28位获得“全国劳动模范”“全国先进工作者”“全国三八红旗手”等荣誉的人物事迹汇编成书，以此传承和学习劳模工匠的拼搏精神和坚韧品性，用劳模精神激励广大教职工爱岗敬业、勇于担当，为学校“双一流”建设添砖加瓦。

图5-24　2021年1月30日上海交通大学举行2021年劳动模范和先进工作者迎春座谈会，校党委书记杨振斌（中）与2020年全国先进工作者樊春海（右二）、上海市先进工作者贾金平（右一）、刘江来（左一），“上海工匠”称号获得者马厦飞（左二）合影留念

（三）成立“劳模创新工作室”

2014年，为使劳模更加常态、长效地发光发热，上海市总工会出台《上海市“劳模创新工作室”管理办法》。根据该文件，校工会结合学校已有的劳模和劳模宣传工作情况，制定了更加适合学校特点的《上海交通大学“劳模创新工作室”管理办法》，同时根据该办法，成立了首批“劳模创新工作室”。

劳模创新工作室是由在技术、业务和管理方面有专长，有较高的理论水平、实践经验、创新能力和创新成果的劳动模范作为负责人，并以劳模名字命名，同时有相关人员组成的创新团队。创新内容主要包括科技创新、管理创新、服务创新和机制创新。劳模创新工作室旨在通过创建活动的开展，成为学校的智囊团、岗位的创新源、项目的攻关队、人才的孵化器和团队的方向标，带动学校教学、科研和管理创新活动的持续深化。其任务首先是弘扬劳模精神，发挥劳模业务专长和技术优势，积极围绕学校教学、科研和管理中的重点与难点问题，开展创新活动，推动学校增强核心竞争力。重要的是，积极发挥劳模“传帮带”作用，开展技术培训、业务交流、高师带徒等活动，着力培养知识型、技能型、创新型教职工。

首批劳模创新工作室三个，分别是丁文江、邓子新、王如竹劳模创新工作室。2016年，第二批劳模创新工作室两个，分别是俞勇和顾海英劳模创新工作室。王如竹教授带领的制冷工程与能源利用工作室于成立次年就获评上海市教育系统劳模创新工作室，王如竹教授随后也代表学校参加了上海市“劳模传颂时代精神”诵读会。2018年，经过校工会的申报和上海市的评选，王如竹节能减排创新工作室被命名为第八批“上海市劳模创新工作室”，为全校乃至全市的劳模和劳模创新工作树立了高水平标杆。同年，俞勇计算机科学劳模创新工作室获评上海市教育系统劳模创新工作室；樊春海化学生物学与转化医学团队、贾金平绿色化工团队、刘江来粒子天体物理团队于2021被命名为上海市教育系统劳模创新工作室。

图5-25 2014年11月6日上海交通大学党委书记姜斯宪（前排中）走访了位于闵行校区“中意绿色能源实验室”的王如竹（前排左）劳模创新工作室

二、多渠道助力青年教师成长

（一）举办及参与教学竞赛

青年教师教学技能的整体提升，能够有力支撑学校“学在交大”战略的落地实施，形成育人神圣，教学光荣的良好氛围。

校工会高度重视培养德才兼备的青年教师队伍。通过青年教师导师制的建立、教学新秀的评选、青年教师课堂教学的竞赛（含双语教学），以及发动广大学生积极参与评选、推荐优秀青年教师和心目中的好老师等活动，促进了青年教师教学积极性高涨和教学能力与水平提高，为优秀青年教师脱颖而出创造了机会。

在逐步形成体系的校级劳模、先进评选中，工会设有专门针对青年教师群体的“教学新秀”奖，以奖励、鼓舞新进入学校、新走入教学岗位的青年教师们。与此同时，工会也在原有的教学竞赛之外，根据学校发展提出的人才和教学要求，增设新的竞赛形式与竞赛内容。

学校对青教赛工作一直高度重视。“十一五”期间，学校国际化办学的脚步越走越快，为了配合学校的国际化建设，校工会与教务处、研究生院、人事处、妇委会共同协商，每两学年举办一次青年教师“双语教学”竞赛，通过搭建青年教师竞赛的平台，真正达到以赛促教，引导高校青年教师更重视课堂一线教学工作，以使青年教师延承交大严谨治教、勤奋治学的优良传统，敦促青年教师不断提高自身教书育人的能力与国际化的视野。比赛面向年龄40周岁以下、具有教师专业技术职称、本学年正在授课的上海交通大学在册青年教师，按参赛教师正常课堂教学，由评委及督导随机听课，并根据多项指标进行评分。在活动初期，评比分五个方面进行，包括教学态度、教学内容、教学技能、教学育人、教学效果与质量。在2008—2009学年的比赛中，教学用语从教学技能中单列出来，成为考核的第六个方面，对于参赛教师的语言要求也明确为“课堂教学用语主要是外语，且用语准确，发音标准，吐词清晰，教材、教案及学生作业和试卷均使用外语”。“双语教学”竞赛中的双语特性，尤其是外语使用情况，得到了进一步的重视。

进入“十二五”时期，为了配合学校在国际化办学背景下涌现的一批全英语课程，也为了激励青年教师进一步提升国际化教学水平，工会、教务处、研究生院以及妇委会对原有的“双语教学”竞赛进行了调整，改而举办“全英语教学”竞赛，要求课堂教学用语、教材、教案及学生作业和试卷均使用英语。评选方法在评委及督导随机听课给出评分之外，增加了最终的评审答辩环节。参赛青年教师通过汲取评审专家的建议和聆听其他参赛教师的授课经验与体会，相互启发，对今后进一步提高全英语教学水平非常有帮助。

2014年，上海市总工会、教卫工作党委、教委联合举办首届上海高校青年教师教学竞赛，以“上好一门课”为竞赛理念，旨在提升高校青年教师的教学能力和业务水平。竞赛从2014年开始每两年举行一届，分为人文社会科学、自然科学基础学科和自然科学应用学科三个组别，通过竞赛选拔优秀青年教师代表上海市参加全国高校青年教师教学竞赛。为了在校内选拔优秀的青年教师参加竞赛，2016年4月20日，上海交大工会、教务处、教学发展中心联合举办首届上海交通大学青年教师教学竞赛，共有来自21个院系的32名教师参加竞赛。通过模拟课堂授课比赛，选拔出陶梅霞、吕智国、卢永斌三位老师，参加上海高校青年教师教学竞赛，分别获得自然科学应用学科、自然科学基础学科和人文社会科学三个组别的竞赛一、二、三等奖。2016年，校工会综合全国总工会开展劳动竞赛的要求和学校“学在交大”的举措，围绕“上好一门课”竞赛理念，会同教学发展中心、教务处等部门开展了首届“青年教师教学竞赛”，选拔优秀教师参加上海市教学竞赛。

在随后的几年中，工会坚持“立德树人、教书育人”，引领青年教师岗位建功，重视院赛、校赛，落实青教赛院赛-校赛-市赛-国赛四级竞赛和选拔机制，会同教学发展中心等单位组织开展校内选拔，开展课程打磨和专业训练，提供全方位的贴心保障，完成组建学校代表队工作。以赛促练激励教职工立足岗位建功立业，促进青年教师不断提升教学水平和教学质量，为上海高校青年教师教学竞赛、全国高校青年教师教学竞赛打牢基础。2018年和2020年，在上海市青年教学竞赛中，校代表队都获得了骄人的成绩，2018年更位列上海高校第一。两届市赛中，校代表队均有优秀青年教师代表上海挺进国家级比赛。2018年和2020年，校电子信息与电气工程学院贺光辉和机械与动力工程学院刘晓晶先后获第四届、第五届全国高校青年教师教学竞赛工科组一等奖。青教赛取得骄人成绩，是践行“学在交大”，也是反映学校教书育人成果以及核心竞争力的一个重要标志。

图5-26　2018年8月和2020年10月上海交通大学电子信息与电气工程学院贺光辉和机械与动力工程学院刘晓晶先后获第四届、第五届全国高校青年教师教学竞赛工科组一等奖

上述青年教师培养运行机制有效提升了他们的教学基本功和能力素质，在教育部本科教学优秀学校评估、国家级课程教学基地评估、新专业建设评估与上海市高校教学质量检查中均受到专家们的好评。《劳动报》曾对交大教师参与青教赛的经验予以整版报道，上海市总工会、教育工会等通过多个新媒体平台给予宣传、转载，引起了较好的社会影响。

（二）搭建交流学习协作平台

除了通过教学竞赛的方式磨砺青年教师的教学水平，帮助青年教师在本职工作中打好基础，不断深耕，校工会也着力为青年教师搭建沟通、交流、学习的平台，使其在初为人师的阶段尽快树立目标与榜样，获得快速成长。新老教师“拜师结对”活动是工会为传承交大治学传统所举办的一项长期工作，自1999年以来已实行多年，2003年起新一轮启动，为新进入交大的青年教师们找到了合适的导师。

工会也为青年教师内部的沟通与交流搭建平台。2005年，工会联合人事处、校团委积极筹建上海交通大学青年教师联谊会。在各院（系）向学校推

图5-27 2013年9月10日在上海交通大学庆祝第29个教师节大会上，新入职的教师们在全国师德标兵俞勇教授带领下庄严宣誓

荐理事人选的基础上，9月份召开了学校青年教师联谊会成立大会，近百名全校青年教师代表与上海部分高校青年教师代表参加。大会审议并通过了《上海交通大学青年教师联谊会章程》和《上海交通大学青年教师联谊会理事团成员名单》。上海交通大学青年教师联谊会是由交大青年教师自愿组成，隶属学校党委领导，在工会、团委等有关部处的共同指导下，以联谊、咨询为主要活动的群众团体。其宗旨是团结、交流、奋进、奉献，致力于团结广大青年教师，增强凝聚力；加强社会联系与实践，增进校际及校内跨学科青年教师的交流与合作（包括与国外学术团体的交流与合作），提高青年教师队伍整体素质，为学校的改革、发展贡献力量。

图5-28　2005年9月16日上海市科教工会张中韧副主席（右）和上海交通大学党委常委、组织部部长吴松（左）为“上海交通大学青年教师联谊会”揭牌

自其成立以来，校工会积极关心、指导、支持、推动校院两级青年教师联谊会开展具有特色的学科融合、学术交流和联谊活动，包括青年教师座谈会、青年教师发展论坛、青年教师沙龙、“相聚周末”活动、单身青年牵手联谊活动、志愿教学服务等形式丰富，内容多样的活动。其中，青年教师沙龙在常态化开展之下，逐步形成了具有特色且颇富成效的沙龙品牌，如“医工结合”沙龙。2007年7月，在上海交通大学与原上海第二医科大学正式合并

两周年前夕，校青年教师联谊会在工会、人事处、团委的悉心指导下，牵手医学院青年联谊会策划组织了首期“医工结合”青年沙龙，充分利用了两校合并后的优势，在各工科院系与医学院青年学者之间搭建起一个开展学术结对与学科交叉联姻的崭新平台。

（三）关爱青年女教师

工会及妇委会结合其在妇女工作与青年教师工作的长处，具有针对性地组织开展了一系列关爱女性，关注青年女教师发展的活动。

2009年11月10日，在“医工结合”这一既有平台的基础上，校工会与妇委会进一步推动校女教授联谊会、青年女教师联谊会联合牵手各附属医院女医师联谊会举办了“上海交通大学-各附属医院Med-X奇思妙想沙龙启动仪式及首次活动”，拓展了医工结合交流的平台，在女教师、女医师之间开启了医工学科交叉的尝试。2010—2018年间，该沙龙定期邀请交大各学科女教授和附属医院女医师开展交流研讨，推动她们对医工交叉材料、图像处理、信息处理、生物等各领域的合作。在此基础上，2019年5月11日，上海交通大学女教师女医师医工交叉论坛在闵行校区学术活动中心隆重举行，同期上海交大首届女教师女医师学术交流协会也正式成立。这是上海交大医工交叉融合举行的一场重要学术交流活动，也是前期“女教授女医师医工交叉创新沙龙”汇聚的成果体现。论坛共收到来自多家单位的35份报告、30余项医工交叉研究意向，涵盖了生物医学工程、精准医疗等多个领域。上海交大材料学院教授、中国工程院院士丁文江，时任国际和平妇幼保健院院长、中国科学院院士黄荷凤在会上作精彩报告。

2015年，上海交大工会承办了第三届上海市优秀青年女教师联谊会会员大会暨第五届上海市优秀青年女教师发展论坛，大会提名并通过了第三届上海市优秀青年女教师联谊会理事以及会长、副会长，秘书长、副秘书长名单。交大电子信息与电气工程学院归琳研究员当选为第三届上海市优秀青年女教师联谊会会长。此外，校工会也持续做好包括“上海市优秀青年女教师成才资助金”“中国青年女科学家奖”在内的多项针对青年女教师的评奖评优活动的申报与评比工作，推荐校优秀青年女教师获得上级的资助与荣誉。同时，工会在校内的服务工作上更不放松，通过不断深化“妇女之家”建设，发挥“妈咪小屋”和“馨情驿站”的作用，拓展服务青年女教师的功能，服务于哺乳妈妈，切实将“妈咪小屋”打造成各级工会工作的响亮品牌。通过“菜单式讲座”“快乐父母俱乐部”“玫瑰花苑”“编织社”等载体与平台，开展了丰富多彩的活动，满足育儿、交友和提高生活技能等多种需求，努力为女教职工成长创造更多、更好、更美的温馨港湾。

图5-29　2015年11月6日第三届上海市优秀青年女教师联谊会会员大会暨第五届上海市优秀青年女教师发展论坛在上海交通大学浩然大厦召开

此外，工会还大力培育根植于二级工会的“女性社团”，探索建立妇女工作的新载体，加强服务基层女教职工，不断提升新时代妇女工作能力和水平，受到上级领导的亲切关怀。

图5-30　2016年3月23日全国妇联主席沈跃跃（中）到上海交通大学调研

第四节
打造体系化民生工程

进入21世纪以来，上海交大工会以问题为导向，重心下移、资源下沉，打造帮扶、维权、服务“三位一体”的帮扶服务体系，通过整合拓展、优化完善、查漏补缺，逐步形成了常态化、长效化的帮扶工作机制，打造了体系化的民生工程，把学校党委和行政的温暖传递给每位教职工，有效扩大了帮困覆盖面，提升了教职工的获得感和幸福感。

一、成立维权专项委员会

习近平总书记高度重视做好职工维权服务工作，2013年，同中华全国总工会新一届领导班子成员集体谈话时，习近平总书记指出，工会要赢得职工群众信赖和支持，必须做好维护职工群众切身利益工作，促进社会公平正义。

2006年12月，全国总工会十四届十一次主席团（扩大）会议首次鲜明地提出了“以职工为本，主动依法科学维权”的中国特色社会主义工会维权观。围绕“组织起来，切实维权”这一方针，工会以教职工为本，主动依法科学维权。对于学校改革进程中出现的普遍性问题，有计划有准备地完成维权工作。坚持群众利益无小事，为教职工提供日益坚实地法律保障，将劳工矛盾等问题扼杀在摇篮中。

2006年4月，为适应学校劳动人事制度改革的需要，加强和改善人事争议调解工作，维护教职工的合法权益，促进和谐校园的构建，上海交通大学正式成立了人事争议调解委员会，办公室挂靠工会。调解委员会由职能部门和教职工代表组成，由工会主席、副主席担任主任委员、常任副主任。经过校工会推荐，组织部考察，委员会配备一名专职副主任。2006年下半年，随着全员聘用制改革在学校全面推行，工会依法对全员聘用合同签订情况进行监督，及时做好因签订、履行聘用合同发生的人事争议的调解工作。同时，要求各级工会组织主动参与，部门工会主席在聘用工作小组中尽心尽职，发挥作用，积极参与院系聘用合同文本的制定、聘用方案的讨论与聘用合同的签订全过程。成立四年内，人事调解委员会就先后调解了50多起争议案，帮助一些教职工获得了应享有的合法权益。同时，工会还指导和帮助机械与动力工程学院、电子信息与电气工程学院、农业与生物学院等二级单位成立了人事争议调解小组，力争将劳动关系矛盾化解于基层，解决在萌芽状态。2011年，上海交通大学荣获“2010—2011年度上海市劳动关系和谐职工满意企事业单位”，人事制度改革成效明显，人事争议调解小组功不可没。

除了在制度改革时针对性地成立专项委员会，精准高效地维护教职工合法权益，工会同样注重为教职工提供更加广泛的法律咨询服务。在法学院的支持下，校工会长期以来维持着每两周一次的法律咨询工作，开放法律咨询室为有需求的教职工答疑解惑并提供法律援助，指导其运用法律手段维护自身权益。2005—2006学年起，法律咨询室由仅在徐汇校区铁生馆开放，改为在徐汇校区和闵行校区轮流开放，为新迁闵行校区办公的大批教职工提供了及时的法律咨询服务。

近年来，随着国家法治建设的持续推进和个人法律意识的逐渐提升，广大教职工在教学、科研和生活中遇到的法律问题亟需更为专业化的咨询服务。2020年6月，为更好地服务教职工个人的法律咨询需要，作为维护教职工权益的坚强后盾，工会在原有法律咨询室的基础上积极整合资源，增强服务内涵与外延，联合法律事务室、凯原法学院与校友法律服务机构国瓴律师事务所成立了“上海交通大学工会法律咨询中心”。延续法律咨询工作室的传统，工会法律咨询中心在闵行校区和徐汇校区分别设置法律咨询场所。服务范围包括个人婚姻家庭与财富管理、个人知识产权法律咨询、个人合同及侵权纠纷法律咨询、个人劳动争议法律咨询、个人刑事法律事务咨询等。在校工会原有咨询团队基础上，国瓴律师事务所安排专业律师提供公益法律咨询支持，保障法律服务的专业性和服务质量。在非工会指定公益法律咨询期间，国瓴律师事务所还接受教职工在其办公地预约公益法律咨询，确保教职工亟需咨询的法律服务事项落实到位。

二、加大帮困与慰问力度

在帮扶困难群众，慰问全体教职工，增强教职工的凝聚力、向心力，营造温暖、和谐的校园氛围方面，工会有着优良的传统。对困难教职工给予关爱和帮助始终是工会重点工作之一。2004年以来，校工会逐步健全了全校帮困工作体系，建立起帮困送温暖的长效机制。

（一）发挥教职工基金效力

早在1990年，校工会在国内高校率先建立“十必访”制度，对教职工的人生大事给予适时的关怀与慰问。随后几年中，工会又筹措了教职工慈善帮困基金、教职工爱心助学基金，分别帮助困难教职工和在校学生，为其创造安心工作、学习的环境。在物质生活得到极大改善、经济进入高速发展阶段的新时期，校工会继续坚持这些传统，通过修订既有制度，增加帮困额度与频率等方式，不断提升帮困基金的效力，扩展帮困服务的覆盖面，形成了长效帮困体系。

根据校工会常委会决定，自2007年起，工会从每年结余经费中拨出20万元，其中15万元注入教职工慈善帮困基金，5万元注入教职工爱心助学基金。2009年，在学校的支持下，每年从工会结余经费和学校福利费拨入教职工慈善帮困基金的额度增长至40万元。除了每年定额的拨款补充，教职工慈善帮困基金的另一经费来源则是每年定期举办的“献爱心，一日捐”活动。随着学校规模的扩展与活动效果的反馈，参与捐款的教职工稳步增加，所募得的捐款金额也稳步提升，由2005年的28.6万元增长至2020年的121.6万元，年均增长率超11%。

与基金来源增长相应，基金所支撑的帮困力度也在逐步加大。一方面，日常帮扶与集中救济有效结合。2005年，校工会党支部冒酷暑走访了学校6名特困教职工家庭，深入了解他们的病情与困境，送去工会组织和党员个人的关怀，并同他们建立了长期的结对帮困关系。2006年，工会除在元旦春节期间组织开展大规模的对困难教职工的补助慰问工作，还在“五一”和“十一”期间对罹患重大疾病或家庭生活特别困难的教职工给予重点资助。2007年，工会更将对特困教职工的资助由一年三次改为每季度一次，全年分四次进行。2008年后，校院二级帮困工作体系建立，形成了帮困送温暖的长效机制。

另一方面，在慰问与资助的额度上，工会也在力所能及的范围内为困难教职工和在校学生争取更高的标准。教职工慈善帮困基金发放使用情况由2005年的22.2万元增长至2020年的106万元。与此同时，工会也根据情况为特困教职工申请上级工会的资助。2011年，部分资助额度上调，包括面向困难大一新生发放的教职工爱心助学金额度提高至1 000元/人，新增在职教工配偶去世慰问金1 000元/人。2018年，为了更大程度惠及教职工，校工会常委会讨论决定开始整体提高包括大病、去世、婚育等在内的“十必访”慰问力度，出台了《上海交通大学工会关于做好“十必访”工作的操作办法》（工会［2018］3号）（见附录10），将在职教职工的去世慰问金额度从1 000元/人调整为10 000元/人，在职职工配偶子女去世慰问金额度调整为5 000元。同年，上海交大工会《把握群团工作时代要求，健全教职工帮扶体系》案例获上海市教育系统工会工作创新案例一等奖。

在完善帮困工作的同时，工会持续做好并大力铺开面向全校教职工的“冬送温暖，夏送清凉”以及节日慰问工作，不仅提高福利水准与覆盖范围，也在寻求形式与制度上的突破。2016年，150元生日蛋糕福利的发放范围由逢五逢十教职工扩大至每年的所有会员。次年，工会制定了《逢年过节向全体工会会员发放节日慰问品的操作办法》，人均慰问经费年额度达到800元，其中520元下拨至二级工会，由其自主采购。年节实物慰问是学校拨缴经费“硬实力”的体现，也是教职工幸福指数的“风向标”。在近年“过紧日子”背景下，校工会努力确保教职工年节实物慰问标准提升至1 100元/人，不仅结合交大特色与扶贫工作使慰问品具有文化内涵与社会意义，更实现了年节慰问全员覆盖到校本部、医学院、附属医院和附属学校的教职医务员工，乃至项目聘用人员，及时将学校党政的温暖传递给了全体教职医务员工，工会“快递小哥”的形象也逐渐深入人心。

图5-31　2020年1月8日上海交通大学工会为教职工发送“年节大礼包”

（二）赈灾扶贫关爱社会

工会首要的帮扶对象自然是全校教职工以及在校学生，但作为上海交通大学教职员工的代表，工会也积极承担着“交大人”的社会责任，既在重大灾害中及时向灾区人民献出爱心，又在扶贫工作中做好长期的资助帮扶工作。

2004年底，印度尼西亚附近海域发生地震并海啸，东南亚多国受灾。上海交大工会专程前往上海市红十字会，代表全校教职工捐款10万元，以表示对东南亚海啸地区灾民的深切同情。2007年，工会发动全校教职工为云南、四川两省灾区和贫困地区人民捐赠质量较好的冬装和被褥。全校教职工积极响应号召，踊跃捐献，共捐得衣被等3 749件。工会组织打包和送运至闵行区民政局，同时代表全校教职工，从学校的帮困慈善基金中提取10万元捐献给受灾地区。2008年，5·12汶川大地震造成了巨大的生命财产损失，举国哀痛，八方支援。在学校的统一领导下，工会在震后的第二天就在全校教职工中组织开展了赈灾捐款活动。短短十多天内，仅在校本部就募集了280多万元善款，并很快送到了上海市慈善基金会用于援建灾区希望小学。与此同时，对如何更好地帮助上海交通大学在汶川地震中受灾的教职工与学生，工会也作出快速反应。经征得捐款人的同意，校工会常委会讨论决定，从教职工有关捐款中和校工会结余经费中各拨出20万元，建立了总额为40万元的“抗震救灾特别援助基金”，对520多名来自灾区的师生进行了特别援助，形成了对受灾师生较大力度援助的长效机制。特别是对家庭受灾严重或双亲伤亡失去经济来源的学生，工会采取了“一次性慰问、持续两年和直至毕业”三种不同办法进行了援助，受到了受助师生的普遍好评，也产生了很大的社会反响。上海交通大学作为全国唯一先后获得“上海市抗震救灾捐赠特别奖”和“中华慈善事业突出贡献奖”的高校，在上海市慈善大会和全国慈善大会上受到表彰。2013年，四川雅安发生地震，工会情系灾区，及时在全校范围内发出倡议，组织捐赠642 996元善款给上海慈善基金会，定向援建雅安灾区教育事业，同时对因地震造成家庭受灾的教职工给予关怀与慰问，为此上海交通大学成为上海市慈善基金会监委会中唯一的高校成员单位。

2013年以来，上海交通大学承担了定点帮扶云南省洱源县的光荣任务。在学校的统筹领导下，对口扶贫洱源也成为工会在这一阶段的特色帮扶工作。2014—2015年，工会在教职工中发起了对洱源县品学兼优的贫困中学生“一帮一”结对助学活动，既含有经济上的援助，也包括精神上的鼓励和学业上的指导。两年内共资助55名贫困学生，帮扶活动得到教育部充分肯定。除做好每年至少100万元的定向采购洱源、大姚等对口扶贫县农产品工作外，工会还利用高校人才、仪器、平台等资源，为贫困地区的科技发展提供技术支持。2020年是脱贫攻坚战的收官之年，工会牵头组织物理与天文学院、电子信息与电气工程学院、环境科学与工程学院、生命科学技术学院、化学化工学院、资产管理与实验室处等单位，联合开展“深入定点帮扶一线，实施教育精准帮扶，为洱源人民办实事”的捐赠活动，向大理洱海野外观测站定向捐赠了气相色谱仪、气质联用仪、有机卤素分析仪、原子吸收分光光度计等10台仪器设备，原值104万元，用于洱海流域环境中有机污染物分析、洱海环境水体检测等；向洱源县茈碧湖镇丰源村中心完小定向捐赠了94台计算机，原值47万元，以及2台打印机和56条毛毯，帮助学校提升教学质量，给孩子们带去温暖。2021年，为援助洱源县因突发山洪泥石流的灾后重建，巩固脱贫攻坚成果，特别设置了“定点帮扶洱源县专项捐赠”，5 110人捐助超50万元。此外，对于各类响应国家号召，奔赴西部地区进行支援建设的教职工与学生，工会也给予了特别慰问与资助，包括向“大学生志愿服务西部计划”研究生支教团志愿者提供人均5 000元的爱心奖教金，慰问西部挂职干部等。

三、提高福利与保障水平

（一）搭建“娘家人”普惠平台

2015年以来，工会为教职工办理上海市总工会工会会员服务卡。会员们凭一张卡就能享受到多种类型服务，包括服务设施优惠、会员团购优惠、金融服务等，为会员们了解并使用这些福利提供便利。2016年，随着微信公众号的开通，校工会利用手机移动端，为大量服务内容设置微信端的操作入口。次年，“SJTUFAMILY”普惠平台筹建，网页版和微信版分别上线，“与教职工相约星期六”，工会主页和工会微信公众号于每周六定期发布相关优惠信息，教职工在指尖即可完成大部分操作，立享优惠。这一平台是工会引入社会资源，整合各类信息服务，让利教职工，做好大客户的集中惠利平台，被亲切地称为“娘家人”普惠平台。截至2021年，校工会先后与30余家房产、汽车、家电企业建立大客户合作关系，通过“SJTUFAMILY”交大人专属普惠平台发布相关优惠信息200余条，3年多来共计为教职工优惠500余万元，交大教职工VIP待遇服务充分彰显。

（二）保障教职工身心健康

多年来，为教职工提供医疗保障、心理咨询、休息休养等服务，是工会以人为本，关心教职工，为学校发展护航的一项重要工作。

2004年9月，为方便全校广大教职工，减少办理手续的环节，工会从校医院手中接过了“上海市在职职工住院补充医疗互助保障计划”和学校“上海交通大学教职工医疗互助补充保险”两项常规报销工作。自此以来，工会每年完成了大量的医保报销、理赔工作，做好“教职工医疗互助补充保险基金”管理工作。在此基础上，工会自2016年起开始为教职工办理上海工会会员服务卡及相关理赔，自2017年起组织全校教职工团购补充医疗保险专项工作，参保后教职工罹患重疾理赔、慰问额度上限可由6万元上升至21万元，保障力度大幅度提高。自2021年起，补充医疗保险保费由学校全额支付，现已基本实现在校教职工补充医疗保险的全覆盖。由此，校工会完善形成“五管齐下”“五龙治水”的多级多重医疗保障格局，包括补充医疗保险、市总工会四项医保（大病、意外、住院、妇女）、学校医疗互助金（俗称“小白卡”）、教职工慈善帮困金以及工会会员服务卡，确保了教职工不因患大病而家庭致困。

除做好事后的理赔工作以外，校工会也积极与医学院和附属医院合作，依托它们的力量为教职工提供包括体检、心理咨询、医疗咨询在内的各类预防性服务。2006年，工会在闵行校区建立了全市高校第一个“教职工心理咨询室”并开通了“姐妹热线”，联动附属精神卫生中心开展一对一心理咨询、心理讲座和心理健康网络公益课堂，力求缓解教职工工作负担重、心理压力大的状况，提升教职工的心理健康水平。此外，工会每年还会邀请医学院和附属医院名医，结合教职员工健康问题，组织开展全校性的教职工健康医疗咨询、医疗检查活动或专题讲座。如2016年，工会就以“三减三健”活动为切入点，发动各类协会和部门工会开展健康生活主题行动，开展相关讲座。对于体检工作，工会一方面为学校主要办学骨干人员提供额外的关怀，如2005年与人事处合作，分20批组织上海交通大学近600余名在职正高职称人员，前往瑞金医院集团瑞美医疗保健中心参加体检；一方面也为全体教职工的体检工作进一步提升针对性与便捷性，如2018年增设仁济南院为教职工体检点并调整体检项目。在大数据信息时代的背景下，工会还会同相关部门面向教职工开展体质测试，建立教工健康档案，建设教职工体质健康平台，着力打造集体检、体育健康工程中心、教工餐饮智能结算数据、健步走平台为一体的健康“大数据”，以为教职工提供更为全面的健康监护。

为了关心、爱护教学科研与管理第一线的教职工，努力缓解他们的身心压力，促进教职工之间的交流，提升他们工作与生活的幸福指数，工会一直不忘开展以交流和休养为主的休闲活动，在工作时间外为教职工带去组织的关怀。2008年，校工会联合人事处向全校中青年骨干教师推出了“相聚周末计划”，为他们搭建了相互沟通、交流、融合的平台，深受中青年教师的欢迎。2008—2014年间，“相聚周末”活动共吸引了55批不同群体的约2 000名中青年骨干教师参与。与之相比，暑期疗休养活动则是一项更为常态化的工作。工会不断提高教职工疗休养行政福利补贴的额度，2017年提高至人均4 000元左右，2018年又提高至人均5 000元。通过独立成团、联合组团等形式促进教职工广泛参与，最多时成团数达51个，参与的教职工及家属人数达1 475人。尤其值得一提的是，2019年的暑期疗休养活动结合学校定点帮扶工作，新增洱源疗休养线路，学校承担全部线路费用6 000元。该线路共有125名教工参加，占同年疗休养活动的三分之一。这一新举措作为经验上报给了教育部，也得到了洱源县的重视和热烈欢迎。

（三）关爱教职工子女成长与教育

基础教育牵扯到每个教职工、每个家庭的心。子女的入托、入学、升学等成长教育问题，是每个教职工家庭心心念念的大事，也是工会在这一时期愈发重视，屡有制度性突破的领域。

工会一如既往地组织教职工及其子女开展亲子活动。六一儿童节期间，工会除组织动漫博物馆、航海博物馆、长江河口博物馆、汽车博物馆等不同主题的参观活动以外，还联合上海交通大学出版社，多次开展国际儿童图书进校园的活动，开阔了交大子弟的眼界，提高了交大子弟学习英语等外语的兴趣。优惠的原版书价格也给教职工带来了便捷与福利。交大夏季学期，教职工仍身处工作岗位，而教职工家中的小朋友们大多数已迎来了暑假。为解决教职工子女在夏季学期托管难问题，工会自2018年起每年夏季学期举办“交小苗”暑期成长营（2020年因新冠疫情影响停办一年）。首届即有154名教职工子女分4个营参加了为期28天的学习培训，先后学习了共22门不同种类的课程，既包括文艺品类，如武术国韵、《墨韵中华》折扇舞、儿童音乐剧、儿童现代舞、儿童木偶剧、京歌《说唱脸谱》、硬笔书法、创意手工，也兼顾科普内容，如江川街道输送课程《昆虫科普》和科普人文讲师团科普课程。在结营典礼现场，学员们进行了文艺汇报演出。家长们或来到现场观摩

图5-32　2021年7月23日上海交通大学2021年“交小苗”暑期成长营结营典礼在闵行校区菁菁堂举行

或在线上观看图文直播，与工会一起见证了孩子们的成长。首届成长营开营期间，上海市总工会女职工委员会即向上海交通大学授“职工亲子工作室”牌，对“交小苗”暑期成长营活动给予了充分认可与支持。“交小苗”暑期成长营2019年人数为248名，2021年人数增至520名，全市规模最大，两度荣获全国总工会评选的“全国工会爱心托管班”。

开办中学辅导班，会同招生办公室、人力资源处开展各类宣传、咨询、专家讲座、父母沙龙活动，也是工会长期坚持的常态化工作。近年，相关咨询内容由高考扩展到高考、小升初、幼升小、入托等各个年龄层。2020年，活动因疫情影响灵活转变形式，通过“云看校”与线上讲座，教职工为子女择校等事宜的正常运转得到保障。

除了通过引进专家，让教职工及时把握基础教育发展的政策动向，工会更追根溯源，积极做好以交大附属学校为代表的配套基础教育工作。2011年，为促进附属学校教育水平的提高，工会在学校教育发展基金会的支持下，设立了面向附属中小学、幼儿园教师的“上海交通大学思源基础教育奖教金”。十年来，该奖项累计表彰了近400名附属学校优秀教师，有效激励了附属学校教学水平的提升。2018年，面对附属学校属地化后教职工子女入学难的问题，工会积极与闵行、徐汇两区教育局协调，解决了181名学区外教职工子女就读附属中小幼学校。同年，工会还协同各方加强对附属学校的支持力度，助力全区首个“交大—江川”学区办公室成立，学区工作年度考核多项指标位列全市第一。2019年9月，为切实应对学校基础教育面临的问题和挑战，回应教职工对优质基础教育的期盼和渴求，学校成立加强区校共建基础教育领导小组下设办公室挂靠校工会（2021年2月领导小组办公室正式更名为基础教育办公室），积极推进与各区合作共建附属学校工作，牵头协调引进人才和教工子女入学工作。

2020年，工会更上一层楼，在基础教育方面开展多项合作，以多种形态在上海遍地开花：“环交大闵行校区基础教育生态区”协议签署；“未来学校”示范标杆校“上海交通大学附属实验学校（马桥K12）”合作办学签署；“临港新片区基础教育优质园区”合作办学得到推动；与“南模教育集团”达成合作共建，徐汇教职工子女入学新通道得以开辟；与“华师大二附中国际部”达成合作共建，外籍和港澳台教工子女入学新需求得到解决。至此，在工会与校内诸多单位的共同努力下，附属学校提质扩容、保障学额供给，区校合作逐一落地、共建优质品牌，基础教育发展基石得到了不断夯实，形成了集群效应。工会制定《基础教育提质扩容“十四五”规划》，统筹协调推进基础教育，持续推进附属学校提质扩容，并积极支持医学院和附属医院布局基础教育，加大“基础教育支撑计划”专项经费投入，年度经费增长至近1 000万，为配套基础教育在“十四五”期间以及未来的长足发展提供了保障和支持。到“十四五”末期，附属学校将从2015年的8所增至20余所，全力保障教职工子女享有优质基础教育。

工会关注附属学校的桩桩大事小事，不胜其烦地处理从入学到上学，从就学到生活各个阶段涌现出的问题。仅为在闵行幼儿园改扩建过程中做好临时搬迁工作，工会前后就历经近30场协调会。随后，工会又参与到交大实小新建楼、交大二附中新校区、交附闵分科技楼等校舍翻新工作中，帮助各学

图5-33　2019年12月26日闵行区人民政府与上海交通大学签署共建“环交大闵行校区基础教育生态区”战略合作协议

校增加了对应班额和办学空间。对于交大附中闵行分校、交大二附中、学区骨干教师利用交大体育设施、图书资源等事宜，工会均参与协调。同时，工会也着手为教职工子女的身体健康提供保障，2018年起，校工会联合儿童医院，开展了针对0～3岁约500名教职工子女的便捷门诊就医试点工作；联合儿童医学中心、第一人民医院、第九人民医院，分别开展儿童健康咨询、儿童视力咨询、儿童口腔咨询等活动，促进“交小苗”健康成长。

第五节
开展群众性文体活动

高校工会组织是校园文化品牌建设的根基。随着教职工对高品质精神文化生活需求的日益增长，从2012年开始，上海交通大学工会在全校二级工会中开展文化建设特色活动的立项工作，共确立了50项校园文化建设特色项目，包括文化艺术节、院系运动会、学术沙龙、知识讲座、教学比武、爱心服务等内容，扩大基层工会活动的覆盖面、影响面。近年以来，文体工作形成了校工会、部门工会、文体协会“一体两翼”的格局，有效促进了校园文化资源的整合与优化，激发校园文化品牌的魅力。

一、塑造文体特色品牌

工会组织在校园文化品牌建设的作用体现在群众性、参与性、教育性、示范性和实践性等方面。多年来，校工会充分发挥群众性组织的天然优势，精心培育品牌文化，打造一系列突出教职工特色、深受教职工欢迎的文化品牌，有效满足职工的精神文化需求。

（一）打造教职工文化艺术节

在校内举办文艺汇演与比赛是工会展示教职工风采，丰富教职工生活的一项优良传统。校工会对此大力支持，不仅将文艺表演融入教师节等节日纪念与庆祝活动中，也为特定的项目专门举办比赛，为教职工们提供了同台竞技，切磋才艺的机会。

2005年，在上海市科教工会举办的《教师之歌》征集活动中，由上海交大人文学院谢柏良教授作词、上海音乐学院龚肇义教授谱曲的《教师颂》从全市530余首作品中脱颖而出，被选为全市教育系统重点推荐的6首《教师之歌》之一。校教师合唱团部分团员冒着高温酷暑，到音乐学院工会小礼堂内进行试唱，在学校第21届教师节庆祝大会上演唱，赢得了满堂彩。鉴于教职工对于合唱的热情，校工会先后举办了多次演唱比赛，又通过比赛发现不少歌唱方面的人才，将其吸纳到合唱团中，形成了良性循环。

图5-34 2005年5月18日在上海交通大学2005年教职工歌曲演唱比赛上，校工会主席张增泰讲话

2006年6月，工会与党委宣传部等举办了庆祝建党85周年的“红色经典”歌咏会；2007年，工会联手党委宣传部隆重举行了以“思源致远，和谐奋进”为主题的教职工文艺汇演的初赛与复赛。这次汇演活动有40多个院系、部处、直属单位和附属医院报名参加，参演人员达300多人。无论是在参加单位数量、参演人员数量、表演节目数量，还是在节目内容与形式、演出水平上，都创造了新高，展示了广大教职工热爱祖国、积极向上的精神风貌；2009年5月，举办了以“祖国万岁”为主题的教职工合唱比赛，有30支来自各院系、部处、直属单位和附属医院的合唱队、千余名教职医护员工参赛或展演。

在多次文艺比赛和文艺汇演积累的成功经验基础上，工会联合党委宣传部，于2011年建党90周年之际，举办了首届教职工文化艺术节。5月11日，文化艺术节开幕式暨“唱红歌、跟党走”歌咏大赛在闵行校区光彪楼隆重举行，市教育工会副主席张中韧及多位校领导出席。现场共有来自各院系、部处、直属单位和附属医院的师生代表和参赛选手300余人。首届文化艺术节为期一个多月，多种艺术表现形式荟萃，为教职医护员工搭建展现魅力与风采、激情与梦想的红色舞台。

2013年，第二届教职工文化艺术节如期举办。工会举办“我的中国梦”教职工合唱比赛，共有40家二级单位1 200多人参加。同时，工会承办“交大人，交大景，交大事”四所交大教职工摄影作品展，收到上海交通大学教职医护员工摄影作品188幅，西安交通大学、西南交通大学和北京交通大学参展摄影佳作90幅。经过专家评审，共选出110幅分“人、景、事”集中展出。此外，工会还创新活动形式和承办模式，发动农生学院和生命学院承办文化艺术节子项目，教职工反响热烈。

2016年是上海交通大学建校120周年，结合学校庆祝活动，工会联合党

图5-35　2019年10月18日“壮丽七十载奋进新时代”第四届教职工文化艺术节文艺汇演在上海交通大学闵行校区菁菁堂举行

委宣传部，以“天地交通·百廿秋实”为主题举办了第三届教职工文化艺术节，开展了系列活动。

2019年，在新中国成立70周年之际，第四届教职工文化艺术节紧扣“我和我的祖国”主题，分七大主旨板块开展了70场丰富多彩的活动，累计参与人次达3 000人，抒写了交大人家国情怀新篇章。

表5-2　历届上海交通大学教职工文化艺术节主要活动一览

年份	届数	主要活动
2011	第一届	“唱红歌、跟党走”歌咏大赛；“魅力女性秀”展演；“身边的感动”演讲朗诵大赛；“思源致远、精美瞬间”摄影大赛；“才艺风采秀”器乐、舞蹈、曲艺大赛；“永远跟党走”文艺汇演
2013	第二届	“我的中国梦”教职工合唱比赛；“交大人，交大景，交大事”四所交大教职工摄影作品展；“走进交大植物园，鉴赏花文化”；艺术沙龙
2016	第三届 主题：天地交通·百廿秋实	“溢彩风流·艺冠交大”才艺大赛；“歌鸣九天·声动交大”歌咏大赛；“精韵涵泳·琅琅交大”诵读大赛；“碧云仙曲·悦舞交大”舞蹈大赛；“鸿宇江天·视界交大”摄影大赛；“六艺论道·风雅交大”沙龙活动；“锦绣文章·神笔交大”征文活动；闭幕式暨文艺汇演
2019	第四届 主题：我和我的祖国	开幕式演出；翰墨交大；雅诵交大；舞韵交大；艺彩交大；缤纷交大；“一二·九”歌会暨闭幕式

此外，校工会在具有意义的时间节点也开展了多项文化艺术类活动，如2017年是闵行校区办学30周年也是改革开放40周年，校工会举办了“韶华剪影”摄影展，展出550幅作品，通过校园变迁、教职工岁月留影等影像，致敬闵行校区建设者；举办“时代华章，书画交大——庆祝改革开放40周年教职医务员工书画展”、致远文艺高雅原创诗文诵读会、“舞动新风采奋进新时代”舞蹈交流演出等庆祝改革开放40周年活动，用丰富的文艺活动讴歌新时代。

（二）开展全民健身活动

教职工健康是促进学校和谐发展的重要保障。工会从维护教职工健康权益高度出发，倡导“每天锻炼半小时，健康工作五十年，幸福生活一辈子”

的健康文明生活方式，积极组织开展各种群众性的、多形式的全民体育健身活动，强健了教职工的体魄，也凝聚了教职工的人心，受到了广大教职工欢迎与好评。

一方面，工会按照单项举办校级体育赛事或活动。迎春长跑比赛、“元旦杯”乒乓球赛已经是延续多年的传统，并成为学校竞争激烈的品牌赛事，吸引附属医院广泛参与。此外还有教职工气排球、足球、篮球、羽毛球、保龄球、跳绳、游泳、钓鱼、排舞和棋牌等多种比赛。2006年，为了迎接上海交通大学建校110周年、2008年北京奥运会、2010年上海世博会，校工会与医学院工会共同举行了“上海交大建校110周年教职工自行车骑游闵行新校区”活动，全校有110名教职工参加。活动将各校区的教职工汇聚至焕然一新的闵行校区，加深了大家对学校闵行校区建设的了解与感受，增进了医学院教工与校本部教工的友谊，体现了交大人团结一致奔向新征程、创造新辉煌的信心和决心。自2019年起，为进一步增进学校与附属医院的融合联动，连续数年由校工会主办、国际与公共事务学院承办“南洋杏林杯”羽毛球赛，现

图5-36　2006年4月6日谢绳武校长为上海交通大学110周年校庆教职工自行车骑游闵行新校区活动加油鼓劲

已成为学校诸多品牌文体赛事中不容小觑的新生力量，多家单位的党政领导、医术精湛的医生、知名教授、青年学者、学生等积极参与，规模日益扩大，参与人数屡创新高，不断激励全校教职医务员工以昂扬的精神、强健的体魄全身心投入“双一流”大学建设。

另一方面，工会会同体育系每两年举办一届教职工运动会。2006年的教职工运动会是上海交通大学与上海第二医科大学并校后举办的第一次运动会。由于两校合并，该届教工运动会规模较以往激增，有44支代表队和3 800多名教职工参加，设置了21个田径竞赛类项目和16个趣味性群体类项目。往后每届教职工运动会在各项数据上都屡创新高。2008年、2010年、2012年，分别有57支、63支、65支代表队参加入场式和广播操、太极拳比赛以及各类团体和个人项目，参与人次逐年递增，依次为5 000人次、7 500人次、8 300人次。

2012年，工会与体育系深入结对共建，围绕改革发展的中心工作，以全民健身、创先争优为活动载体和工作主线，积极推动《上海交通大学全民健身实施计划（2012—2016）》的制定与实施。2014年起，教职工运动会与学生运动会合并一同举办，第45届校运会采取师生同场合作竞技的方式，入场式采用了别开生面的巡游表演形式，以“活力相伴，健康相随”为主题，充分展示了交大师生团结进取、创建一流的精神追求，推进全民健身活动在教职工中深入广泛开展。2016—2020年，工会与体育系、学指委共同举办了第46—48届校运会。在2018年举办的第47届校运会中，工会创造性地利用上级奖励经费解决了各参赛单位入场巡游的运动服装。校运会开幕式结束后，由工会和体育系主办，中国职工体育文化协会指导，教职工健步走协会承办的“千人健步走”吸引了近2 000名教职医务员工参加。姜斯宪、林忠钦等校领导与教职医护员工一道健步环走半个校园，总长约3.5公里，成为该届运动会最具特色的项目。4家附属医院和多家大客户受邀到现场提供咨询和服务，运动会成为崇尚运动、倡导健康生活的运动嘉年华。由于活动受到教职工的广泛欢迎，2019年和2020年持续举办，且各具特色。2019年的“千人健步走”活动沿途设置4个打卡点，打卡护照上同时设置了新中国成立70周年以来的十大辉煌成就知识问答，以互动的形式庆祝新中国成立70周年；2020年则以“重走长征路”为主题推动了“四史”学习教育活动。在校园健步道上，或走或跑的交大人身影已然是学校一道亮丽的风景线，低碳生活、绿色出行逐渐成为交大人的生活方式，全民健身、定时锻炼也成为每位交大人的“必修课”。

图5-37 2018年11月23日上海交通大学第47届校运会“千人健步走”活动

二、组织文体社团与文体培训班

（一）群众社团蓬勃发展

自学校办学重心转入闵行校区起，闵行校区各类文化、娱乐设施不断完善，徐汇校区的场所设施也得到修缮，教职工们得以在更大的空间环境中施展才艺，实践兴趣。工会持续加强学校教职工文体协会的规范化、制度化建设，提高对文体协会的支持力度。文体社团越办越丰富，越办越活跃。在原有篮球、足球、长跑、乒乓、台球、棋牌、钓鱼、京剧、越剧、交谊舞、合唱、戏剧与摄影等18个教工文体社团的基础上，除少数社团解散或改组外，新的社团、协会不断涌现。同时，注重吸纳具有高级职称的爱好者进入文体社团，近年更聘请知名专业人士担任指导教师，提升协会专业水准。十余年来，新成立演讲朗诵、网球、太极拳、排球、排舞、瑜伽和健步走、教工致远文艺、茶艺、花缘、民族舞、戏曲、书画、影视文化、音乐爱好者、咖啡文化等协会。截至2020年，各类文体社团、协会总数达到33个。

工会每年都会指导并支持文体社团开展经常性的排练、交流与演出活动。2011年，工会召开了教职工社团工作研讨会，旨在加强规范管理，发挥其在校园文化活动中的骨干和引领作用。在工会的推动下，文体社团不仅活跃了校园文化氛围，也与校外专业艺术团体或高校同类社团开展学习交流，更在校外的演出和比赛中取得了骄人的成绩，展现出了交大人的精神风貌与卓越风采。

在文化艺术类社团中，教师合唱团的活跃程度尤为亮眼。合唱团先后参加了上海市无伴奏合唱比赛、上海市行业歌曲创作演唱展评、全市教育系统教工合唱比赛、市“阳光·大地”展演活动合唱比赛（市教育系统唯一的代表队）、“纪念中国抗日战争胜利70周年”主题合唱展演、2017年上海市庆祝

图5-38　2021年5月29日在上海教工庆祝中国共产党成立100周年合唱决赛暨展演活动中，上海交通大学教工合唱团荣获一等奖

第33个教师节交响音乐会（唯一一支教师合唱队伍）等活动。曾联手金山区教师合唱团走进东方艺术中心成功举办了“金色交响”合唱音乐会，赴南京大学、浙江大学等兄弟院校交流演唱。2021年，教师合唱团在以“百年树人跟党走，砥砺前行铸师魂”为主题的上海教工庆祝中国共产党成立100周年合唱决赛暨展演活动中，以一曲气势恢宏的《祖国颂》感染全场并斩获一等奖。教师合唱团在校外各级各类比赛、演出中的丰富经历和精彩表现，是工会针对文艺类协会实施“走出去”战略的成功范例。

体育类社团则为工会在校内开展群体性健身活动提供了大力支持。工会长期开展乒乓球、羽毛球、气排球、三对三篮球、保龄球、足球、“大怪路子”扑克牌、钓鱼比赛和迎春（春季）长跑等系列健身活动，教职工的参与积极性和竞赛水平都有显著提升。2015年，新成立的健步走协会搭建线下和线上交流竞技平台，打造立体式健康促进模式，开展首批体质测试，短短半年，成员发展至近千人。几年间，协会多次组织教工参加全国线上健步走赛事，屡获全国团体冠军。2017年，健步走协会在七一建党日举办“喜迎十九大，永远跟党走”主题健步活动，吸引千余名教工报名参加。2018年，工会成立上海交大教工运动代表队，聘请知名教授担任队长，专业教练予以指导，在各类体育赛事中为学校争金夺银。短短两年多的时间内，体育类社团、协会就在市级等比赛中获得了超越以往的成绩：网球代表队获2018年上海市马桥网球公开赛团体冠军、2020年市教育系统教工网球赛男双冠军、混双季军、团体季军；桥牌代表队获2018年上海市高校桥牌联谊赛冠军、2019年上海市“浦东宣桥杯”桥牌公开赛亚军；水上运动代表队获2018年市教育统战系统龙舟赛第一名和上海市教工第一届龙舟赛优胜奖；象棋代表队获2019年全国高校教职工象棋比赛团体冠军、上海教工中国象棋协会2019年团体赛一等奖；乒乓代表队以全胜战绩获2019年C9高校乒乓赛第一名，2019年上海市城市业余联赛乒乓球联赛甲级总决赛第六名；篮球代表队获2020年上海教工3对3篮球赛总决赛季军；足球代表队获2020年高校教工足球联赛西南赛区冠军；台球代表队获2020年首届上海市银行杯企事业斯诺克公开赛团体第三名；围棋获2020年上海教工围棋大赛个人一等奖等等，获得的各类奖项荣誉不胜枚举。

（二）扩充文体培训班

依托愈发丰富成熟的文体社团、协会，工会每学期利用中午和晚上休息时间，开设了种类丰富的文体培训班。每学期根据广大教职工的需求，在闵行、徐汇、长宁等各校区开设的培训班数量从十多种逐步增长至约四十种，不少热门课程开有多个班次，参与培训的教职工数量同步倍增，由每学期约300人增至每学期2 000人左右，其中高级职称教职工占比达30%以上。

就具体课程内容而言，在早期以声乐、交谊舞、拉丁恰恰、拳操、钢琴、形体、瑜伽等室内文体活动为主的基础上，2011年新开设了羽毛球、网球、乒乓球等球类培训项目，初步满足了职工对于竞技类体育运动培训的需求。但由于受到活动场地的限制，仍有很多教职工的愿望未能得到达成。在后续发展中，工会集合多方力量开设了更多培训课程，包括摄影及后期制作、插花艺术、篆刻、演讲与朗诵、桥牌、中国画、葡萄酒鉴赏等。与此同时，工会还联络院系，为培训课程请来了更为专业的导师，从课程、师资、保障等方面提升培训质量。如2012年聘请12位体育系教师担任“体育指导员”，2019年邀请巴黎高科法方院长Frédéric TOUMAZET（杜伯泽）开设法国美食，邀请高级茶艺师开设茶艺鉴赏，2020年聘请世界冠军、专业教头担任指导老师。在一系列名师的助阵之下，文体培训班报名格外火热，甚至出现了一座难求的情况。

校工会不断践行“让教职工少跑路，让信息多跑路”的工作理念，2018年首次在线上开展文体培训班报名工作，并在2020年秋季将此项工作嵌入“交我办”平台。自此，文体培训班“一票难求”、热门课程学额被“秒杀”等已成为每学期的固定风景。丰富多彩的文体培训班极大丰富了教职工文化生活，积极促进教职工身心健康。

（三）参与或承办上级活动与赛事

在文体活动方面，工会不断寻求与校外单位的交流，尤其注重融入江川社区、闵行区、上海市，参与从社区到上海市各个级别的活动与赛事，并接受上级工会组织安排做好大型活动与赛事的承办工作。

2007年，上海交大工会集中精力组织开展了参加上海市首届科教工作者运动会的组队报名、分项训练和参与比赛等各项工作。在各单位的支持下和全体参赛人员奋力拼搏下，上海交通大学参赛代表队先后获得了游泳团体冠军、羽毛球冠军、跳绳第一名，乒乓赛第四名，以及参赛团体总分第二名的优异成绩。同时，四个展示项目（木兰双环操、健美操、广播操和太极拳）均获优秀展示奖，上海交大工会获得了优秀组织奖。2012年，工会精心组织、选拔优秀教职医护员工参加第七届上海市教工运动会，并承办了其中的软式排球比赛，荣获中国象棋、乒乓球、羽毛球和游泳四项比赛团体冠军，田径团体第二名，网球第三名。上海交通大学以团体总分698.5的成绩获得团体总分第一名，实现了历史性的突破，同时还获得优秀组织奖和优秀承办奖。2017年，第八届上海市教工运动会召开，校工会承办开幕式及网球比赛。在这场体育盛会中，上海交大工会共组织200余名教职工代表参加龙舟、游泳、田径和趣味运动会等十余项赛事，获得多个项目冠军。上海交大荣获第八届上海市教工运动会团体总分亚军，并被授予“特殊贡献奖”“优秀组织奖”“优秀承办奖”，充分激发了教职工集体荣誉感和爱国荣校热情。

此外，上海交大工会还多次顺利承办上级工会组织的其他活动与赛事。2007年校工会与体育系联合承办“长三角”高校中国象棋暨围棋邀请赛，来自苏、浙、皖、沪三省一市9所学校的70多名师生选手参加了比赛，并分别决出了中国象棋团体总分、围棋团体总分和男女个人成绩的名次。上海交通大学男教工获得了中国象棋团体第一名的好成绩。2008年4月，承办上海市教育系统“和谐之声”合唱比赛。这次比赛有来自各高校、区县和民办学校的23支合唱队和1 000多名合唱队员参加。上海交大教师合唱队在这次比赛中获得了高校组第一名的好成绩。2013年，承办“劳动光荣，圆梦未来”上海市西南片高校教职工文艺汇演活动；2016年，承办上海高校教工合唱展示演唱会荣获最佳演唱奖；2018年，承办上海教工象棋协会精英赛暨女子个人赛。

第六节
评选先进集体与先进个人

一、国家和省部级先进集体与先进个人

2005—2021年间，上海交通大学工会围绕学校推进内涵发展、创新发展的工作主线和“双一流”建设任务，全心全意服务和动员广大教职员工投入学校全面深化综合改革的工作中，积极推进现代大学制度建设。多个集体与教师先进分子获得系统内上级部门的表彰荣誉。同时，校各级工会组织和先进个人也获得上级部门多项表彰荣誉。

（一）先进集体

（1）全国模范职工之家：校工会（2005）。

（2）全国厂务公开民主管理先进单位：上海交通大学（2007）。

（3）全国工人先锋号：海洋工程水池实验室（2014）。

（4）全国工会爱心托管班：“交小苗”暑期成长营（2019，2021）。

（5）中华慈善突出贡献单位奖：上海交通大学（2009）。

（6）全国教科文卫体系统先进工会组织：校工会（2015）。

（7）全国教科文卫体工会系统先进女职工组织：校工会女职工委员会（2008）。

（8）全国民族团结进步模范集体：云南（大理）研究院（2021）。

（9）上海市劳动模范集体：图像通信与网络工程研究所（2010—2014）、归国华侨联合会（2015—2019）。

（10）上海市五一劳动奖状：校工会（2018）。

（11）上海市工人先锋号：高清数字电视技术团队（2008，“抗震救灾重建家园工人先锋号”）、海洋工程水池实验室（2009）、机械系统与振动国家重点实验室（2017）、感知与导航研究所郁文贤团队（2018）、交大智邦科技有限公司团队（2020）、人工智能研究院（2020）、半导体异质集成材料中心（2021）、李政道研究所建设指挥部（2021）。

（12）上海市科教/教育先锋号：海洋工程水池实验室（2009）、机械与动力工程学院工会（2009—2010）、机械系统与振动国家重点实验室（2011—2013）、图像通信与网络工程研究所（2011—2013）、特种材料研究所（2014—2018）。

（13）上海市抗震救灾捐赠特别奖（集体）：上海交通大学（2009）。

（14）上海市劳动关系和谐职工满意企事业单位：上海交通大学（2010—2011）。

（15）上海市文明班组/上海市教育（科教）系统文明班组和文明岗：物理系大学物理教研室获评2005—2006年度上海市文明班组；材料科学与工程学院焊接研究所获评2005—2006年度上海市科教系统文明组室；校本部信访办公室获评2005—2006年度上海市科教系统文明岗。船舶海洋与建筑工程学院海洋工程水池实验室获评2007—2008年度上海市文明班组；学指委思想政治教育研究室获评2007—2008年度上海市教育系统文明班组；后勤集团物业修缮公司闵行校区急修中心主任王桂芳获评2007—2008年度上海市教育系统文明岗。

（二）先进个人

（1）全国劳动模范/全国先进工作者：吴毅雄（2005）、张杰（2005）、邓子新（2010）、王如竹（2015）、樊春海（2020）。

（2）全国五一劳动奖章：邓子新（2008）、王如竹（2013）。

（3）全国模范教师：王如竹（2009）、俞勇（2014）、杨立（2019）。

（4）全国师德标兵：俞勇（2006）。

（5）全国教科文卫体工会系统优秀工会工作者：张增泰（2005）。

（6）全国优秀工会工作者：贾金平（2013）。

（7）全国民族团结进步先进模范个人：田新民（2009，2019）、洪梅（2019）。

（8）“聚合力、促发展”全国优秀职工代表提案：陆佳亮（2020）。

（9）上海市劳动模范/先进工作者：邓子新（2004—2006）、颜德岳（2007—2009）、乐燎原（2010—2014）、樊春海（2010—2014）、贾金平（2015—2019）、刘江来（2015—2019）。

（10）上海市五一劳动奖章：俞勇（2006）、陶梅霞（2014）、贾金锋（2016）、贾金平（2017）、贺光辉（2018）、张荻（2019）、丁奎岭（2020）、刘晓晶（2021）。

（11）上海市十大职工科技创新英才：邓子新（2004—2005）。

（12）上海工匠：马厦飞（2020）。

二、工会及工会工作者荣誉表彰

（一）校工会所获荣誉

（1）2007年度上海市科教系统工会网站交流与评比活动一等奖。

（2）上海市科教工会2006、2007、2008、2010年度“工会信息工作优秀单位”。

（3）2007—2009年度上海市教育系统“优秀工会组织”。

（4）2011—2012年度上海市教育系统工会财务工作评比一等奖。

（5）2012年度上海市总工会经审工作先进集体。

（6）2012年“校园文体竞缤纷”项目获上海市总工会第二届上海职工素质工程品牌。

（二）二级工会所获荣誉

（1）机械与动力工程学院、化学化工学院、获评2003—2005年度上海市科教系统“模范教工小家”。

（2）电子信息与电气工程学院工会获评2005年度上海市“模范职工小家”。

（3）继续教育学院工会、安泰经济与管理学院工会获评2006—2008年度上海市教育系统“模范教工小家”。

（4）机械与动力学院工会获评2009年度上海市“模范职工小家”。

（5）环境科学与工程学院工会、学指委团委工会获评2009—2011年度上海市教育系统“模范教工小家”。

（6）生命科学技术学院工会、图书馆工会获评2012—2014年度上海市教育系统“模范教工小家”。

（7）党务系统工会、船舶海洋与建筑工程学院工会获评2015—2017年度上海市教育系统“模范教工小家”。

（8）分析测试中心工会、物理与天文学院工会获评2018—2020年度上海市教育系统“模范教工小家”。

（三）工会工作者所获荣誉

（1）潘国礼获评“2004—2006年度上海市科教系统支持工会工作好领导”。

（2）倪浩获评“2004—2006年度上海市科教系统优秀工会工作者”。

（3）王德忠获评“2004—2006年度上海市科教系统优秀工会积极分子”。

（4）喜苏南、谢立平获评“2007—2009年度上海市教育系统优秀工会积极分子”。

（5）倪浩获评“2008年度上海市工会组建工作先进个人”“2008年度上海市教育系统心系女职工好领导”。

（6）张安胜获评“2010—2013年度上海市教育系统心系教职工的好领导”。

（7）吴刚获评“2010—2013年度上海市教育系统优秀工会工作者”。

（8）张杰（工会）、孟雁、莫光成、朱晓岚、武邦涛、缪永红、李志勇、谢立平、赵苏海、喜苏南、顾江、陆莲芳、季莲获评“2010—2013年度上海市教育系统优秀工会积极分子”。

（9）陆莲芳获评“2013年度上海市教育系统优秀妇女工作者”。

（10）张安胜获评“2014—2018年度上海市教育系统心系教职工的好领导”。

（11）罗莹获评“2014—2018年度上海市教育系统优秀工会工作者”。

（12）赵社戌、杨一帆、孟雁、王新灵、谢立平、郭俊华、吴淑琴、喜苏南、王华博、孙小芬、季莲获评“2014—2018年度上海市教育系统优秀工会积极分子”。

（13）贾金平获评“2017年度上海市优秀工会工作者标兵”。

（14）于朝阳获评“2018年度上海市教育系统优秀工会工作者”。

补 记

七轶风雨兼程，弦歌赓续；七轶筚路蓝缕，春华秋实。校工会在学校党政和上级工会的坚强领导下，坚定理想信念、坚守初心使命，持续发扬工会组织围绕中心、服务大局的优良传统，为校分忧、为校尽责、为校奉献，走过了70年光辉岁月。一代又一代交大工会人秉持“敢为人先、追求卓越”的精神品质，励精图治、奋发图强、甘为人梯、敬业奉献，以昂扬向上的精神状态、开拓进取的奋斗姿态，全身心投入一流大学一流工会建设事业，推动交大工会发展走在全国高校前列，既为工会一域增光，又为学校全局添彩。

忆往昔峥嵘岁月，看今朝再谱华章。本书详实记载了1949—2021年间交大工会的发展历程，时间跨度从交大临时工会委员会成立至第十二届工会委员会届满之时。岁月不居，时节如流，转瞬间距本书2023年4月出版之时，又过去了近两年。这期间，恰逢中国共产党建党100周年、党的二十大胜利召开等重大历史事件。举国上下掀起了学习贯彻落实伟大建党精神、党的二十大精神的热潮，全党全国各族人民豪情满怀，壮志昂扬，迈上全面建设社会主义现代化国家新征程。在此背景下，上海交通大学第八届教职工代表大会暨第十三届工会会员代表大会第一次会议、第二次会议相继召开，盛况空前，影响深远，意义重大，是校工会事业发展史上承上启下、继往开来的重要事件，将交大工会事业发展推向新的高潮。若略去不记，史册留白，甚为遗憾。遂补记于此，以启未来，以匡盛业。

2021年5月26日—6月16日，上海交通大学第八届教职工代表大会暨第十三届工会会员代表大会第一次会议在闵行校区菁菁堂成功举行，中国教科文卫体工会主席、分党组书记章国贤，上海市教卫工作党委副书记、市教育工会主席滕建勇，上海市总工会副主席桂晓燕，中华全国总工会执行委员会委员、清华大学党委常委、工会主席王岩，上海市教育工会副主席吉启华，中国教科文卫体工会办公室副主任郎佩剑等应邀出席。上海交通大学党委书记杨振斌，校长林忠钦，校领导张安胜、徐学敏、奚立峰、周承、毛军发、王伟明、吴旦、仰颐、吴静怡，教代会常设主席团秘书长、校工会主席于朝阳，以及来自学校各单位、各条战线的450余名代表出席会议。

会上，章国贤代表中国教科文卫体工会，对会议的召开表示祝贺，他高度肯定了过去六年来上海交通大学工会在校党委领导下做出的优异成绩，为全国高校系统工会工作创造了好经验、好做法。会议期间，章国贤还重点调研了上海交大“智慧工会”建设，充分肯定交大探索出了可复制的智慧工会建设的成果经验。林忠钦以《勇担使命开新局 凝心聚力攀高峰》为题作学校工作报告。奚立峰作学校财务年度工作报告。于朝阳以《凝心聚力 接续奋斗 开创一流大学一流工会工作新局面》为题，作第七届教代会与第十二届工会委员会工作报告。规划发展处处长陈建平作《上海交通大学“十四五”发展战略规划》报告。大会以无记名投票方式选举产生了上海交通大学第十三届工会委员会和工会经费审查委员会委员。选举结果如下，第十三届工会委员会委员名单：于朝阳、王光艳、王秋华、齐红、孙丽珍、苏卓君、杜夏明、杨颉、汪后继、张帆、张杰、陈鹏、林立涛、周薇、郑敏、孟雁、赵震、胡薇薇、侯士兵、姜文宁、顾建平、徐汝明、徐放、徐剑波、徐海光、蒋立峰、蒋兴浩、管海兵、戴宝印。于朝阳当选为第十三届工会委员会主席（专职），李心刚、杜夏明为副主席（专职），苏卓君、徐汝明、顾建平、徐海光为兼职副主席。第十三届工会经费审查委员会委员名单：方淑津、李维、杨一帆、杨升荣、吴淑琴、胡勇军、夏立军。李维当选为工会经费审查委员会主任，方淑津为副主任。

本次大会实现了提案工作全链条管理，首次向全校教职工公开提案，开发线上提案系统并在“交我办”APP上线。为庆祝建党百年，推出100个精彩回忆，记录工会六年来的坚实足迹；组织8期《我的“十四五”》教代会专栏，邀请代表们建言献策，《中国教工》专栏、全总工会官方公众号等刊发双代会内容，《劳动报》以《上交大“双一流”大学建设中的工会力量》为题给与整版报道，会议的规模空前宏大，影响力达历史之最。11月29日，第八届教代会第一次联席会议举行，通过了《上海交通大学劳动聘用人员建立企业年金方案》并形成决议，切实提高在职的劳动聘用人员归属感。

第八届教代会暨第十三届工代会第一次会议的召开恰逢中国共产党成立100周年，是全面贯彻习近平新时代中国特色社会主义思想和党的十九大精神，深入学习学校第十一次党代会精神，落实学校“十四五”规划部署，谋划新时期交大工会工作的大事，对团结带领广大教职工在新时代新征程中建功立业、推动学校教育事业高质量发展具有重要意义。

图1　2021年5月26日—6月16日上海交通大学第八届教职工代表大会暨第十三届工会会员代表大会第一次会议在闵行校区菁菁堂召开

图2　中国教科文卫体工会主席章国贤致辞

图3　上海市教卫工作党委副书记、市教育工会主席滕建勇致辞

图4　中华全国总工会执行委员会委员、清华大学党委常委、工会主席王岩致辞

图5　上海市总工会副主席桂晓燕出席

图6　上海交通大学党委书记杨振斌在闭幕会上讲话

图7　上海交通大学校长林忠钦以《勇担使命开新局 凝心聚力攀高峰》为题作学校工作报告

图8　上海交通大学副校长张安胜主持开幕会

图9　上海交通大学副校长奚立峰作学校财务年度工作报告

图10　上海交通大学工会主席于朝阳以《凝心聚力　接续奋斗　开创一流大学一流工会工作新局面》为题，作第七届教代会与第十二届工会委员会工作报告

图11　上海交通大学规划发展处处长陈建平作《上海交通大学“十四五”发展战略规划》报告

图12　教代会代表投票

图13　教代会代表首次线上签到

图14　大会主席台

图15 校领导与部分教代会代表合影

2022年10月党的二十大的召开，擘画了全面建成社会主义现代化强国、以中国式现代化全面推进中华民族伟大复兴的宏伟蓝图，为新时代新征程党和国家事业发展、实现第二个百年奋斗目标指明了前进方向、确立了行动指南，同时对党的群团工作，特别是对工人阶级和工会工作提出了许多新思想新任务新要求。习近平总书记在党的二十大报告中明确指出："全过程人民民主是社会主义民主政治的本质属性，是最广泛、最真实、最管用的民主""深化工会、共青团、妇联等群团组织改革和建设，有效发挥桥梁纽带作用""基层民主是全过程人民民主的重要体现""全心全意依靠工人阶级，健全以职工代表大会为基本形式的企事业单位民主管理制度，维护职工合法权益"，进一步明确了工会工作的职责定位和工作任务，扎实推进新时代工会工作建设，为在民主管理上推进全面建设社会主义现代化国家新征程贡献工会力量。党的二十大报告和习近平总书记关于工人阶级和工会工作的重要论述，为新时代工会工作指明方向、注入强劲动力，为新时代党的工运理论奠定了坚实根基，为新时代工会工作高质量发展提供了根本遵循。

在全国深入学习贯彻落实党的二十大精神之际，2022年11月9—16日，上海交通大学第八届教职工代表大会暨第十三届工会会员代表大会第二次会议召开。上海交通大学党委书记杨振斌，校长林忠钦以及来自学校各单位、各条战线的379名代表出席会议。林忠钦以《踔厉奋发勇担当 昂扬奋进新征程》为题作学校工作报告。奚立峰作学校财务年度工作报告。于朝阳以《踔厉奋发、勇毅前行，团结凝聚全校教职工在新时代建功立业》为题作教代会与工会年度工作报告。这些报告展现了过去一年半在学校党委的坚强领导下、在广大教职医务员工的共同努力下，学校统筹疫情防控和改革发展稳定各项工作取得的骄人成绩和突破。会议表决通过了《上海交通大学章程（审议稿）》，这是深入推进依法治校进程中的重要里程碑，进一步完善了以章程为核心的学校制度体系建设。会议期间，回顾梳理了自2021年5月至2022年11月交大工会的“二十个坚实足迹”，在校工会官方微信公众号平台上分“十项实事”、“十项突破”两期推出，以点带面记录工会在疫情防控、思政引领、民主管理、民生帮扶、文化建设、基础教育、自身建设等方面的奋进之路，凝心聚力踏上新征程！

图16　2022年11月9—16日上海交通大学第八届教职工代表大会暨第十三届工会会员代表大会第二次会议在闵行校区菁菁堂举行

图17 全体代表在国歌声中起立

图18 在前排就坐的校领导

图19 代表们认真聆听报告

图20 教代会代表举手表决

尤其值得一提的是，在2022年上半年学校疫情防控阻击战中，校工会主动担当，积极作为，把助力校园防疫作为重中之重，想方设法做好教职工基本防护、生活需求物资保障和心理保健等工作，为坚决打赢疫情防控阻击战贡献工会力量。一方面，落实首批校内捐赠物资，开通防疫物资专属采购通道。主动承接校外隔离点2 033名师生的物资采购配送任务；为校内驻守一线教职工以及附属医院、校内核酸采样人员采购封控期间生活必需品共计21.5万元；推出交大专属抗疫菜篮礼包下单3 080件；面向师生推出免费领取新冠赠险渠道，2天时间6 330人领取；组建社区团购群33个，先后采购2 316份果蔬；下拨二级工会疫情防控专项经费累计180万元。另一方面，为丰富教职工生活，倡导健康生活习惯，工会服务“不断线”，各类线上文体活动、心理服务、法律咨询活动精彩不停。会同四所交大工会联动举办一校一堂居家在线课程以及80件教工战疫作品联展等同心“赶”疫系列活动；春季学期推出3门线上教职工文体培训班以及抗疫健身、收纳整理、居家美食制作、亲子课程等云上好课107场，超万人次教职工参与；邀请上海市精神卫生中心专家医师开展10余场线上心理咨询直播，186人次受益，并开通儿童医院、九院等线上问诊渠道，269人次问诊；组织各教工文体协会成员、文艺爱好者创作356件诗文书画以“艺”战疫；开设交大守“沪”者专栏，发表50余篇推文，广泛宣传奋战在学校与社区抗疫一线的教职工先进事迹等。真正做到想教工所想，急教工所急，为交大师生提供全方位的守护。

回望来时之路，历史弥足珍贵；眺望前方征途，未来精彩可期。雄关漫道真如铁，而今迈步从头越。党的二十大吹响了新时代新征程奋勇前进的号角，新时代工人阶级和工会工作任重道远。进取恰逢盛世，奋斗正当其时，撸起袖子加油干、风雨无阻向前行。校工会将以第八届教代会暨第十三届工代会为新起点，坚定信念，永葆初心，进一步增强学习领会贯彻落实党的二十大精神的自觉性和坚定性，找准工会贯彻落实党的二十大精神的切入点、结合点、着力点，以百折不挠的韧劲、勇于开拓的闯劲、昂扬奋进的拼劲，围绕中心聚合力、服务大局勇担当，凝聚广大教职医务员工奋进新时代的磅礴力量，为推进中国式现代化教育事业高质量发展建功立业，为学校开启迈向世界一流大学前列新征程、建设一流工会而只争朝夕、奋勇前行，以新时代的新作为开创交大工会工作新局面，书写上海交大工会事业发展崭新篇章！

大事记

1949
—
2021

1949年

7月28日　交通大学教授会举行了第一次新理事会。

11月21日　员工会筹委会成立。

1950年

1月5日　交通大学举行员工会代表大会。

3月7日　在上海市总工会的指示下，交通大学员工会筹备会更名为交通大学教育工作者工会筹备委员会（简称工会筹备会）。

4月8日　交通大学第54周年校庆暨工会成立仪式正式举行。

4月21日　工会筹备会第38次会议通过提交第一届师生员工代表会议的各项报告，决定22日召开代表会议。

4月22—24日　第一届师生员工代表会议召开，华东教育部副部长唐守愚出席并作报告。

12月6日　学生会及工会代表分别汇报本周抗美援朝运动的情况，校委会积极听取，鼓励青年参加军事干部学校。

12月11日　校委会倡议全市教育工作者联合捐赠“上海教工号”飞机，得到上海教育同仁的广泛支持。

1951年

2月　校工会创办交大幼儿园，园址设在徐汇校区东一楼宿舍处（现教师活动中心位置）。

3月22日　校委会第93次会议听取汪旭庄关于“动员教职工参加土改工作”的报告，并通过学代会关于“加强防匪、反特、保护学校安全”的报告，成立安全委员会。

4月1日　校委会印发《教职工爱国行动纲领》（草案）。

5月25日　交通大学召开第一次教员代表会议，要求每个教员搞好教学，改进教学方法。

7月14日　校委会、军干校报送委员会、工会、学生会、团委会等就毕业生和参干学生的问题在文治堂召开会议。

是年　学校为工人与职工家属设立“文化夜校”。至1955年，“文化夜校”更名为“职工业余中学”。

1952年

7月29日—8月3日　交通大学师生员工代表会议顺利召开。

12月30日　校委会召开会议，党委领导提出关于选举学校出席“上海市第三届各界人民代表会议”候选人名单及相关选举日程安排，决定于1953年1月6日召开选举代表大会。

1953年

6月20—21日　在新文治堂举行第一次教学大讨论大会。

7月1日　《交大》校刊出版创刊号，彭康校长、陈石英副校长指示党、团、工会群众团体的工作活动状况是报刊的主要内容组成部分。

10月10日　校长发表声明："中央教育部1950年所颁布的《高等学校暂行规定》中规定：在校长领导下设立校务委员会……其中工会所选代表2人。"

12月　成立临时工会委员会。

1954年

4月1日　交大工会基层委员会下设组织工作、宣传工作、劳保工作、文娱体育、业务工作、财务工作、教学部门七个工作委员会。

4月17日　召开第一次工会会员代表大会。

4月28—30日　临时工会委员会进行改选，选举产生第一届工会委员会。

7月6日　上海市人民政府教育局致函交大，指出解放后文治中学由交大工会主办，并由殷大钧任校长。

9月7日　工会决定创办小学一所，并定名为“交大新邨小学”。20日，经市教育局函复同意。

10月30日 工会教学部门委员会召开第一次小组会议，讨论座谈教学过程中贯彻思想教育的重要性。

11月6日 工会第四行政部门委员会（包括职员、教辅）各小组分别讨论了有关职工办公守则的几项暂行规定（草案）。

11月13日 工会召开贯彻教师工作量制度座谈会。

12月15日 工会业务工作委员会召开座谈会，探讨教师如何向学生进行政治思想教育，通过了5项建议。

1955年

2月19日 工会基层委员会举行全体委员会扩大会议，讨论学期工会工作计划。

4月初 高教部部务会议文件《1955年到1957年高等学校院系调整及新建学校计划（草案）》明确提出“将交通大学内迁西安”。

5月初 彭康与副教务长朱物华、总务长任梦林及程孝刚、周志宏、钟兆琳、朱麟五等老教授一行赴西安近郊勘察新校址选址。

5月25日 校务委员会召开扩大会议，讨论执行中央关于交大迁校的决定，通过《交大校务委员会关于迁校问题的决定》。

9月24日 学校正式成立交通大学迁校委员会，领导全校搬迁工作。工会主席赵富鑫是迁校委员会成员。

11月24日 校务委员会讨论通过《交通大学迁校方案》。

1956年

4月25日 工会举行欢送周铭教授赴京参加全国先进生产者会议的欢送会。

5月5日 工会举行第二届会员代表大会。

6月20日 工会基层委员会举行扩大会议。

12月　工会在“工会生活”油印刊物上阐释学校工资改革工作的方针、政策和原则，同时设立工资改革接待室。

1957年

4月　工会举行全体动员大会，对迁校工作进行动员，并传达上海市教育工会第二次代表大会的精神。

7月　西安市工会为交大全体教工写了一封公开信，信中对交大在西迁过程中克服了种种困难并仍能维持正常教学工作表示深切的关怀和慰问。

9月11日　交大（上海部分）召开教职工大会。

9月末　工会和学生会为全校师生员工精心筹备联谊活动、交谊舞会、观看电影多种活动。

11月10日　校党委召开工会干部会议讨论全国整风运动背景下工会的整改问题。

1958年

1月20日　工会主席周志诚在教职工大会上汇报工会参与整改的过程与取得的效果。

3月21日—4月4日　交大（上海部分）召开第三届工会会员代表大会。

4月12日　第三届工会委员会举行第一次全体会议。

5月9日　工会举行全体会员大会。

1959年

4月18—19日　学校召开工会会员代表大会。

1960年

1月28日　全校教职工在体育馆举行春节团拜。

3月8日　学校全体女教职工向工会送出近200个献礼项目，包括科研论文、成果（产品）及技术革新、新编教材、讲义和幼儿园女教师制作的儿童玩具等。

4月13日 召开全校教职员工大会。

1961年

11月17日 召开工会会员代表大会。

1978年

9月 夏安世、任肇鉴（时任校工会办公室主任）参加上海市第六次工会代表大会。

10月12日 夏安世出席全国工会第九次代表大会。

11月18日 校工会举行第四届工会委员会恢复会议。

11月24日 上海交通大学召开全校教职工大会。校党委宣布交大教育工会正式恢复。

1979年

2月26日 校党委批准成立上海交通大学妇女工作委员会。

3月27日 校工会下发《关于整建工会工作的意见》。

10月16日 学校组织广大学生和教职工参加长跑活动。

10月 校工会召开二级单位福利委员会议，讨论筹建膳食委员会事宜。

12月中旬 校工会与华山路菜场挂钩，从12月中旬起对学校职工供应包菜（每月18元）和星期例假菜。

是年 校工会成立话剧团。

1980年

1月 校工会召开工会干部会议，号召各二级单位结合整顿交大“互助储金会”，动员教职工踊跃参加互助储金。

4月26—29日 上海交通大学第五届工会会员代表大会召开。

5月9日 校工会业务委员会和科技外语系开始试办“英语听说自修班”。

12月31日 校工会、团委、学生会联合举办青年教师、青年工人庆祝元旦游艺活动，300余人参加。

1981年

1月1日 校工会组织教工文艺会演，来自7个二级单位的50多名教工参加演出。

2月上旬 校工会与团委联合举行“上海交大青工数学竞赛”。

9月8日 校工会召开基层负责人会议，讨论“房屋分配办法”（草案）。

11月6日 校工会业务委员会在工会阅览室召开教师座谈会，近30名在教学第一线的教师代表参加座谈。

是年 校工会启动“为人师表，教书育人”活动。

1982年

3月 在“文明礼貌月”活动中，校工会向全校教师提出“教书育人，身教言教”具体要求。

4月12日 埃及工人工会总联合代表团一行3人造访上海交通大学。

4月23—24日 学校举行第23届田径运动会。

5月7日 上海交通大学工会五届二次代表大会召开。

8月6—12日 校工会在浙东雁荡山召开“教书育人经验交流会”。

9月28日 校工会举办大型教书育人座谈会，近300人参加。

是年 校工会在青工中开展“振兴中华”读书活动，并与“谁最爱我们伟大的祖国”百科知识竞赛有奖活动相结合，吸引了1 000多名青工参加。

1983年

7月26—31日 校工会在浙东雁荡山召开“如何开创工会工作和班主任

工作的新局面”座谈会。

8月31日 校工会召开全校工会小组长以上近300人的干部会议，传达上海市第七届工代会和校工会召开的暑期雁荡山工会工作座谈会精神。

10月28日 校工会在大礼堂举行“十月歌会”，学校师生员工1 500余人参加。

11月22—23日 上海交通大学首届教职工代表大会召开。

11月29日 上海交通大学第六届工会会员代表大会召开。

12月 校工会、妇委会召开纪念毛泽东诞辰90周年大型座谈会。

是年 校工会成立教工合唱团。

1984年

5月3日 校工会召开纪念“五四”振兴中华读书表彰会。

5月17日 上海交通大学首届二次教职工代表大会召开。

5月18日 校妇委会、工会联合召开“知识妇女大型座谈会”，150多人参加。

10月26—27日 上海交通大学首届三次教职工代表大会召开。

11月16日—12月8日 校工会举行全校中国象棋选拔比赛，选出由严国兆等8人组成的校工会教职工象棋队。

11月27—30日 中国教育工会在上海交大召开“推广教代会制度现场会”。

12月23日 上海交通大学“老年之家”在徐虹路交大新村正式开放。

是年 校工会在全国高校工会中首先提出“教书育人”“服务育人”“管理育人”“三育人”口号。

1985年

1月1日 为增强二级工会工作的活力，校工会提出了“经费下放，分级管理”的办法，并经市教育工会批准试行。该办法规定会费的90%下放给二级工会。

2月21日　学校举行春节团拜会。校顾问、中科院学部委员朱物华、周志宏向执教40年的王祖佑、陈铁云、单基乾、孙璧媃、张震、马家瑞、吴硕麟、吴镇、余传文9位教授授予由中共中央政治局委员、校务委员会主任王震签发的荣誉证书和学校颁发的纪念章。王震发来贺电，市领导赵祖康、杨恺等到会祝贺。

4月　校工会举办“献身改革，振兴中华”知识竞赛。

5月31日　校教工艺术团正式成立。

9月10日　学校在大礼堂隆重庆祝第一个教师节。王震发来贺电，交大1947届校友、上海市市长江泽民，市委常委陈铁迪等领导出席大会。江泽民为大会题词“华怡同志精神不朽”。

9月28日　校工会召开“交大青年教师会”成立大会。

10月　校工会请“老年之家”办了一个民办公助性质的托儿所，缓解教职工子女入托难矛盾。

11月19日　校工会召开工作经验交流会。中国教育工会办公室主任范立祥、市教育工会副主席鲁巧英等，以及各兄弟院校200多位代表参加会议。

1986年

1月17—18日　上海市教育工会在上海交大召开验收“教工之家”现场会，校工会荣获“教工之家”称号及合格证书。

5月23日　“上海交大退休教师协会”成立。

6月1日　校工会在交大子弟小学设立“苗苗奖”。

9月10日　学校召开庆祝第二届教师节大会，表彰了222名教学优秀教师，并对90名教师颁发30年教龄证书。

10月4日　由市教卫办及市教育工会联合召开的“女领导与女博士座谈会”在上海交大教师活动中心举行。

11月7—8日　教工运动会在学校民主广场举行，这是校工会首次单独举行全校教工运动会。共3 500人参加单项比赛、团体项目和广播操比赛。

1987年

1月3日 上海交通大学党委副书记、原校工会主席陆中庸代表学校祝贺朱物华教授八十五寿辰并执教六十年。

4月26日—5月2日 季学玉出席中国教育工会第三次全国代表大会。

6月20日 上海交通大学第七届工会会员代表大会召开。

9月9日 学校举行第三届教师节大会，向执教30年的教师颁发荣誉证书，并表彰在教书育人过程中成绩突出的先进集体和个人。

11月12日 上海市顾问委员会委员、原校党委书记邓旭初及校工会干部前往江苏太仓，祝贺学校退休老工人朱洪福百岁寿辰。校工会向朱老赠送刻有“福寿骈臻”4字的寿章。

12月25日 校工会和党委宣传部在大礼堂举行教职工歌咏比赛。

是年 校工会设立“上海交通大学中、小、幼教师奖励基金”。

1988年

1月3日 上海交通大学第二届教职工代表大会开幕，并在1月15日召开二届一次会议。

1月8日 校工会组织教职工2 000多人参加1988年迎春长跑赛。

4月24日 在闵行举行二部首届运动会。432名学生参加12个学生项目，157名教工参加7个教工群体项目。

5月 校工会成立“上海交大教工艺术团”。

9月9日 学校在大礼堂举行庆祝第四届教师节活动，表彰一批校教学优秀奖、班主任工作优秀奖、优秀学生政工干部奖、研究生优秀导师奖、科研工作奖的获得者，先进实验室集体和个人，校文明单位，宣布授予科技外语系教学特别奖的决定。

10月14日 “上海交大退休教职工管理委员会”成立，副校长张定海任主任。

10月27日　校工会牵头设立“交大青年教师优秀教学、科研论文和成果奖”基金。

11月4—5日　上海交通大学第二届教职工运动会举行。

12月　校工会组织教工艺术团参加交大文化艺术节专场演出。

是年　校工会提出“权限下放，经费包干”的改革办法，在学校成功试点。

1989年

3月　校工会参与筹建的徐汇校区和交大新村、虹桥路84弄、虹桥路50弄、南丹路286弄和番禺路等的闭路电视系统建成并投入使用。

4月7日　上海交通大学二届二次教职工代表大会开幕。

4月　首届“交大青年教师优秀教学、科研论文和成果奖”评出一等奖3人、二等奖7人、三等奖23人、鼓励奖27人。

5月　校工会、宣传部、文学艺术系联合举办“首届交大教职工业余爱好展示会”。

9月9日　学校举行庆祝第五届教师节活动，召开教师座谈会，向81位30年教龄的老教师颁发荣誉证书。

11月18日　《文汇报》以《教书育人、服务育人、管理育人》为题，报道了上海交大组织德育队伍加强思想政治工作的事迹。

1990年

2月24日　校工会与团委联名发出“学习唐坤发，振兴我中华”的倡议。

3月30日　校工会发起设立的“交大青年教师优秀教学、科研论文和成果奖”举行首次颁奖仪式。

4月2—3日　校党委书记何友声分别邀请学校新当选的徐汇区、闵行区人民代表座谈，共商如何发挥人民代表参政议政的作用。

4月14日　校工会举行交大“青铜杯”教工足球赛。

5月11日　校工会组织30多个单位共400多人参加“学习雷锋，为您服务”队。

10月22日　校工会提出婚、育、寿、病、伤、亡、灾、献（血）、退（离退休）、出（国）“十必访”（家访）措施。

11月2日　第三届教工运动会开幕，千人广播操首开比赛。

是年　校工会开始实行每月一次接待师生的制度。每月5日上午，校工会领导和校内的区人民代表在校工会办公室接待师生来访。

1991年

1月10日“上海交通大学教工合唱团”与南京路上好八连座谈，并在八连驻地礼堂同台歌唱。

4月2日—5月17日　上海交通大学二届三次教职工代表大会召开。

7月1日　校工会组织全校性歌咏比赛，庆祝中国共产党成立七十周年，受到上海市委宣传部和市文化局表彰。

9月　学校举行庆祝第七届教师节暨表彰大会。

11月　在上海市教育工会等单位与上海交大联合举办的上海市“佳友杯”教工象棋团体赛中，上海交大教工象棋队获亚军。

12月31日　学校成立老龄工作委员会，同时撤销老干部工作委员会及退休职工管理委员会。

1992年

4月22日　上海市教育工会在上海交大召开“上海市教育工会暑假休息休养工作会议”。

5月6日　校工会、宣传部、学指委和团委在闵行校区留园举行庆“五·四”教工联欢晚会。

7月　校工会与人事处、妇委会联合发起的为子弟小学教学楼加层募捐活动完成集资任务，9月10日交大教工子弟在加层后的教学楼里开学。

9月10日　学校召开庆祝第八届教师节暨考核评估总结大会。14个先进单位和450位个人受表彰。

10月29日—11月13日　上海交通大学第三届教职工代表大会召开。

11月17日　上海交通大学第八届工会会员代表大会召开。

是年　上海交通大学开始从住房的无偿分配向筹资建房分房制度改革。

1993年

7月起　校工会开始在全校二级工会中开展建设“教工小家”活动。

8月25日　校工会拟定《上海交通大学工会、妇委会机关改革方案（草案）》。

9月10日　学校举行庆祝第九届教师节大会。表彰国家优秀教学成果奖获得者、全国劳动模范、全国优秀教师和优秀教育工作者、“三育人奖”等16种奖励的获得者400余人。

12月2—17日　上海交通大学三届二次教代会召开。

是年　在学校和上海市教育工会支持下，校工会自筹资金近百万元，改建了一个现代化的教工俱乐部。

是年　学校制定《上海交通大学1993年机关改革实施意见》。

1994年

1月20日　在交大新村建立家属委员会，加强新村管理工作。

5月4日　“青年教师学术交流联谊会”成立。

7月16—21日　教工合唱团在京参加文化部艺术局主办的《为了明天和平友谊——中国国际合唱节》。《新民晚报》《解放日报》等媒体多次报道合唱团在京演出盛况。

9月9日　第十届教师节纪念大会在徐汇校区大礼堂召开，表彰各类先进教师200余人，向30年教龄的教师颁发荣誉证书。

10月21日　校工会在徐汇校区工会俱乐部为在“1994年上海教师艺术

节”获奖人员举行庆功会。

10月24日 学校设立“上海交通大学教职工爱心助学奖学金”。

10月 校工会积极响应上海市政府的号召，发动教工为云南灾区人民献爱心。

1995年

2月9日 中共上海市委办公厅《信息快报》第27期刊载校工会“十必访”关心教职工的制度。

5月16—23日 上海交通大学三届三次教代会召开。

6月20日 校退管会退休教职工合唱团在参加上海市高校退管会纪念抗日战争胜利50周年歌咏比赛上，获得上海市教委颁发的优秀奖。

9月8日 学校举行庆祝第十一届教师节暨表彰大会，表彰年度获得全国、上海市和全校等各级奖励的优秀教师492名。

是年 校工会会同教务处在35岁以下的中青年教师中开展“教学能手”和“教学新秀”竞赛评比活动。

1996年

3月26日 调整充实校老年工作委员会，主任为蒋秀明（兼），副主任为张定海、盛焕烨、季学玉、李东裕、刘玉春、张松祥，委员10人。

6月24日 徐汇校区“教工之家——铁生馆”奠基典礼举行。

9月9日 庆祝第十二届教师节暨优秀教师表彰大会在包图演讲厅举行，表彰了各级获奖教师341名。

11月27日—12月27日 上海交通大学三届四次教职工代表大会召开。

是年 校工会在上海市高校中率先设立以300万元为基础的“上海交通大学教职工医疗互助补充保险基金”。

是年 校工会与红十字会联手发起设立“上海交通大学教职工慈善帮困基金”，并成立上海交通大学慈善帮困基金理事会。

1997年

1月1日　“上海交大教职工医疗互助补充保险基金”开始实行。

1月8日　校工会经与松江县粮食局挂钩，为全校7 000余名教职工送上松江新大米。

3月29日　校工会举办“迎香港回归，迎十五大召开，迎八运会”的“三迎”越野自行车拉练活动，500余人参加。

6月30日　教工合唱团到外滩参加上海市“迎回归，颂祖国”百万人歌咏活动。

9月9日　学校举行第十三届教师节庆祝会，表彰1996—1997学年度在教学上有突出贡献的124名教师。

10月27日　校工会响应上海市政府关于募集衣被支援云南、重庆受灾地区的号召，将募集到的2万多件、总重4 581千克衣被分别送到徐汇区和闵行区指定地点。

1998年

1月1日　上海交通大学停止无偿实物分配住房政策，开始试行住房货币化分配的改革方案。

4月8日　由1938届校友秦本鉴、孙琇莹夫妇捐资50万美元建造的“教工之家——铁生馆”落成。

4月30日　成立以教工邓小平理论研究会（简称邓研会）及人文社会科学院为核心的邓小平理论研究所。

9月9日　学校举行第十四届教师节庆祝会，近300名教师获得各项奖励。

6月12日　上海交通大学第九届工会会员代表大会召开。

12月2日　上海交通大学第四届教职工代表大会召开。

1999年

4月16日　由上海市教育工会江晨清主席、吴采兰副主席带领验收小组到上海交大工会验收“教工之家”情况。

5月4日　由上海交大20位市级以上劳动模范组成的“劳动模范联谊会”举行成立仪式。

7月15日　以“学生在我心中”为主题的演讲比赛在徐汇校区工会俱乐部召开，各二级工会选派参加演讲的选手共13名，齐红、陆菁、杨一帆获得一等奖。

9月1日　上海农学院并入上海交通大学，原上海农学院工会成为上海交通大学工会所属二级工会之一。

9月9日　在庆祝第十五届教师节大会上，谢绳武校长对实施“交大新三年规划”（“985”工程）作全面动员。

9月28日　新中国成立50大庆的前夕，校工会邀请全校200位共和国的同龄人参加“看上海，话责任，展未来”的欢聚活动。

10月15日　在徐汇校区文治堂召开全校离退休老同志“庆祝国际老年人年暨老年节”大会。下午，由校工会、老干部处、退管办联合在松江江秋度假村举办了教职工50年金婚纪念活动。

10月25日　校工会、校红十字会发出“募集衣被，支援灾区”通知，动员全校教职工把家中多余衣被送往徐汇校区和闵行校区集中点。

12月　校工会出版迎澳门回归宣传橱窗、举办“迎回归，颂祖国”演讲比赛、举行迎澳门回归象征性长跑活动。

2000年

4月26日　上海交通大学四届二次教职工代表大会开幕。

4月　上海海洋水下工程科学研究院并入上海交通大学，原上海海洋水下工程科学研究院工会成为上海交通大学工会所属二级工会之一。

9月7日　校工会在徐汇校区铁生馆举办庆祝第十六届教师节舞会。

9月15日　上海市老年大学交大分校在徐汇区铁生馆召开成立大会暨开学典礼。

12月27日　校工会举办“爱国荣校，与日俱进——昂首跨入新世纪”文艺汇演。

12月　校工会举办“跨进新世纪——我怎样当教师”演讲比赛。

是年　校工会对“铁生馆——教工之家”进行全面装修，设立了10个活动室，为教工提供文体活动的场所。

2001年

3月2日　上海市各大学女教授联谊会会长、秘书长工作交流会在交大召开，会上陈陈教授汇报交大联谊会活动概况。

3月　校工会参与筹建“上海市老年大学上海交大分校”。

6月20日　纪念中国共产党成立80周年——上海女教师“唱支山歌给党听”双语朗诵比赛在上海交大徐汇校区铁生馆举行。

6月22日　首届青年教师讲课竞赛举行，十位教师获奖。

7月16—22日　由校工会主席季学玉和农学院党委书记董小明带队，农学院一批农业专家20人组成的“智力军团”，到安徽大别山区开展“科技扶贫”活动。

9月10日　学校在徐汇校区铁生馆群艺厅召开“肩负时代重任”——纪念第十七届教师节座谈会。

9月18日　校工会文艺部组织的节目朗诵《世纪回眸》参加在上海大剧院举行的“阳光·大地·绿叶”2001年上海市教师文艺汇演。

11月9—10日　全校教工运动会举行，2 000余人参赛。

11月28日　上海交通大学四届三次教职工代表大会开幕。

12月31日　校党委宣传部、文明办、工会、人事处、图书馆联合发出《关于举办“捐书助教、学先进、铸师德活动”的倡议》。

2002年

6月7日　校工会举办学习《工会法》知识竞赛规则，组织二级工会工作人员参赛。

9月10日　第十八届教师节暨先进教师表彰会在徐汇校区铁生馆举行，表彰国家10项优秀教学成果奖、俞勇等4名上海交大“师德标兵”、周玲玲等10名上海交大“教学新秀”、上海交大先进教师和上海交大实验室先进工作者等。

9月底　校工会在徐汇校区铁生馆举办“迎国庆、迎十六大”劳模座谈会。校劳模会会长丁文江和全国劳模、上海市劳模20多人出席会议。

10月17日　学校下发由校工会起草制定的《上海交通大学关于全面推进校务公开工作的实施意见》。

11月20日—12月18日　校工会和党校联合举办工会干部学习十六大精神专题培训班。

12月30日—2003年1月8日　上海交通大学四届四次教职工代表大会召开。

是年　学校逐步建立健全校工会专兼职正副主席会议、全体委员会议以及二级工会主席例会的制度。

2003年

4月3日　由党委办公室和校工会联合召开的上海交通大学二级民主管理工作会议在七宝校区举行。

4月29日　校工会在徐汇校区铁生馆召开防治“非典”工作会议。

5月21日　校工会网页正式开通。

同日　“上海交通大学工会法律咨询室”举行揭牌仪式。

9月8日　由上海市教育工会和妇工委主办，校工会和妇委会协办的上海市“优秀女青年教师成才资助金”启动仪式在徐汇校区浩然高科技大厦举行。校工会和妇委会对21位获得上海市“优秀女青年教师成才资助金”的女教师给予配套资助。

9月9日　庆祝第十九届教师节大会在徐汇校区铁生馆隆重举行。

9月10日　上海交大、西安交大、西南交大和北京交大工会负责人共同商定，以“兴我中华、强我民族、颂我交大、扬我传统”为主题，于2004年4—12月联合举办“交通大学教职工书画摄影艺术作品巡回展”。

同日　由校工会、教务处、人事处、研究生院和妇委会联合组织的2003年中青年教师“双语”教学竞赛举办，23名教师参赛。

9月11日　上海交大首批国家级教学名师奖获得者、优秀教师奖获得者、优秀教材奖获得者、“三育人”先进工作者、实验室先进工作者，以及48对拜师结对的新老教师们欢聚一堂，交流教书育人的体会，共谋高教事业的发展。

9月27日　校工会在徐汇校区铁生馆举行“迎国庆，话发展”劳动模范座谈会。校纪委书记王永华，校组织部部长田信灿，以及20多位全国和上海市劳动模范、优秀教师代表出席。

10月15日　全国教科文卫体工会女职工委员会理论研讨会在上海交大徐汇校区铁生馆召开。

10月31日　教职工运动会在徐汇校区田径运动场开幕，1 000余名教职工参加比赛。

12月17—24日　上海交通大学四届五次教职工代表大会召开。

2004年

5月26日　校工会举行教职工“五月歌会”合唱比赛。

6月11日　学校举行四届五次教代会常任主席团扩大会议，审议通过房改实施细则。

8月20—24日　由校工会组织的代表团赴宁夏大学进行为期4天的学习考察与学术交流活动。

9月10日　学校举行庆祝第二十届教师节暨教育思想大讨论总结大会，表彰2003—2004学年各类奖励和荣誉获得者，并对教育思想大讨论做了总结。

9月27日　校工会举行“迎国庆、庆中秋、话发展”劳动模范及先进教师代表茶话会。校党委副书记潘敏、副校长张文军，以及20多位全国和上海市劳动模范、先进教师代表出席。

10月20日　上海市科教系统暨上海交通大学校务公开工作检查汇报会在学校总办公厅举行。学校校务公开工作通过了检查，得到好评。

12月30日—2005年1月12日　上海交通大学五届教代会暨十届工代会召开。

是年　教代会提案工作委员会制定了《上海交通大学教职工代表大会提案工作办法》。

是年　成立工会理论研究会。

2005年

1月12日　上海交通大学第十届工代会第一次会议通过《上海交通大学工会工作实施细则》。

1月19日　上海交通大学第十届工会委员会第一次全体会议在徐汇校区举行。

3月9日　在2005年上海市厂务公开民主管理工作会议上，上海交通大学被评为2004年度上海市厂务公开民主管理先进单位。

4月1日　校工会委员会通过“上海交通大学二级教职工代表大会实施办法”。

4月25日　中华全国总工会授予上海交大工会“全国模范职工之家”称号。

5月18日　校工会组织举办教职工歌曲演唱比赛。

5月27日　上海、西安、西南、北京四所交通大学首次工会工作研讨会在上海交大徐汇校区铁生馆举行。

7月7日　上海市科技教育工会夏玲英主席来到上海交通大学机械与动力工程学院，慰问奋战在教育、科研第一线的教职工。

8月19日　以日本兵库县教职员工会委员长田治米美为团长、日本参议院原副议长本冈昭次为顾问的日本兵库县日中友好教育交流代表团一行20人来校访问并召开交流会。

9月9日　第二十一届教师节暨教学成果表彰大会在徐汇校区文治堂举行。

9月16日　校工会举行“上海交通大学青年教师联谊会成立大会”。近百名全校青年教师代表与上海部分高校青年教师代表参加。

9月29日　校工会在徐汇校区铁生馆举行上海交大劳模和先进教师代表座谈会。何友声院士等17位劳动模范代表，校长助理、校工会副主席纪凯风，专职副主席倪浩，副主席王德忠、舒培丽，以及20多位当年获得各种荣誉与奖励的先进教师代表出席座谈会。

12月28日—2006年1月11日　上海交通大学五届教代会暨十届工代会第二次会议召开。

2006年

1月24日　校工会会同教务处、研究生院等有关部门联合举办“上海交通大学2006年教书育人经验交流会暨迎春茶话会”。

3月15日　五届教代会常设主席团在闵行校区行政楼召开第一次会议，表决通过《上海交通大学章程》和《上海交通大学全员聘用合同制方案》的修改稿。

4月8日　在建校110周年校庆之际，闵行校区首个教职工活动场所——位于法学院底楼大厅的“教工沙龙”开始试运行。

4月17日　上海交通大学成立“人事争议调解委员会”，由校工会主席张增泰任主任。

4月29日　校工会在新建成的“教工沙龙”组织第一次主题沙龙活动“新时代劳模精神与交大精神座谈会”。

6月2—8日　校工会主席张增泰受上海市科教工会委派，带领第七次友好访日代表团赴日本大阪府和大阪市进行友好访问。

9月27日 校工会在徐汇校区铁生馆101室召开以“弘扬师德、创新教育”为主题的座谈会。

10月23—24日 上海交通大学牵头，联合复旦大学、同济大学、华东师大和上海师大等五所高校工会在上海教育会堂共同举办第二届中国高校工会工作论坛。

11月24日 校工会在闵行校区与各附属医院首次召开了工会主席联席会议。

12月28日—2007年1月17日 上海交通大学五届教代会暨十届工代会第三次会议召开。

是年 上海交通大学被增补为高校工会宣传工作研究会理事单位。

是年 校工会在闵行校区建立了全市高校第一个“教职工心理咨询室”并开通了“姐妹热线”。

2007年

1月29日 校工会联合人事处、教务处、研究生院和妇委会举办上海交通大学教书育人经验交流会暨“拜师结对”仪式。

3月28日—4月1日 校工会主席张增泰率领由校工会委员和部门工会主席等组成的代表团一行12人，先后赴华南理工、中山大学、中南大学、湖南大学进行学习考察。

4月22—28日 校工会副主席倪浩率领10名校院工会干部组成的代表团，先后赴南开大学、天津大学、东北大学、大连理工大学和大连大学进行学习考察。

6月21日 由东南大学工会主席管平率领的该校教代会、工代会执委会考察团一行6人来访上海交通大学。

7月6日 校青年教师联谊会与医学院青年联谊会联合策划组织的首期“医工结合”青年沙龙在医学院懿德楼会议室举行。

7月16日 市科教工会经审会主任、基层工作部部长张渭明来校慰问学校一线教师。

9月21日　校工会召开以“弘扬师德风范、培养创新人才”为主题的上海交通大学劳模与先进教师代表座谈会。

11月5日　教育部本科教学工作水平评估专家组张淑华到校工会、妇委会检查并指导工作，评价校工会、妇委会工作“认识高、思路清、措施实、效果好”。

是年　上海交通大学被评为“全国厂务公开民主管理先进单位”。

2008年

2月20日—3月5日　上海交通大学五届教代会暨十届工代会第四次会议召开。

3月10日　受市总工会委托，上海市科教工会主席夏玲英率机关各部门的负责人前来上海交通大学，对校工会自2005年4月获得“全国模范职工之家”荣誉以来的建家工作进行复查验收。

4月17日　由上海市科教工会主办，校工会承办的上海教育系统“和谐之声”合唱比赛闵行校区菁菁堂隆重举行。

5月23日　承载着全校教职工暖暖爱意的“上海交通大学抗震救灾特别援助基金”发放第一批援助款。

8月19日　校工会与上海交通大学出版社积极响应上海市总工会号召，向四川省都江堰市学校的师生捐赠600本新书。

9月10日　上海交通大学庆祝第二十四届教师节大会在闵行校区光彪楼举行，表彰在抗震救灾中表现出色的先进集体、个人及优秀教师。

9月11日　校工会会同人事处主办的青年教工中秋节联欢晚会在留园举行。

9月26日　校工会在徐汇校区铁生馆101室召开以“颂师德、话改革”为主题的劳模与先进教师座谈会。何友声院士和来自各院系、各附属医院的近40位劳动模范、模范教师、三育人先进个人参加座谈。

10月8日　中山大学常务副主席罗永明率领该校教代会与工会工作考察团一行20人访问上海交通大学。

10月20日　宁夏大学工会副主席杜卓娅、黄二宁率领该校教代会与工会工作学习考察团一行8人访问上海交通大学。

12月23日　校工会组织召开工会与教代会工作恳谈会。来自学校各院系和职能部门的30多位中层管理干部参加座谈。

2009年

1月6日　上海交通大学在首届上海慈善大会上荣获“抗震救灾捐赠特别奖（集体）”。

2月25日—3月18日　上海交通大学五届教代会暨十届工代会第五次会议召开。

4月28日　校工会在徐汇校区铁生馆101室举行学习实践科学发展观——“教书育人”专题劳模座谈会。

7月16日　校工会副主席倪浩出席在北京人民大会堂举行的中华慈善总会成立15周年纪念大会暨中华慈善事业突出贡献奖表彰大会。上海交通大学成为全国唯一被授予“中华慈善突出贡献单位奖”的高校。

9月25日　清华大学工会瞿福平副主席带领考察团来上海交通大学交流工会工作。

9月29日　校工会在黄浦江水文化博物园召开以“庆国庆，迎世博”为主题的劳模与先进教师代表座谈会。校党委常务副书记苏明、校工会主席贾金平，以及30多名劳模及先进教师代表出席。

11月10日　由校女教授联谊会、青年女教师联谊会联合牵手各附属医院女医师联谊会策划组织的“上海交通大学—各附属医院Med-X奇思妙想沙龙启动仪式及首次活动”在仁济医院东院开幕。

12月3日　校工会在闵行校区召开上海交通大学教职工爱心助学金发放座谈会。

12月4日　校工会主席贾金平带领工会考察团一行13人赴浙江大学交流访问。

12月8—9日　校教代会常设主席团、工会首次组织教代会代表开展巡视活动。来自全校21个学院，6个直属单位的50多位教代会代表参加巡视。

12月29—30日　校工会在老行政楼318室召开“上海交通大学教代会与工会工作恳谈会”。

2010年

1月27日　上海交通大学在闵行校区新行政楼召开2010年“教书育人”经验交流会暨迎春茶话会。来自教学一线的获奖教师代表、机关部处负责人等近200人参加。

3月18—31日　上海交通大学第六届教代会暨第十一届工代会召开。

4月22日　校工会成立60周年纪念座谈会在闵行校区行政B楼召开。学校历任分管工会的老领导王宗光、赵佩琪、陶爱珠，历任专兼职正副主席，时任校工会两委委员，二级工会主席等近70人出席。

5月30日　燕山大学工会主席李季率领该校工会代表团一行30余人到上海交通大学考察工会工作。

6月8日　兰州大学工会主席王振鹏率领该校工会考察团到上海交通大学交流访问。

6月10日　校工会组织开展六届教代会代表第一次巡视活动。来自各个院系、部处、直属单位的近50名教代会代表参加巡视。

6月30日　华中科技大学工会常务副主席李新率领该校工会考察团一行15人到上海交通大学交流访问。

7月3日　四所交通大学工会工作研讨会在上海交通大学闵行校区召开。

10月20日　校党委副书记潘国礼、副校长吴旦校领导、工会主席贾金平、副主席吴刚、张杰等，来到第四餐饮大楼和保卫处值勤地点，亲切慰问坚持在服务世博志愿者岗位的员工。

10月27日 校工会主席贾金平、副主席吴刚专程来到上海交通大学世博志愿者工作站，亲切慰问承担全校志愿者组织、管理与协调任务的“志愿者的志愿者”们。

2011年

1月24日 上海交通大学在闵行校区新行政楼召开2011年“教书育人”经验交流会暨新春茶话会。

3月18—30日 上海交通大学六届教代会暨十一届工代会第二次会议召开。

5月5日 校工会邀请上海市人大常委会法制工作委员会立法二处处长崔凯来学校开展“《上海市职工代表大会条例》专题培训讲座”。

5月11日 上海交通大学首届教职工文化艺术节开幕式暨“唱红歌、跟党走”歌咏大赛在闵行校区光彪楼一楼多功能厅举行。

9月8日 在教师节、中秋节即将来临之际，校工会与人力资源处在闵行校区留园举行招待晚宴，与当年新进校工作的40多位单身青年教师欢聚一堂共迎中秋佳节。

9月28日 上海交通大学在徐汇校区铁生馆召开迎国庆劳模与先进教师座谈会。校党委副书记徐飞，校妇委会专职副主任、工会副主席万晓玲，以及50余位学校老中青三代教职工代表出席。

11月16日 校工会副主席吴刚率领工会考察团赴武汉大学、华中科技大学、中山大学、华南理工大学，学习考察工会工作。

11月22日 校工会主席贾金平率领工会考察团赴天津大学、南开大学、北京师范大学、清华大学、北京交通大学、北京大学，学习考察工会工作。

11月26—27日 校工会办公室全体成员及家属代表赴浙江省绍兴市进行以“感恩、文化、学习”为主题的考察活动。

11月30日 校工会、教代会教学科研工作委员会和教务处共同组织开展2011年教代会代表教学巡视活动，36位教代会代表参加巡视。

2012年

3月14—28日　上海交通大学六届教代会暨十一届工代会第三次会议召开。

7月9日　校党委书记马德秀向教代会代表和一线教师代表通报上半年学校工作情况并座谈交流。

9月26日　由校工会主办的2012年劳模与先进教师代表座谈会在徐汇校区铁生馆召开，校党委副书记潘国礼、校工会副主席吴刚，以及40余位学校老中青三代教职工代表出席。

9月27日　校工会常委会会议审议通过《上海交通大学工会常委会会议议事规则》。

同日　在国庆节、中秋节即将来临之际，校工会与人力资源处在闵行校区留园举行新进单身青年教师招待晚宴。

10月24日　上海市总工会女工部邵新宇部长一行5人来到上海交大调研女教职工工作。

11月22日　校工会委员会修订并通过了《上海交通大学二级教职工代表大会实施办法》。

是年　根据六届三次教代会上修订的《上海交通大学教职工代表大会实施细则》，校工会结合学校工作实际情况增设了闭会期间的联席会议制度，将决策机构由常设主席团扩大到联席会议。

是年　工会与体育系结对推动《上海交通大学全民健身实施计划（2012—2016）》的制定与实施。

是年　校工会在全校部门工会中开展文化建设特色活动的立项工作。

2013年

1月29日　劳模迎春茶话会和劳模协会换届会议在徐汇校区铁生馆召开。校党委副书记、纪委书记潘国礼，校工会主席贾金平、副主席张杰，以及近

20位劳动模范出席。会上产生新一届上海交通大学劳模协会理事名单。

3月13—27日 上海交通大学六届教代会暨十一届工代会第四次会议召开。

5月22日 由校工会和党委宣传部主办的上海交大第二届教职工文化艺术节“我的中国梦”合唱比赛在闵行校区菁菁堂隆重举行，共有40家二级单位1 200多人参加。

6月14日 四所交通大学工会工作研讨会在上海交通大学闵行校区召开。

7月8日 西安交通大学青年工作委员会组织青年教师学科带头人一行15人造访上海交通大学，研讨学科评估与学科发展、青年教师职业发展等问题。

9月17日 在中秋节、国庆节即将来临之际，校工会与人力资源处在闵行校区留园举行新进单身青年教师招待晚宴。

10月16日 上海市教育工会主办、西南片高校工会协办、上海交通大学工会承办的“劳动光荣，圆梦未来”上海市西南片高校教职工文艺汇演在徐汇校区文治堂举行，共有来自15家高校的200多名教育工作者唱响“劳动最光荣”社会主旋律。

10月18日 校工会主席贾金平出席在人民大会堂举行的中国工会第十六次全国代表大会。

是年 上海交通大学当选为上海市教育工会工会理论研究会理事长单位。

2014年

3月14—28日 上海交通大学第六届教代会暨第十一届工代会第五次会议召开。

4月29日 上海市教育工会第九次代表大会召开。上海交通大学工会主席贾金平当选市教育工会兼职副主席，万晓玲当选工会女职工委员会兼职副主任，季莲当选工会经费审查委员会委员。

5月12日 校工会在闵行校区举行“上海交通大学劳模与先进教师代表座谈会暨劳模创新工作室授牌仪式”。丁文江、邓子新、潘健生、王如竹、黄佩伟等15位劳模代表和先进教师近百人参会。

6月4日　上海交通大学工会干部业务培训会在闵行校区举行，特邀上海市教育工会原基层工作部部长、经审委主任张渭明作专题讲座，近200名工会干部出席。

11月6日　校党委书记姜斯宪走访位于闵行校区“中意绿色能源实验室”的王如竹劳模创新工作室。

11月21日　上海交通大学第45届运动会在闵行校区光明体育场开幕，首次采取师生同场合作竞技的方式，展示交大师生团结进取、创建一流的精神风貌。

12月26日　上海交通大学2015年新年合唱音乐会在徐汇校区文治堂举行。

是年　校工会在教职工中开始发起对洱源县品学兼优的贫困中学生“一帮一”结对助学活动。

2015年

5月　新成立的上海交大教工健步走协会搭建线下和线上交流竞技平台，打造立体式健康促进模式。

6月3—17日　上海交通大学第七届教代会暨第十二届工代会召开。

9月16日　上海交通大学教师节表彰暨2015年秋季学期干部大会在闵行校区召开，表彰学校教书育人先进集体和个人，对秋季学期工作做出部署。

9月18日　由校工会主办的2015年上海交通大学劳模与先进教师代表座谈会在徐汇校区铁生馆召开。校党委副书记胡近、校工会主席贾金平，以及交大历届各级劳模、劳模集体代表等近30人出席。

10月16日　教育部部分直属高校第二十一次工会工作会在上海交通大学徐汇校区浩然大厦召开。

11月6日　第三届上海市优秀青年女教师联谊会会员大会暨第五届上海市优秀青年女教师发展论坛在上海交通大学徐汇校区召开。

12月12日　由上海市教育工会主办、交大工会和市教育工会象棋协会承办的“上海教育工会象棋协会2015年精英赛”在交大徐汇校区铁生馆举行。

12月25日　上海交通大学2016年新年合唱音乐会在徐汇校区文治堂举行。

12月　校工会筹建改造的位于第五餐饮大楼三楼的“教工之家”投入试运行。

是年　工会开始为教职工办理上海市总工会工会会员服务卡。

2016年

3月19日　上海交通大学第46届运动会在闵行校区光明体育场开幕。

4月13—27日　上海交通大学七届教代会暨十二届工代会第二次会议召开。

4月20日　校工会、教务处、教学发展中心联合举办首届上海交通大学青年教师教学竞赛。来自21个院系的32位教师参加竞赛。

4月28日　校工会在闵行校区第五餐饮大楼教工之家多功能厅举行高考招生政策咨询会。校工会主席贾金平、副主席张杰和近150名学校教职工参加活动。

6月15日　为纪念中国共产党建党95周年、中国工农红军长征胜利80周年，上海高校教工合唱展示演唱会在上海交通大学闵行校区菁菁堂举行。

9月13日　上海交通大学2016年秋季学期干部大会暨教师节表彰大会在闵行校区召开，表彰优秀教师，对上海交大2016年秋季学期工作进行部署。

9月28日　上海交通大学第二批劳模创新工作室授牌仪式在闵行校区中意绿色能源楼举行。

11月23日　上海交通大学第三届教职工文化艺术节之“歌鸣九天·声动交大”教职工才艺大赛在闵行校区菁菁堂举行，15支参赛队伍、近300名歌咏队员参加。

是年　校工会提出《关于进一步加强上海交通大学院系教职工代表大会

工作的若干意见》，规范指导二级教代会建设。

是年　校工会建立起与附属中小幼学校工会联席会议制度。

2017年

3月24日　上海交通大学附属实验小学“幼升小”入学咨询会在上海交通大学闵行校区第五餐饮大楼教工之家多功能厅举行，百余名教职工参加。

3月29日—4月12日　上海交通大学七届教代会暨十二届工代会第三次会议召开。

5月13日　上海市第八届教工运动会开幕式在上海交通大学霍英东体育中心举行。

11月15日　由上海交通大学工会、党委宣传部、校友总会办公室、档案馆主办，教职工摄影协会承办的“韶华剪影·上海交通大学闵行校区办学三十周年摄影展”在闵行校区新图书馆一楼开展。

11月24日　“劳模（工匠）精神进校园”推进会暨“创新·超越·奉献——劳模（工匠）进校园上海交大行”活动在上海交通大学闵行校区举行。

12月7日　由上海交通大学工会主办的“《诗文交大》《视界交大》新书座谈会”在闵行校区五餐三楼教工之家举行。

12月18日　由上海交通大学工会、党委统战部、文明办、退休事务中心主办，教工民族舞协会、少数民族联合会承办的“中华韵·民族情”教职工喜庆十九大舞蹈展演在闵行校区菁菁堂举行。

12月23日　由上海交通大学工会、文明办、校友会主办，教职工戏曲协会承办的“戏曲颂中华·欢歌十九大”教职工戏曲协会年度交流展演在徐汇校区盛宅举行。

12月30日　由校工会主办，教工致远文艺协会、教工演讲与朗诵协会、教工茶文化协会联合承办的“喜庆十九大·闵行校区扬帆30年征文”颁奖暨2017诗文诵读茶话会在上海交大闵行校区教工之家举行，来自全校各单位的80余名教职工参加。

2018年

1月14日　上海交通大学在徐汇校区盛宅召开2018年劳模迎春茶话会，副校长张安胜，校工会主席于朝阳、副主席张杰，妇委会副主任蔡云泽，以及近20位劳动模范代表出席。

3月19日　美国教师工会代表团一行到访上海交通大学工会。

3月21日　校工会邀请上海农商银行闵行支行工作人员到闵行校区“教工之家”为教职工激活工会会员服务卡。

4月25日—5月9日　上海交通大学七届教代会暨十二届工代会第四次会议召开。

5月11日—7月20日　校工会举办首期中青年工会干部培训班。共招收38名学员，开设9次培训课程。

5月18日　四所交通大学工会工作研讨会在闵行校区学术活动中心举行。

5月30日　上海工会管理职业学院党委书记、《劳动报》总编辑王厚富来校为中青年工会干部系列培训作《不忘本来吸收外来面向未来——谱写新时代上海工运事业发展新篇章》专题报告。

5月30—31日　上海交通大学党委常委、副校长张安胜一行先后走访慰问徐汇区与闵行区各附属幼儿园、小学、中学。

7月3—26日　校工会举办首期2018年“交小苗”暑期成长营，154名教职工子女参加。

9月10日　由上海交通大学工会主办的“纪念改革开放40周年教职工书画展”在闵行校区新图书馆一楼展区开幕。

9月12日　校工会举办供货商福利采购样品展示活动，57个部门工会在现场对供应商提供的样品进行考察与甄选。

9月27日　澳大利亚昆士兰教师工会和昆士兰独立教育工会代表团一行到访上海交通大学工会。

10月26日—12月14日　校工会举办工会主席培训班。学员们完成

“1+4+X”创新教学，即1次赴延安学习，4场专题讲座，多地实践交流等。

11月23日　上海交通大学第47届运动会在闵行校区胡法光体育场开幕。一万余人参与开幕式。

12月5日　校工会申报的王如竹节能减排创新工作室被命名为第八批“上海市劳模创新工作室”。

2019年

1月23日　上海交通大学在徐汇校区盛宅召开迎新春劳模座谈会。校工会主席于朝阳、副主席戴宝印、罗莹，妇委会副主任蔡云泽等，以及历届劳动模范和先进工作者代表出席。会后，副校长张安胜看望了参会劳模。

3月　2019年第2期《中国教工》（总第516期）刊登上海交通大学工会工作经验文章《践行新思想展现新作为开创新时代高校工会工作新局面》。

4月9日　作为上海交通大学建校123周年系列活动之一的“《匠心交大》《书画交大》新书首发座谈会”在闵行校区新行政楼举行。

4月24日—5月15日　上海交通大学七届教代会暨十二届工代会第五次会议召开。

5月10日　由校工会、党委宣传部主办的“我和我的祖国”上海交通大学第四届教职工文化艺术节在闵行校区菁菁堂开幕，近700人参加了活动。

5月11日　上海交通大学女教师女医师医工交叉论坛在闵行校区学术活动中心举行，同期上海交大首届女教师女医师学术交流协会也正式成立。

5月16日　校工会主席于朝阳在长沙举行的全国教科文卫体系统工会思想政治工作会议上，以《坚持“四项”引领，做好新形势下教职工思想政治工作——上海交通大学工会思想政治教育工作实践与探索》为题，分享学校工会工作经验。

5月31日　校党委常委、副校长张安胜，党委教师工作部部长、人力资源处处长梁齐，校工会主席于朝阳等一行，先后走访慰问徐汇区与闵行区各附属幼儿园、小学、中学。

6月29日 校工会赴浙江大学玉泉校区进行访问。

7月1日 校工会、后勤保障中心主办，后保中心工会、教服集团工会、思源公司党支部共同承办的主题为“遵守新法规、传递正能量”的垃圾分类宣传活动在菜鸟快递中心开展。

7月3—26日 校工会举办2019年“交小苗”暑期成长营，248名教职工子女参加。

7月4—7日 校工会副主席罗莹带领2019工会骨干培训班40名学员赴福建古田开展“不忘初心、牢记使命”主题教育培训。

9月11日 由校工会举办的“翰墨庆七秩礼赞新时代”庆祝新中国成立70周年教职工书画展在闵行校区新图书馆一楼开幕。

10月18日 “壮丽七十载奋进新时代”第四届教职工文化艺术节文艺汇演在上海交通大学闵行校区菁菁堂举行。

11月27—30日 校工会主席于朝阳带队前往西南交通大学参加第十四届四所交通大学工会工作研讨会，并赴四川大学调研工会工作。

12月26日 区校共建“环交大闵行校区基础教育生态区”暨“上海交通大学附属实验学校（拟）”签约仪式在闵行校区举行。

同日 上海交通大学2019年工会总结大会暨上海交通大学工会与劳动报社战略合作签约仪式在闵行校区举行。

2020年

1月15日 由上海市教育工会主办，上海交通大学工会承办的上海市教育工会西南片高校工会年终工作交流会在闵行校区举行。

1月20日 校工会在徐汇校区盛宅召开2020年劳模迎春座谈会。副校长张安胜、校工会主席于朝阳，以及历届劳动模范和先进工作者代表出席。

2月 校工会通过紧急采购口罩、释放部分工会经费为教职工购买疫情防控相关物资、积极搭建线上专属生活平台和做好线上防疫宣传等方式，全力为学校在线教学等各项工作的顺利开展做好服务与保障。

3月3日　上海交通大学党委常委、副校长张安胜到校工会、妇委会专程调研。

4月18日—6月26日　为迎接中国教育工会和交通大学工会成立70周年，由上海交大工会和西安交大工会联合策划“70天700人7 000步网络健步活动”举行，两所交大携手同行，提升教职工体质健康。

6月16日　由上海交通大学工会、法律事务室、凯原法学院与校友法律服务机构国瓴律师事务所共同筹建的“上海交通大学工会法律咨询中心”正式揭牌成立。

6月28日　上海交通大学党委书记杨振斌、副校长张安胜到校工会、妇委会专程调研。

同日　上海交通大学“未来教师”提升计划启动仪式举行。

10月13日　上海交通大学2020年度思源基础教育奖颁奖暨十周年活动在上海交通大学文博楼举行。

10月20日　由校工会和图书馆共同举办的“赛经典名句，促‘四史’学习——上海交通大学学习习近平用典大赛”决赛在图书信息大楼举行。

同日　由上海市教育工会主办，上海交通大学工会、华东师范大学工会承办的上海市教育工会西南片高校工会工作交流会议在上海交通大学闵行校区举行。

10月21日—11月4日　上海交通大学七届教代会暨十二届工代会第六次会议召开。

11月13—14日　上海交通大学工会骨干培训班学员赴交大对口扶贫点洱源县开展理想信念教育课程，并赴上海交通大学云南（大理）研究院参观学习，举行了大理研究院野外观测站仪器设备捐赠仪式。

11月20日　上海交通大学第48届运动会开幕式在闵行校区胡法光体育场开幕。

12月4日　上海交通大学2020工会骨干及宣传委员培训班圆满结业。校工会主席于朝阳、环境科学与工程学院讲席教授孔海南、校工会副主席杜夏明、戴宝印，以及培训班全体学员出席。

2021年

1月30日　上海交通大学举行2021年劳动模范和先进工作者迎春座谈会。校党委书记杨振斌、副校长张安胜、校工会主席于朝阳，以及历届劳动模范和先进工作者代表等出席。

2月26日　上海交大新任部门工会干部座谈交流会在老行政楼举办。

4月7日　上海交通大学附属闵行实验学校（暂名）奠基仪式在马桥社区19A地块隆重举行。

4月25日　校工会组织召开《上海交通大学教职工代表大会实施细则》修订专题研讨会。

4月27日　上海交通大学与徐汇区人民政府在交大徐汇校区总办公厅举行合作签约仪式。

5月13日　云南省教育卫生科研系统工会主席培训班在上海交大举办。

5月26日　中国教科文卫体工会主席章国贤、清华大学工会主席王岩、中国教科文卫体工会办公室副主任郎佩剑等调研上海交通大学工会工作。

5月26日—6月16日　上海交通大学第八届教代会暨第十三届工代会第一次会议召开。

附　录

附录1

国立交通大学员工会章程

（1950年1月5日第一次员工代表大会通过）

第一章　总则

第一条　本会定名为国立交通大学员工会。

第二条　本会旨在团结本校员工，根据新民主主义教育方针，加强政治学习，努力于业务之改进，共谋福利之增益，并作组织工会之准备。

第二章　会员

第三条　凡本校员工，除已参加其他性质相同之团体者外，均得为本会会员。

第四条　本会会员得自愿申请退会。

第五条　本会会员之权力与义务如下：

甲、对本会各部门工作与活动有进行讨论建议及批评之权。

乙、有选举与被选举之权。

丙、有参加本会所举办之各种学习及享受宣教、文娱、生产、技术、教育、福利、卫生等部门活动之权。

丁、有遵守本会会章以及本会一切决议之义务。

戊、有向本会交纳会费之义务。

第三章　组织

第六条　本会组织以民主集中制为原则。

第七条　本会之最高权力机构为会员代表大会，代表之选举办法另定之。

第八条　甲、代表大会之职权为通过及修改本会章程，决定本会工作方针，选举执行委员，审查执行委员之工作报告。

乙、代表大会每学期举行两次，由执行委员会召集之；必要时经全体代表三分之一以上提议，或由执行委员会之决议，召集临时代表大会。代表大会必须有三分之二以上代表出席，方得决议。

第九条　执行委员会由执行委员若干人组织之。在代表大会闭幕期间，委员会每月开会一次，由主席召集之；必要时经执行委员会三分之一以上之建议，或由常务委员会之决议，召集临时执行委员会。执行委员会必须有三分之二以上执行委员出席，方得决议。

第十条　执行委员互选主席一人，副主席四人，秘书长一人，副秘书长一人，及第十四条所列各部长各一人副部长各一人，学习委员会主任委员一人，副主任委员四人。

第十一条　由执行委员会主席、副主席、秘书长、各部部长、学习委员会主任委员组织常务委员会。对执行委员会负责，处理本会经常事务，常务委员会每两周开会一次，必要时得由主席召开临时会议。

第十二条　代表及执行委员之任期均为一年。

第十三条　执行委员会主席之职权为对外代表本会，对内召集执行委员会会议，并担任各该会之主席，领导执委会各处部会，推进会务。副主席协助主席处理会务。

第十四条　执行委员会设下列各处部会，分掌相关职务。

甲、秘书处办理文书会计庶务等事宜

乙、组织部办理会员组织及联络事务

丙、宣教部办理宣传出版及会员之文化教育事宜。

丁、文娱部办理会员之康乐事宜

戊、研究部办理会员业务之研究及改进事宜。

己、福利部办理会员之福利及互助等事宜。

庚、技术教育部办理会内外有关技术教育之事宜。

辛、生产部办理会员之工农业生产事宜。

壬、安全卫生部办理会员之安全卫生事宜。

癸、学习委员会办理会员之政治学习事宜。

第十五条　各处部经常务委员会之统一得聘干事若干人，学习委员会得聘委员若干人，共同推进会务。

第十六条　执行委员会得依事实需要，设立各种专门委员会。

第四章　附则

第十七条　本会经费以会员会费为主要来源，会员以按月缴纳薪金收入千分之五为原则。

第十八条　本章程之公布与修改，均需经代表大会之通过。

第十九条　本章程之解释权，属于本会执行委员会。

附录2

上海交通大学教书育人守则

（1988年1月15日上海交通大学第二届教职工代表大会第一次会议审议通过）

办好社会主义高等学校，培养德才兼备的学生，教师起着决定性的作用。为了充分发挥上海交通大学广大教职工“教书育人”“管理育人”“服务育人”的主力军作用，全面贯彻党的教育方针，真正做到管教、管学、管思想，把学生培养成有理想、有道德、有文化、有纪律，适应“三个面向”要求的德、智、体全面发展的“四个现代化”建设人才，特制订上海交通大学“教书育人守则”。

一、全校教师（包括指导实验、实习、实践等方面的人员）在教育、教学实践中，必须贯彻教育为社会主义现代化建设服务的方针，坚持四项基本原则，坚持改革、开放，进一步明确办学指导思想，忠诚于人民的教育事业，树立教学为主的思想，把“教书育人”作为自己神圣的职责和义务，争做“教书育人”的模范。

二、严谨治学，以身作则，身教言教，为人师表，努力提高自身的思想素质和业务素质。

三、发扬交大优良传统，坚持正面教育，对学生严格要求，严格训练，严格考核。

四、实行因材施教，注重学生能力培养，鼓励和引导学生积极参加社会实践活动。

五、积极进行教学改革，不断更新教学内容，改革教学方法，提高各个教学环节的教学质量。

六、积极主动地做学生的思想政治工作，寓思想教育于教学活动全过程之中，结合业务教学，对学生进行“四有”（有理想、有道德、有文化、有纪律），五爱（爱祖国、爱人民、爱劳动、爱科学、爱社会主义），校风（朴素、务实、求是、创新），校纪及科学世界观和方法论的教育。

七、热爱学生，关心学生，建立新型的师生关系，做青年学生的良师益友，引导学生树立正确的学习目的，发扬拼搏精神。

八、做学生的引路人和知心人，要师德高尚，教态庄重，仪表整洁，举止大方，语言文明，谦虚谨慎，循循善诱，以理服人。

附录3

上海交通大学关于全面推进校务公开工作的实施意见

（2002年10月17日）

为了进一步加强学校民主管理与民主监督，促进学校改革和发展，根据中共中央办公厅、国务院办公厅《关于在国有企业、集体企业及其控股企业深入实行厂务公开制度的通知》和教育部、中华全国总工会《关于全面推进校务公开工作的意见》，以及有关的法律法规，结合学校实际情况，特提出如下全面推进本校校务公开工作的实施意见：

一、实行校务公开的目的与意义

实行校务公开是贯彻江泽民同志“三个代表”重要思想，推进依法治国和社会主义民主政治建设的必然要求。对于学校而言，全面推进校务公开是进一步落实全心全意依靠广大教职工办学方针的具体体现；是加强民主管理与民主监督，保证和维护广大师生员工合法权益的有效途径；是加强党风廉政建设，从源头上预防和治理腐败的重要举措；更是建设高水平的世界一流大学的内在要求。加强校务公开工作，对于进一步密切党群关系、干群关系，充分发挥广大教职工的积极性、主动性和创造性；对于推进依法治校，提高工作效率和工作水平；对于深化学校改革，促进学校发展和维护学校稳定；对于加强学校党风廉政建设，树立各级干部的良好形象，都具有十分重要的意义。

二、校务公开的基本原则

（一）坚持党委统一领导，学校行政主持，纪委（监察处）、工会协调监督，职能部门各负其责，师生员工积极参与的原则；

（二）坚持客观真实、公开透明、规范运作、注重实效、群众满意的原则；

（三）坚持依法治校，维护师生员工参与民主管理和民主监督的权利的原则；

（四）坚持遵守有关法律法规和保密制度的原则。

三、校务公开的主要内容

（一）根据内容在不同范围向校内公开的事项

1. 学校事业发展规划、重大改革方案及其实施情况；

2. 学校年度或学期工作计划与工作总结；

3. 学校学科、师资队伍建设与专业设置的规划与实施情况；

4. 学校有关财务管理的规章制度，学校财务年度预、决算；

5. 干部和教职工的职务聘任、考核、晋级、奖惩等有关政策、程序及结果；

6. 重大工程建设和维修项目方案及大型设备、大宗物品的采购方案、招投标情况、工程竣工后的验收结果和审计情况；

7. 党政领导干部廉洁自律的各项规定及其执行情况，党风廉政建设责任执行情况，领导干部经济责任审计结果及民主评议、民主推荐等情况；

8. 教职工“四金”（住房公积金、养老金、医疗保险金、失业金）和其他社会保障基金的缴纳使用情况、劳动保护等与教职工切身利益相关的事项；

9. 其他依照法律法规和政策规定必须公开或教代会多数代表认为有必要向校内公开的事项。

（二）以不同形式向社会公开的事项

1. 学校招生计划、程序及政策，考试规程和纪律以及录取结果；

2. 收费的项目、标准和程序；

3. 学生管理制度和办法，包括各类学生的学籍管理、奖学金和助学金的发放，学生转学、转专业、休学、处分、选优评优及毕业生就业的规定等；

4. 接受社会及公民个人捐赠钱物的管理和使用情况；

5. 其他依照法律法规和政策规定必须公开或学校认为有必要向社会公开的事项。

四、校务公开的主要形式

（一）基本形式

教代会是学校民主管理和民主监督的基本制度，是校务公开的基本形式和主要载体。学校通过每年举行一次教代会和闭会期间常设主席团会议、代表团（组）长联席会议和专门工作委员会会议等形式，全面落实教代会的职权。还要建立和健全院（系）级教代会制度，充分发挥校和院（系）两级教代会在学校民主管理与民主监督中的作用。

校、院（系）教代会的职权范围是：

1. 听取校（院）长的工作报告，讨论校（院）的年度工作计划、发展规划、改革方案、教职工队伍建设等重大问题，并提出意见和建议；

2. 讨论通过人事制度改革方案、教职工奖惩办法，以及其他与教职工切身利益有关的基本规章制度；

3. 讨论决定教职工的住房制度改革、医保制度改革和福利费管理使用的原则和办法，以及其他有关教职工的集体福利事项；

4. 评议、监督学校各级领导干部，必要时可以建议上级机关予以嘉奖、晋升或予以处分、免职。

学校还应建立健全校工会参政、议政的制度。学校召开党委常委会议、校长办公会议等，凡涉及到教职工切身利益的内容，工会负责人应参加或列席会议。涉及教职工利益的重要工作，要有工会代表参与调查研究和制定方案，实施过程中充分听取工会的反馈意见。

（二）其他形式

1. 会议学校通过校党委全委扩大会、全校党政干部会、全校教职工大会、教代会代表民主管理恳谈会、民主党派人士代表座谈会、学生代表大会、离退休人员学校工作情况通报会、新闻发布会等形式公开校务；

2. 公文学校通过各种文件、公告、通报、通知等形式公开校务；

3. 规章制度各职能部门通过编印本部门工作手册或规章制度汇编，向校内外公开本部门管辖事项的办事依据、规则与程序；

4. 媒体充分利用校园网、校报、校有线电视台、广播站、宣传橱窗和公告栏等公开校务；

5. 其他双向沟通形式如校领导和部门负责人接待日、举报电话，以及信访、公示、听证等。

五、校务公开的组织领导

（一）成立校务公开工作领导小组，统一组织和协调全校校务公开工作的开展。领导小组组长由校党委书记和校长担任，领导小组副组长由分管副校长和分管党委副书记担任，成员由党委办公室、校长办公室、纪委（监察处）、工会等职能部门主要负责人组成。

（二）在校务公开工作领导小组之下设立校务公开工作办公室，负责全校校务公开的日常工作处理。该办公室设在校长办公室，成员由参加领导小组的各部门负责人组成。其中校长办公室主要负责校务公开的组织实施；党委办公室主要负责校务公开的协调；纪委（监察处）主要负责校务公开的监督检查；校工会则主要负责校务公开的协助运作与信息反馈，并参与监督。

（三）各职能部处负责其业务工作范围内校务公开相关事项的落实，并通过签订责任书的形式，实行部处长责任制，列入年度工作的考核。

（四）全校各院（系）和直属单位应参照本办法的基本精神，制定相应的实施细则，积极推进本院（系）和本单位行政事务的公开，并接受学校的检查与考核。

中共上海交通大学委员会

2002年10月17日

附录4

上海交通大学教职工医疗互助补充保险基金章程

（1996年12月27日）

（2003年1月3日上海交通大学四届四次教代会常任主席团第二次扩大会议修订）

第一章　总则

第一条　为适应本市医疗制度改革的需要，不断增强教职工自我保障意识，发扬“我为人人，人人为我”的团结互助友爱精神，排忧解难办实事，互助互济保平安，根据我校的实际情况，特设立上海交通大学教职工医疗互助补充保险基金，并制定本章程。

第二条　本基金是由全校在职教职工、退休教职工自愿参与的群众性医疗互助补充保险基金。目的在于给每位参与的教职工在生病医疗期间因自理医疗费用较大而造成经济困难者以经济补助，帮助其排忧解难。

第三条　本基金遵循权利与义务相一致的原则，参与与否完全自己决定。自2003年起参加基金者，无论是否获得过基金补助，均不得退出，调离上海交通大学后也不再列入基金补助范围。2003年以前参加基金者，如未获得过基金补助的，可以申请退还所缴纳的本金。

第二章　基金来源

第四条　本基金创建时，全校自愿参加的教职工和退休人员，每人一次性缴纳人民币300元。新进校教职工隔年参加者，在300元基础上每年按30元递增缴费；原有教职工补申请参加者在300元基础上，从1996年起至申请该年，每年按30元递增缴费。

第五条　学校已两次拨款，使资金总额维持在300万元。学校今后视发展与基金使用情况，继续适当拨款以保证该基金的正常运转。

第六条　接受校内外各单位与个人的赞助。

第三章　基金管理

第七条　本基金专列帐户，财务处代为管理，专款专用，不准挪作他用。学校委托工会给每位参与的教职工颁发一本“上海交通大学教职工医疗互助补充保险卡”，作记录补助款的凭证。

第八条　在政策允许范围内，在确保安全的条件下、进行保值增值融资，力争做到以基金增值部分支付每年的医疗补助费用。

第九条　基金使用情况，由审计处每年审计，并将审计结果公布。

第四章　基金开支范围

第十条　参加基金的教职工凡住院、急诊观察室留院观察和家庭病床的医疗费用，在统筹基金共负段支付范围内（指起付标准以上至最高支付额以下），属于个人自负部分的医疗费，市职保会按60%给付补充医疗保障金。余下的自负部分，由校医保互助基金给付1/2的补充医疗保障金。

第十一条　超过上海市年平均工资四倍以上，进入地方附加基金共负段的住院、急诊观察室留院观察和家庭病床的医疗费用，属于个人自负部分的医疗费，市职保会按70%给付补充医疗保障金。余下的个人自负部分，由校医保互助基金给付1/3的补充医疗保障金。

第十二条　凡在统筹基金共付段和地方附加基金共付段支付范围内，属于个人自负部分的门诊大病（特指尿毒症透析、恶性肿瘤化疗和放疗）医疗费用，市职保会按该费用的50%给付补充医疗保障金。余下的个人自负部分，由校医保互助基金给付1/2，或1/5（指超过上海市年平均工资四倍以上者）的补充医疗保障金。

第十三条　本“基金”补助范围，仅限本市“医保改革保险办法”允许支付的医疗费用的范围，自费医疗费用不得享受补助。人体器官移植手术及安装人工器官所发生的费用，单次超过1.5万元者，其自理部分由基金补助10%，最高限额5 000元。

第十四条　基金用于同一位参加人员的各种医疗补助款累计达到3万元者，基金不再承担其任何费用。

第十五条　凡购买滋补、保健食品、保健用品、营养性药物或补品的费用，均不能列入本基金申请补助范围。

第五章　组织管理

第十六条　成立本基金管理委员会（简称管委会），主任由分管财务副校长担任，副主任由工会、财务、人事处有关负责人担任，成员由校医院、人事处劳动工资科、工会生活部等有关人员担任。

管委会下设：

1. 办公室，由上海交大工会负责；

2. 财务小组，由财务处负责。

第十七条　管委会职责

1. 领导、管理办公室及财务工作；

2. 定期研究有关基金工作，以及基金管理、使用等情况；

3. 审批资金保值增值方案及多方筹集基金，增加基金总量。

第十八条　办公室职责

1. 认真贯彻本章程中的各项规定；

2. 对基层上报的申请负责审核，提出意见，交管委会审批；

3. 负责日常来访接待工作。

第十九条　财务小组职责。

1. 负责基金管理，做好保值增值工作；

2. 支付符合条件的医疗补助费用，并有权拒付一切不合理开支；

3. 定期向管委会报告基金使用情况。

第六章　基金使用程序

第二十条　本基金新参加者缴款30天后，如生病方可取得享受医疗互助补助款的权利。

第二十一条　根据基金开支范围的规定，基金成员就医后，应持有医疗费用单据先办理上海市总工会医疗保险理赔申报手续，然后填写本基金使用申请表，由办公室审核并提出意见，报管委会审批，到财务小组领取补助款。

第七章　附则

第二十二条　本章程解释权属本基金管理委员会。

第二十三条　本章程经上海交通大学教职工代表大会通过后实施。本章程部分条款若需修改，则由上海交通大学教职工代表大会常任主席团负责。

附录5

上海交通大学教职工文体社团（协会）管理办法

（2020年7月修订）

第一章　总则

第一条　为深入学习贯彻习近平新时代中国特色社会主义思想特别是习近平总书记关于高校思想政治工作和群团工作的重要论述，进一步加强上海交通大学教职工社团（协会）管理，引导教职工社团（协会）规范有序发展，活跃教职工的文化生活，营造健康高雅的校园文化氛围，特制定《上海交通大学教职工文体社团（协会）管理办法》。

第二条　上海交通大学教职工文体社团（协会）是在教职工自愿基础上建立的校内群众性业余活动的组织，接受上海交通大学工会（以下简称“校工会”）的指导与管理。

第三条　教职工文体社团（协会）在宪法、法律、法规以及校纪校规所允许的范围内，通过开展方向正确、健康向上、格调高雅、形式多样的文娱体育活动，陶冶教职工的情操，增强教职工的体质，促进学校的精神文明建设。

第二章　社团成员及其负责人

第四条　参加教职工文体社团（协会）的条件：

（一）本校在职教职工；

（二）遵守宪法、法律和学校的有关规章制度；

（三）承认社团（协会）章程，服从社团（协会）领导；

（四）履行社团（协会）规定的各项义务；

（五）每名在职教职工参加社团（协会）数量不超过3个；

（六）在职期间加入社团（协会）的教职工，保留其社团（协会）成员资格至65周岁。

第五条　教职工文体社团（协会）成员享有的权利：

（一）有选举权和被选举权；

（二）有权参加社团（协会）组织的各项活动；

（三）有权监督社团（协会）管理及资金使用情况；

（四）有权向社团（协会）负责人提出建议和意见。

第六条　教职工文体社团（协会）成员必须履行的义务：

（一）执行社团（协会）的决议和决定；

（二）按时参加社团（协会）组织的各项活动；

（三）完成社团（协会）交给的任务；

（四）按时缴纳社团（协会）规定的会费。

第七条　教职工文体社团（协会）负责人由社团（协会）成员民主选举产生，并应具备下列条件：

（一）本校在职教职工；

（二）具备较强的思想政治素质，热心教职工社团（协会）工作，具有奉献精神；

（三）具有较强的组织与活动能力；

（四）认真负责地组织开展社团（协会）各项活动。

第三章　社团的成立与撤销

第八条　教职工文体社团（协会）具备下列条件，可向校工会提出成立申请：

（一）具有较好的群众基础；

（二）制定明确的社团（协会）章程；

（三）具有稳定的活动经费来源；

（四）具备完善的组织机构。

第九条　教职工文体社团（协会）因下列原因之一，校工会应予以撤销：

（一）违反宪法、法律和校纪校规；

（二）连续三年评级为不合格。

第十条　教职工文体社团（协会）的成立与撤销，主要成员的任命和更换，均须报校工会审核、批准和备案，具体内容可参照“社团（协会）基本信息表”（见附件）。

第四章　社团（协会）的日常管理

第十一条　社团须遵守法律法规、校纪校规、社团章程开展社团活动。社团及其成员不得开展与其宗旨不符的活动，不得开展纯商业性活动，不得参与违法违纪活动，不得散布违背宪法、法律、法规和党的路线方针政策的错误观点和言论。社团应遵守宣传工作相关要求，践行社会主义核心价值观。

第十二条　社团重大活动须经指导单位批准后方可开展。未经批准，社团不得自行与校外任何单位、组织或个人签订任何形式的合约或协议。所有社团活动应采取必要措施确保安全。

第十三条　校工会通过各种途径和形式，加强对教职工文体社团（协会）的管理，并对社团（协会）的工作进行考核。坚持对社团（协会）管理和考核的思想政治方向导向，校工会按考核情况评定社团（协会）等级（优秀、良好、合格、不合格）。

第十四条　教职工文体社团（协会）应在每年年初参加校工会组织的考核答辩，总结上一年度工作内容（提交书面工作总结）、汇报本年度工作计划并提交社团（协会）基本信息表。

第十五条　教职工文体社团（协会）的财务管理参照《上海交通大学教职工文体社团（协会）财务管理暂行办法》。

第十六条　本年度成立的社团（协会），校工会本年度不给予活动经费支持；连续两年考核评级为不合格的社团（协会），校工会不给予活动经费支持。

第五章　附则

第十七条　本办法经校工会讨论通过之日起实施。

第十八条　本办法由校工会负责解释。

上海交通大学工会

2020年7月21日

附录6

上海交通大学教职工代表大会实施办法

（2021年6月16日第八届教职工代表大会第一次会议表决通过）

第一章　总则

第一条　为保障教职工依法通过教职工代表大会（以下简称教代会）参与学校民主管理，完善学校治理制度，促进依法治校，充分发挥教职工在实现学校总体目标任务中的积极作用，更好地保障与维护教职工的合法权益，根据《上海市职工代表大会条例》《学校教职工代表大会规定》《上海市企事业单位职工代表大会工作规范》以及《上海交通大学章程》等，结合学校实际，制定本办法。

第二条　教代会是学校实行民主管理的基本形式，是职工行使民主管理权力的机构，是校务公开的主要载体，是学校建立现代大学制度的重要组成部分，是学校治理体系和治理能力现代化的重要体现。

第三条　教代会应当高举中国特色社会主义伟大旗帜，以马克思列宁主义、毛泽东思想、邓小平理论、“三个代表”重要思想、科学发展观、习近平新时代中国特色社会主义思想为指导，全面贯彻执行党的基本路线和教育方针，遵守国家的法律、法规，遵守学校规章制度，正确处理国家、学校、集体和教职工个人的利益关系，充分调动教职工的积极性、主动性和创造性，在学校全面建成世界一流大学进程中发挥重要作用。

第四条　教代会在学校党委领导下开展工作。

教代会应当充分发扬民主，实行少数服从多数的原则。

第五条　学校保障教代会依法行使职权，保障教职工依法享有知情权、参与权、表达权和监督权。

第六条　学校实行二级教代会制度。各院（系）、直属单位等应当建立二级教代会，切实发挥教代会在院为实体中的作用。二级教代会的组织实施办法，由校工会负责制定。

第二章　职权

第七条　教代会行使以下职权：

（一）听取学校章程草案的制定和修订情况报告，提出修改意见和建议。

（二）听取学校发展规划、教职工队伍建设、教育教学改革、校园建设以及其他重大改革和重大问题解决方案的报告，提出意见和建议。

（三）听取并审议学校年度工作报告、财务工作报告以及其他专项工作报告，提出意见和建议。

（四）讨论通过学校提出的与教职工利益直接相关的福利、校内分配实施方案以及相关的教职工聘任、考核、奖惩办法。

（五）按照有关工作规定和安排评议学校领导干部。

（六）听取并审议学校上一届教代会提案办理情况、教代会审议通过的重要事项落实情况。

（七）通过多种方式对学校工作提出意见与建议。

（八）讨论法律法规规章规定的以及学校与学校工会商定的其他事项。

教代会的意见和建议，以会议决议的方式做出。

第八条　学校应当建立健全沟通机制，全面听取教代会提出的意见和建议，并合理吸收采纳；不能吸收采纳的，应当做出说明。

第三章　教代会代表

第九条　凡与学校签订聘任聘用合同、具有聘任聘用关系的教职工，均可当选为教代会代表（以下简称代表）。

第十条　代表候选人以院（系）、部处、直属单位等二级单位按照不低于应选代表总数120%提名推荐产生，并须通过资格审查。

第十一条　院（系）、部处、直属单位等二级单位应当召开有三分之二以上教职工或者教职工代表参加的大会，采取无记名投票方式，差额选举产生教代会代表，差额率不低于15%。代表候选人获得选举单位全体教职工或教职工代表过半数赞成票时，方能当选。

院（系）、部处、直属单位等学校二级单位选举的教代会代表，一般应占全体教职工比例的4%～8%，具体比例由校工会在选举前确定。

第十二条　教代会代表的构成应当具有广泛性和代表性，充分体现以教学、科研人员为主的原则。其中教师代表不得低于代表总数的百分之六十；高级职称代表不少于全体代表的三分之二；应当保证一定比例的青年教师、女教师方面的代表。

第十三条　教代会代表实行常任制，任期与教代会届期相同，一般为五年，期满换届，可以连选连任。

代表因工作需要在学校内部岗位调动的，其代表资格应予保留，并视为调入单位代表，缺额由原选举单位增补。

第十四条　教代会代表的权利：

（一）在教代会上享有选举权、被选举权、审议权和表决权。

（二）对涉及学校发展和教职工权益的重要事项有知情权、建议权、参与权和监督权。

（三）按照规定的程序，提出提案并对提案办理情况进行询问和监督。

（四）就学校工作向学校领导和学校有关机构反映教职工的意见和要求。

（五）参加与代表履职相关的培训、检查等活动。

（六）因依法行使代表权利受到压制、阻挠和打击报复时，有权向有关部门提出申诉和控告。

第十五条　教代会代表的义务：

（一）努力学习并认真贯彻党的路线方针政策、国家的法律法规、党和国家关于教育改革发展的方针政策，不断提高思想政治素质和参与民主管理的能力。

（二）积极参加教代会的活动，认真宣传、贯彻教代会的决议，完成教代会交给的各项任务。

（三）办事公正，为人正派，密切联系教职工群众，认真听取和如实反映群众的意见与要求。

（四）及时向本部门教职工通报参加教代会活动和履行职责的情况，接受评议监督。

（五）模范遵守职业道德和学校的各项规章制度，提高履职水平，认真做好本职工作。

第十六条　教代会代表接受选举单位教职工的监督。

第十七条　代表在任期内出现以下情况，代表身份自然终止：

（一）本人主动提出辞去代表职务的；

（二）离职、退休或者与学校终止聘任聘用关系的；

（三）被依法追究刑事责任的。

第十八条　代表在任期内出现以下情况，原选举单位可以按程序撤销其代表资格：

（一）无故不履行代表职责的。

（二）严重违反学校规章制度，受到学校处理、处分的。

（三）长期出国、外派、病假、事假等，不能正常履行代表职责的。

（四）其他需要撤销的情形。

因上述情形被撤免的，应当经原选举单位全体职工或代表半数以上同意。

第十九条　撤销代表资格，由原选举单位提出书面报告报送校工会，经校工会审查同意后生效。

第二十条 教代会代表缺额时，原选举单位应按民主程序及时补选，并向下一次教代会报告。

第二十一条 教代会根据需要，可邀请有关人员作为列席代表或特邀代表参加会议。列席代表和特邀代表无选举权、被选举权与表决权。

第四章 组织制度

第二十二条 教代会每五年一届，期满前应当进行换届选举，因故需要延期换届的，延期时间不得超过一年。

第二十三条 教代会每年至少召开一次会议，一般安排在上半年。每次会议必须有三分之二以上代表出席方可召开。

经学校、校工会或三分之一以上代表提议，可以召开临时代表大会。

第二十四条 大会选举和表决必须获得全体代表半数以上赞成票方可通过。因故不能如期出席会议的代表，应向所在代表团说明理由。

第二十五条 教代会由大会选举产生的常设主席团主持会议。

常设主席团成员必须是教代会正式代表，由学校、工会和部分二级单位领导及教师组成。

常设主席团应推荐产生主席和秘书长。主席一般由分管工会工作的校领导担任，秘书长由校工会主席担任。

第二十六条 教代会常设主席团的职责是：

（一）主持召开大会，领导大会期间的各项活动，处理大会期间发生的问题。

（二）听取和综合各代表团、专门工作委员会对各项议题审议的意见。

（三）审议大会议题中需要通过和决定的事项，草拟大会决议等。

第二十七条 教代会常设主席团候选人建议名单由校工会在征求群众意见和民主协商的基础上提出，报请学校党委同意后形成候选人名单，提交大会预备会议表决通过。

教代会常设主席团成员在校内调动的，保留其成员资格。在任期内调离本校、离退休或不能履行职责时，应依照规定程序及时替补，并在下一次教代会确认。

第二十八条 教代会的议题与议程，应根据学校中心工作和群众迫切关心的问题，广泛听取教职工的意见，由校工会与学校党政协商后提出，提交大会预备会议审议通过。

第二十九条 教代会按相关学科分布或单位性质联合建立代表团，选举产生团长。代表团团长在失去代表资格或不能履行职责时应依照规定程序及时替补。

第三十条 代表团团长的职责是：

（一）会议期间，收集代表提案，组织代表团讨论，汇报讨论意见。

（二）闭会期间，主动联系代表及广大教职工群众，随时反映各种意见和建议。

（三）组织代表团成员参加所在单位的民主管理，参与重大问题的决策。

（四）完成教代会常设主席团交给的任务。

第三十一条　教代会根据需要可以设立提案、民主管理与生活福利等若干专门工作委员会。

专门工作委员会委员及负责人，调离学校、离退休或不能履行职责时，应依照规定程序及时替补。

第三十二条　专门工作委员会行使以下职权：

（一）对教代会要讨论的有关议题和代表提出的重要提案进行调查研究，提出建议。

（二）检查有关部门贯彻教代会决议和处理提案的情况。

（三）办理大会交办的有关事项。

（四）根据需要举行有关人员的专题会议。

第三十三条　教代会闭会期间，遇有急需处理的重要事项，可以召开教代会联席会议进行协商处理。

联席会议由校工会召集，成员包括教代会常设主席团成员、教代会代表团团长、民主管理工作委员会正副主任以及学校工会委员会委员。

联席会议须有三分之二以上成员出席方可召开，表决必须获得全体成员半数以上赞成票方为有效。

联席会议处理事项或者表决事项，其结果必须向下一次教代会报告。

第三十四条　教代会在职权范围内所作出的决议，应认真贯彻执行，非经代表大会同意不得修改。每次教代会应对上次大会的决议和提案的执行情况提出报告，教代会的工作应接受群众监督。

第三十五条　教代会的经费由学校在行政管理费用中列支。

第五章　议事规则

第三十六条　需要提交教代会审议或通过的报告、规划、方案、规定等，向常设主席团汇报通过后，提交大会讨论、审议。

第三十七条　教代会一般由预备会议、正式会议和分组讨论三部分组成。

第三十八条　教代会召开前，应当召开预备会议。预备会议由校工会组织召集，一般议程为：

（一）审议教代会筹备工作情况报告；

（二）审议代表资格审查情况报告；

（三）审议通过教代会表决办法；

（四）审议通过教代会常设主席团成员；

（五）审议通过教代会议题和议程；

（六）审议或审议通过其他有关事项。

第三十九条　教代会正式会议议程一般为：

（一）会议主持人报告本次大会代表出席情况，确认大会召开有效；

（二）听取需要提交教代会审议或审议通过的有关工作报告，以及涉及职工切身利益事项方案或草案的情况说明；

（三）审议讨论有关报告、方案或草案，代表应当充分表达意愿和诉求，提出意见和建议；

（四）审议通过有关方案或草案；

（五）对有关人员进行民主选举；

（六）审议表决教代会决议，进行大会总结。

第四十条　提交教代会审议、表决的书面材料，应当提前送交代表。教代会代表团应当组织代表进行讨论，并由工会及时汇总整理教代会代表团的意见和建议。

代表对提交审议、表决的事项意见分歧较大的，可由学校和工会根据教代会代表意见进行协商修改后，召开联席会议或提交下一次教代会再次审议。

第四十一条　教代会审议通过事项，可以以举手或者无记名投票方式进行，并须获得全体代表半数以上赞成票方可通过。涉及教职工切身利益等重大事项，应当采用无记名投票方式。

第四十二条　法律法规规定应当提交教代会审议的事项，未按照法定程序提交的，工会有权要求纠正，学校应当根据工会的要求予以纠正。

法律法规规定应当提交教代会审议通过的事项，未按照法定程序提交审议通过的，工会有权要求学校依法保障教职工合法权益。

第四十三条　教代会在其职权范围内审议通过的事项对学校以及全体教职工具有约束力，未经教代会重新审议通过不得变更。

第四十四条　教代会在会议期间应当征集提案。提案工作按照《上海交通大学教职工代表大会提案工作办法》执行。

第六章　工作机构

第四十五条　教代会的日常工作机构是校工会，承担以下与教代会相关的工作职责：

（一）在教代会筹备和召开期间，组织开展教代会代表的选举、撤换、培训；做好教代会文件的准备和提案征集工作；提出教代会常设主席团成员、各专门工作委员会成员候选人建议名单；组织代表团讨论，汇总整理意见。

（二）大会闭会期间，协同常设主席团组织代表传达贯彻大会精神，执行和落实大会决议，督促提案的办理；组织开展教代会各项工作制度和日常民主管理活动。

（三）召集本办法第二十三条规定的临时代表会议。

（四）召集本办法第三十三条规定的教代会联席会议。

（五）代表教职工参与学校重大事项的讨论和决策，推进学校的民主管理。

（六）向代表和教职工群众进行有关方面的宣传教育，表达和维护教职工的合法利益，保障教职工的民主权利，接受和处理代表的建议和申诉。

（七）就学校民主管理工作向学校汇报，并做好沟通。

（八）完成教代会交办的其他工作，向上一级工会报告会议有关情况等。

第七章　附则

第四十六条　医学院可参照本办法，结合本学院实际情况，制定相应的实施办法。

第四十七条　本办法由校工会负责制定、修订和解释，经学校教代会通过后生效。

附录7

上海交通大学教职工代表大会提案工作办法

沪交内（工）[2012]4号

（2009年3月16日上海交通大学第五届教代会常设主席团会议通过）

第一章 总则

第一条 教职工代表大会（简称教代会）提案是教代会代表参与学校民主管理和民主监督职能的重要形式，是促进学校内部管理体制改革和民主决策、科学决策的重要渠道，是激发教职工主人翁责任感，群策群力建设世界一流大学的重要途径。认真征集和督办提案是教代会的一项重要工作。根据《高等学校教职工代表大会暂行条例》，结合我校教代会提案工作实际情况，制定本办法。

第二条 教代会提案是教代会代表就学校的改革发展及教职工普遍关心的问题，在广泛征集教职工意见和调查研究的基础上，按照规定程序向教代会提出，经提案工作委员会审查立案后交承办单位办理的书面意见和建议。

第三条 教代会提案工作必须遵照党的路线、方针、政策和国家的法律、法规，围绕学校改革、发展、稳定和将我校建设成世界一流大学的奋斗目标，充分发扬民主，广开言路，反映广大教职工的意愿。

第二章 提案工作委员会

第四条 提案工作委员会是教代会设立的专门工作委员会。提案工作委员会在教代会常设主席团的领导下负责提案工作，由主任、副主任和委员若干人组成，其成员从教代会代表中产生，由大会筹备委员会和各代表团协商推荐，经大会主席团审议后，提交教代会表决通过。委员会实行常任制，任期与教代会届期相同，委员可以连选连任。

第五条 提案工作委员会的职责

（一）依照规定的程序，组织和征集提案。

（二）对收到的提案审查立案，并向学校提出承办单位建议方案。

（三）对提案的办理进行检查和督促，推动承办单位认真办理提案。根据实际需要，组织提案人与承办单位座谈或实地考察。对提案办理不符合要求的，及时商请承办单位重新办理。对提案办理不够认真的，向学校主管领导报告，督促承办单位加快处理或重新办理。

（四）对提案处理的情况进行满意度调查，并组织提案人与承办单位负责人进行沟通。

（五）向教代会报告提案的审查立案和办理情况等工作。

（六）组织评选“优秀提案”和“先进提案承办单位”。

第六条　提案工作委员会必须在每次代表大会召开之前举行全体会议，进行提案审查，研究提案办理情况，准备提案工作报告。

第三章　提案的提出

第七条　教代会代表应以认真负责的态度行使提案权，撰写提案前需进行广泛深入的调查研究，以保证提案质量，提案应该注重科学性和可行性。

第八条　提案可由正式代表提出，也可以代表团或教代会专门委员会名义提出。

第九条　提案的基本要求

（一）提案应当坚持严肃性、科学性、可行性，围绕学校中心工作和教职工普遍关心的问题建言献策；

（二）提案须一事一案，实事求是，简明扼要，做到有案由、有分析、有具体的建议。

第十条　提案格式

（一）正式代表提出的提案，须由1位代表提出，2位（含）以上正式代表附议，且每位提案人、附议人都应在书面的提案表上亲笔签名。以代表团、教代会专门委员会名义提出的提案，须由团长或专门委员会主任签字。

（二）提案人可以提出提案类别和承办单位的意向。

（三）提案必须包括以下三部分：

1. 提案案名，即要求解决的问题题目。

2. 提案理由，即提案人应说明提出本案的原因、根据和情况分析，最好有可行性调查。

3. 整改建议，即提案人应提出解决问题的建议或措施。

（四）为保证提案质量，字迹应工整，符合规范，每个提案须同时递交纸质文本和电子文本。

第十一条　提案征集时间

（一）每年教代会召开前征集1次提案。

（二）提案征集的时间一般为教代会开幕前1个月至教代会开幕后1个星期。

（三）超过截止日期收到的提案，作书面意见和建议处理。

第四章　提案的审核

第十二条　各代表团收到代表提案后，依据本办法第九条、第十条对提案进行预审查，然后送交提案工作委员会。

第十三条　提案工作委员会本着尊重和维护提案者民主权利、保证提案质量的原则，对收到的提案进行审查，符合本办法第三章规定的，予以立案。对不符合立案要求，但有参考价值的提案，作为“意见和建议”转送有关部门直接答复提案人。

第十四条　有下列情形之一的，不予立案：

（一）内容涉及国家机密。

（二）属于学术研讨。

（三）指名举报或揭发问题；涉及民事纠纷或进入刑事、行政诉讼以及仲裁程序。

（四）为代表个人或他人解决个别问题。

（五）内容空泛、建议笼统。

（六）学校职权范围之外。

（七）教代会规定职权以外。

第五章　提案的办理

第十五条　提案办理根据提案内容，归口办理，由校长或分管校长签署意见后交校长办公室负责转有关部门或单位办理。

第十六条　对涉及2个（含）以上单位协同办理的提案，主办单位和会办单位应当积极配合，主动协商解决。主办单位和会办单位意见不一致的，要协商一致后再答复提案人。审查意见指明分别办理的，由各有关承办单位分别答复提案人。

第十七条　提案承办单位收到提案后，应高度重视、认真研究代表提案，并在1个月内提出处理意见。如情况复杂不能在期限之内办理完毕的，可适当延期，但应在年内办复并向提案人说明情况。同时，还应当向提案工作委员会说明延期的原因和拟办日期。

第十八条　承办单位应当主动加强与提案者的沟通，共商解决问题的办法，并征询提案者对办理复文的意见。如提案者对办理结果不满意，承办单位应重新研究，作进一步的答复。

第十九条　在提案办理过程中，提案者可以通过提案工作委员会向承办单位了解有关提案办理情况，参与提案的办理，承办单位应积极配合。

第二十条　对提案复文的要求

（一）在复文上须注明“办理结果”，明确标明提案所提问题“已经解决”“基本解决”“正在解决”或“已列入计划准备解决”，提案所提问题因受目前条件限制或其他原因暂时不能解决的，标明“留作参考”或“不可行”。

（二）对办理结果列为“正在解决”“已列入计划准备解决”的提案，在办理结束后要进行再次答复，把跟踪办理情况向提案人作进一步说明。

（三）提案复文要按统一格式行文，一式二份，一份给提案者，一份抄送提案工作委员会。复文中要注明联系电话和联系人，并加盖复文单位公章。

第二十一条　提案工作委员会对提案中反映学校亟待解决、教职工普遍要求改进的问题，对推动学校工作有重要作用并具有较强可行性的提案，可以选作重点提案，进行重点办理。

第二十二条　对于重点提案，可以采用提案工作委员会、提案者、承办单位相结合的协商座谈、实地考察、专题调研、走访等方式，推动办理工作，保证办理质量。对提案中当年不能解决的重要问题，要跟踪督办，促进落实。

第六章　评选与表彰

第二十三条　为鼓励教代会代表提出高质量的提案、承办单位认真办理提案，提案工作委员会根据实际情况，组织评选“优秀提案”和“先进承办单位”，并由学校给予表彰。

第二十四条　“优秀提案”一般应符合下列条件：

（一）选题好。提案内容紧紧围绕学校改革和发展中的重要问题、难点问题以及教职工普遍关心的热点问题等。

（二）立意高。提案在近期内虽难以实现，但富有改革创新意识，对学校今后建设与发展具有一定的意义，并被学校所重视。

（三）合规范。提案符合要求，做到一事一案，一案一表，案名、案由、建议等各项要素齐全，条理清晰。书写规范，打印或用档案墨水书写，字迹端正，纸质材料和电子文本齐全。

（四）可操作。提案经过深入调查研究，广泛征求教职工意见，所反映的问题真实可信，实事求是。提出的建议符合学校目前的经济状况和物质条件，措施具体，便于办理，具有可操作性。

（五）效果好。通过该提案的办理对推动学校改革发展、维护教职工权益、促进教职工队伍建设等方面起到积极作用。

第二十五条　“先进承办单位”一般应符合下列条件：

（一）尊重提案人对学校工作民主管理、民主监督的权利，充分重视提案承办工作，不推诿，不拖延。

（二）承办提案数量较多，办理提案措施得力，讲求实效，注重质量。

（三）提案办理过程中，主动组织协调，虚心听取群众意见，自觉接受舆论监督。

（四）提案办理认真负责，答复意见有理有据，实事求是，提案人满意。

（五）对落实难度较大的提案，想方设法创造条件克服困难去落实。

（六）通过承办提案，促进学校与本单位工作，提高管理水平和服务质量。

第七章 附则

第二十六条 本办法由提案工作委员会负责实施和解释。

附录8

上海交通大学工会工作实施细则

（2005年1月12日上海交通大学第十届工代会第一次会议通过）

第一章　总则

第一条　为加强上海交通大学校工会的各项建设，切实履行工会组织的各项职能，发挥工会组织在实现学校总体目标任务中的积极作用，根据《中华人民共和国工会法》《中国工会章程》和《上海市工会条例》，并结合上海交通大学实际制定本细则。

第二条　工会是在中国共产党领导下职工自愿结合的工人阶级的群众组织，是党联系职工群众的桥梁和纽带，是国家政权的重要社会支柱，是职工合法权益的表达和维护者。上海交通大学工会（以下简称校工会）是中国教科文卫体工会上海市科技教育委员会的一个基层组织。校工会接受学校党委和中国教科文卫体工会上海市科技教育委员会的双重领导，并以学校党委领导为主，定期向校党委和上级工会汇报工作，听取意见。

第三条　校工会紧紧围绕党和学校的中心工作组织与开展工作，服从与服务于改革与发展的大局，动员和团结全校教职工落实“科教兴国”和“人才强国”战略，为实现国家全面建设小康社会和把上海交大建成世界一流大学的目标而努力奋斗。校工会积极支持校行政行使职权，对行政工作给予配合与协助，维护学校的稳定和秩序，教育会员遵守学校的规章制度，履行岗位职责。

第四条　校工会遵守宪法和法律，在维护国家和学校整体利益的同时，代表和维护教职工的合法权益，根据广大会员的意愿与要求，依法独立自主地开展工作，履行维护、建设、参与、教育职能，密切联系教职工，听取和反映教职工的意见和要求，关心教职工的生活，帮助教职工解决困难，全心全意为教职工服务，努力促进教职工个人的全面发展。

第五条　校工会各级组织实行民主集中制原则，上级组织领导下级组织，部门工会同时接受同级党组织的领导。各级工会应该坚持民主协商和群众路线的工作方法，密切联系会员群众，动员和依靠广大会员加强工会建设，提高工作水平，努力增强凝聚力、号召力与亲和力，把工会办成大家热爱的“职工之家”。

第二章　校工会的职责与任务

第六条　校工会的基本职责与任务是：

（一）根据校党委和上级工会的工作部署，以及会员代表大会的决议，制定并组织实施校工会年度工作计划；指导、推动各部门工会开展工作；做好年度工作总结与考核；

（二）配合学校党政，做好教职工的思想政治工作，动员和组织他们积极参加学校的改革、建设和发展，充分发挥主人翁精神，主动、认真做好本职工作，促进学校办学不断上水平、创一流；

（三）代表和组织教职工依照法律、法规规定，通过教职工代表大会（以下简称教代会）或者其他形式，积极参与学校的民主决策、民主管理与民主监督。承担学校教代会工作机构的任务，做好教代会的筹备与召开工作，以及闭会期间的日常工作；配合、协助校教代会常设主席团及各专门工作委员会开展工作，检查、督促教代会决议的执行；

（四）会同有关部门，通过各种途径与形式，教育与帮助教职工不断提高思想道德、技术业务和科学文化素质。尤其要大力加强以师德师风为核心的职业道德建设，促进全校“三育人”活动的不断深入开展。做好劳模和各类师德先进的推荐、评选、表彰和管理工作，宣传他们的事迹，关心他们的工作和生活；

（五）努力满足广大教职工的精神文化生活需求，积极组织开展各种文娱、体育、休养等活动。组建并管理好各类教职工文体社团，办好工会俱乐部。引导教职工养成文明、科学的生活方式，促进他们的身心健康；

（六）关心教职工的工作和生活，努力多为教职工办实事与好事，依法维护他们的各种合法权益。及时了解和反映教职工的意见与要求，积极帮助解决各种实际困难。持续实施教职工“送温暖工程”，开展经常性的“必访”活动；

（七）会同妇委会共同做好女教职工的工作，关心并维护女性合法权益。开展具有特色的各类活动，不断提高全校女教职工的整体素质；

（八）根据工会经费独立原则，建立健全经费预算、决算和审查监督制度，收好、管好、用好工会的经费，并管理好工会的财产与设施。发挥校工会经费审查委员会的作用，定期向会员代表大会报告工会经费收支情况，接受监督；

（九）按期召开全校工会会员代表大会，报告工会委员会的工作，筹备与组织工会委员会的换届选举。加强工会自身的思想、组织、作风与制度建设，开展工会理论研究，培训各级工会干部，不断提高工会的整体工作水平。

第三章　学校工会组织

第七条　校工会的领导机关是校工会会员代表大会。代表实行常任制，任期为五年。校工会会员代表大会每年至少召开一次。其职权是：

（一）换届时选举校工会委员会和经费审查委员会。

（二）届内必要时有权撤换或罢免其所选举的工会委员会和经费审查委员会的组成人员。

（三）审议和批准校工会委员会和经费审查委员会的工作报告。

（四）讨论并决定校工会工作的重大问题。

第八条　校工会会员代表大会闭幕期间由校工会委员会及其常务委员会主持日常工作。校工会委员会由会员代表大会选举产生，委员为35人左右，设主席1人、副主席和常务委员会委员若干人。校工会主席、副主席、常务委员会委员由校工会委员会选举产生，任期均为五年。

第九条　校工会是社会团体法人，校工会主席是法定代表人。校工会主席的职权是：

（一）定期召集和主持工会委员会、常务委员会会议，讨论决定校工会的年度工作计划及其他重大问题；执行工会会员代表大会的决议，并保证其实施；

（二）代表教职工参加校党委会、校长办公会和其他重要会议，参与学校涉及教职工切身利益的重大事项的决策；

（三）负责校教代会的筹备工作，担任教代会常设主席团的领导与组织工作，贯彻和实施教代会的决议；

（四）领导和协调校工会副主席、办事机构和各工作委员会的工作，指导和帮助各部门工会开展工作；

（五）代表校工会对外联络和处理有关工作事项。

第十条　校工会设经费审查委员会，负责对工会经费收支、使用和财产管理情况进行审查监督，向会员代表大会报告工作，并接受会员代表的监督。

经费审查委员会由会员代表大会选举产生，委员一般为5～7人，设主任、副主任各1人，任期均为五年。

第十一条　校工会委员会下设若干专门工作委员会和办公室等办事机构。校工会委员会或常务委员会可根据工作需要对工会专门委员会和办事机构进行调整。

第十二条　有会员25人以上的单位可单独建立部门工会。会员不足25人的单位，经协商并报校工会批准，可由若干单位建立联合部门工会。各级部门工会委员会由所在单位工会会员大会或者会员代表大会民主选举产生，任期3年，期满改选。

部门工会委员会选举前须征得本单位党组织和校工会的同意，部门主要负责人的近亲属不得作为本部门工会委员会成员的人选，选举后报校工会批准方为有效。

部门工会委员会一般由3至7人组成。委员3人的，可设主席1人；委员5人以上的，可设主席1人，副主席1人；委员应有各项工作的分工（可兼任）。

第十三条　后勤、产业集团等可建立系统工会，并在其下属公司、中心和企业中建立部门工会。系统工会委员会的组成办法与部门工会委员会相同，其基本职责是：在校工会的领导下，制定本系统工会工作计划，对下属部门工会的工作给予具体指导，开展适合于本系统工作性质的各项活动。

第十四条　各部门工会可以研究所、教研室、实验室、科室等为单位建立工会小组，并由本组会员直接选举产生小组长。工会小组在部门工会委员会领导下开展工作。

第十五条　代表及其工作机构组成人员因种种原因变动，应按程序替补。

（一）代表在任期内调离本校、离休、退休或其他原因不能履行代表义务时，即失去代表资格，应进行替补。因工作需要在校内调动，其代表资格应予以保留，并视为调入单位代表；由此而造成原选举单位代表缺额，增补与否，视具体情况由校工会研究决定。

（二）校工会委员会委员的替补

1. 被选为校工会委员会常委、委员的部门工会主席、校工会专职干部，离开工会岗位时，一般应免去委员身份。由新任部门工会主席、新指派的工会专职干部，按民主程序替补，并向工会委员会报告。

2. 其他委员在调离本校，离休、退休时，由校工会与有关单位协商，提名替补。

3. 在召开代表大会时，向大会报告工会委员会委员替补情况，并予以确认。

（三）校工会主席、副主席在调离工会工作岗位、退休时应及时替补。

1. 不是校工会委员的，必须按程序先替补为委员。

2. 替补为主席、副主席前需请示校党委，替补主席时还要请示上海市科技教育工会。

3. 校工会主席、副主席的替补，由校党委或校工会派人主持，经校工会委员会全体委员投票选举产生，报校党委和上海市科技教育工会审批。

4. 召开代表大会时向大会报告主席、副主席替补情况。

（四）校工会经费审查委员会委员在调离学校、退休或工作调动不能履行职责时，应予以替补。替补由校工会提名，经校工会委员会与经费审查委员会全体委员投票选举产生，报校党委和上海市科技教育工会审批。召开代表大会时向大会报告替补情况，并予以确认。

第四章　部门工会建设

第十六条　各部门工会要在同级党组织和校工会的领导下，切实加强自身的思想、组织、制度与作风建设，积极开展合格与先进“教工小家”的创建活动，不断提高工作水平与组织活力。

第十七条　校工会每两年组织一次对各部门工会创建合格与先进“教工小家”的工作考评，分别评出合格与先进“教工小家”，并进行表彰与奖励。

第十八条　合格与先进“教工小家”的考评内容由六方面构成：

（一）思想教育。包括政治学习、师德建设和关心青年教师成长等方面。

（二）民主管理。包括建立制度、参与作用和民主渠道等方面。

（三）校园文化。包括文艺体育健身、自主参加全校活动等方面。

（四）维权服务。包括反映呼声、排忧解难和用好经费等方面。

（五）自身建设。包括争取领导、工作规范和健全组织等方面。

（六）特色工作。

第五章　工会干部

第十九条　工会干部要努力做到：

（一）认真学习马列主义、毛泽东思想、邓小平理论和“三个代表”重要思想，贯彻执行党的路线、方针、政策，做好会员的思想教育工作；

（二）遵守国家法律、校规校纪和职业道德，做好本职工作，在会员中起带头模范作用；

（三）了解工会知识，熟悉工会业务，工作扎实，勇于创新，出色完成所分工任务；

（四）认真调查研究，如实反映会员的意见和要求，热心为会员排忧解难，多办实；

（五）顾全大局，维护团结，坚持原则，不谋私利，联系群众，作风民主。

第二十条　各级工会主席、副主席任期未满不得随意调动其工作。因工作需要调动时，应事先征得本级和上级工会组织同意。各级工会组织应关心工会干部的思想、学习和生活，督促落实相应的待遇，支持他们的工作，坚决同打击报复工会干部的行为作斗争，保障工会干部依法履行职责。

第二十一条　工会干部应自觉遵守《工会法》和本《细则》。如有违反《工会法》和本《细则》，损害职工或工会权益的，由本级工会或上级工会责令其改正，情节严重的，可予以处分，或予以罢免。

第六章　附则

第二十二条　本《细则》自学校工代会通过之日起施行，解释权在校工会。

附录9

上海交通大学工会常委会会议议事规则

（2012年9月27日工会常委会会议审议通过）

第一条　为了进一步规范工会常委会工作，充分发挥常委会班子领导集体的作用，根据《中国工会章程》《上海交通大学工会工作实施细则》《上海交通大学工会经费使用管理办法》和《上海交通大学教职工代表大会实施细则》，制定本规则。

第二条　常委会必须坚持“集体领导，民主集中，个别酝酿，集体决定”的原则。常委会会议讨论决定的事项，应充分发扬民主，做到群策群力、集思广益，提高决策的民主性和科学性。

第三条　常委会会议是对学校工会重要工作、重大事项进行研究和决策的会议，同时也是根据授权研究处理学校教职工代表大会部分工作和事项的会议。议事范围主要包括：

1. 贯彻执行党和国家的路线、方针、政策及法律法规，落实上级工会的重要指示、决定或会议精神。

2. 讨论通过学校工会发展目标和年度工作计划。

3. 讨论通过工会的有关规章制度。

4. 讨论确定或调整年度财务预决算，决定预算外2万元以上等重大财务支出。

5. 讨论确定报请上级工会审批的有关重要事项。

6. 讨论决定以校工会名义表彰和推荐到上级工会表彰的先进集体和个人名单。

7. 讨论决定校工会、基层工会组织机构设置及变动事宜。

8. 审议提交给学校工会会员代表大会的有关事项。

9. 讨论提请全委会审议的报告、决议、草案；审议工会委员和工会经审委员的替补、增补；审议决定工会女职工委员会的组成和委员的替补、增补。

10. 研究学校工会代表大会召开的时间、地点、议程、代表名额分配、工作报告及“两委”候选人等，提交全委会讨论决定。

11. 讨论决策属于“三重一大”的有关事项。

12. 研究学校教职工代表大会召开的时间、地点、中心议题和议程、代表名额分配、工作报告及常设主席团成员推荐人等，提交教代会常设主席团讨论决定。

13. 其他需要由常委会讨论决定的重要事项。

第四条 常委会会议每季度召开一次，遇有重要情况可随时召开。会议由工会主席召集并主持。如主席因故不能出席，可委托副主席召集主持。

第五条 常委会会议必须有三分之二以上（含三分之二）委员到会方能举行。委员因特殊情况不能参加会议，应事先向工会办公室请假，工会办公室及时向主持人汇报。

第六条 常委会会议召开的时间、议题由主席或主席会议确定。并根据实际情况尽快在召开会议前通知到各位常委，需要审议事项的草案（讨论稿）一般应提前3日发送至常委。

第七条 提交常委会讨论的事项，须事先作好准备，形成简要的书面材料，征得主席或分管副主席同意，并于会议召开前将议题和有关材料提交工会办公室。比较重大的问题在提交常委会前应事先进行调查研究和科学论证，提出明确具体的处理意见。常委会讨论时，主席或副主席应对有关议题向会议作出说明。

第八条 会议应在意见基本一致的情况下作出决定。常委会对有关议题需作表决的，必须在表决前进行充分讨论，达成基本共识后再进行表决，赞同票必须超过应到会委员人数的半数以上方能通过。

表决可采取举手、无记名投票或其他方式，具体方式由会议主持人根据情况或在征求与会委员的意见后决定。

第九条 常委会会议决定的事项必须坚决执行，抓紧办理，按时完成，不得随意变更。确需对决议或决定作重大变更时，须经主席同意，提交常委会会议复议。对需紧急处理的特殊情况，可由主席征求常委意见后进行处理，但应在下次常委会会议上通报。

第十条 工会办公室负责会议的准备及通知，办公室主任列席会议并负责常委会会议记录、会议纪要的整理。会议通过或批准的文件，要及时上报或下发；文件和《会议纪要》由主席签发，也可以由主席委托副主席签发。

第十一条 工会办公室负责对常委会会议的决定和决议进行落实和督办，并及时将结果向主席报告。

第十二条 常委会会议出席及会务工作人员须严格遵守会议纪律和保密规定。凡属于会议机密内容，与会人员不得以任何方式向会议以外人员泄露；凡属时效性的机密，应由落实工作的与会人员根据工作程序予以公开，其他与会人员不得提前泄露。

第十三条 本规则与上级规定有抵触的，以上级规定为准。

第十四条 本规则由工会常委会负责制定和修订，自常委会会议通过之日起执行，并授权工会办公室负责解释。

附录10

上海交通大学工会关于做好“十必访”工作的操作办法

上海交通大学工会委员会

工会【2018】3号　　签发：于朝阳

上海交通大学工会关于做好“十必访”工作的操作办法

为了贯彻落实中华全国总工会办公厅关于《基层工会经费收支管理办法》(总工办发【2017】32号)的有关精神，增强基层工会组织服务职工的能力，保障广大教职工依法享有的工会福利待遇，进一步提升教职工幸福感及获得感，结合学校实际情况，制定本操作办法。

一、人员范围

人员范围为纳入校工会统一管理的工会会员，包括根据学校“十三五”编制规划聘用的事业编制、劳动聘用、人才派遣A、校聘人才派遣B，以及已入会的博士后等人员。

上海交通大学医学院、中欧国际工商学院、附属中学工会可按其现有操作办法执行。

上海交通大学密西根学院、上海高级金融学院、继续教育学院等独立核算单位，向校工会拨缴工会经费后，在相应的额度内进行报销。

二、工作内容

“十必访”指慰问会员婚、生、寿、新、退、献、病、丧、灾、困等十种情形，是学校多年工会福利工作的实践与总结，根据全总文件精神，在听取一线意见、充分调研的基础上，经学校工会常委会讨论决定，提高了部分项目慰问费用。

主要内容如下：

“十必访”项目	慰问标准	备　注
婚（结婚）	报销800元	购买结婚礼品
生（生育）	报销800元	购买奶粉、尿布等生育用品

（续　表）

“十必访”项目	慰　问　标　准	备　　注
寿（生日）	发放生日蛋糕券一份	校工会统一发放
新（新进人员）	校工会拟定	校工会统一组织“认家”等活动
退（退休）	校工会与人力资源处共同购买礼品	校工会与人力资源处共同组织送迎大会
献（献血）	慰问金1 000元	购买营养品
病（工伤、重大伤病、住院）	慰问金1 000—2 000元	申请市、校多种医疗保障计划、慈善帮困基金； 先进、劳模慰问
丧（去世）	在职会员去世慰问金10 000元；在职职工配偶去世慰问金5 000元；在职职工子女去世慰问金5 000元；退休职工去世慰问金1 000元	分类慰问
灾（灾难）	申请校慈善帮困基金	填写《上海交通大学慈善帮困基金》常规困难补助申请表
困（困难）	申请校慈善帮困基金	

三、组织工作

“十必访”慰问工作，由二级单位工会负责组织与落实（“新”“退”项目由校工会组织实施），深入了解每一位教职工，做到及时关心和慰问。

四、报销流程

经办人员认真填写“上海交通大学工会报销单”，相关人员做好验收或证明，由部门工会主席在“主管”一栏审核，并盖好部门公章，不同慰问项目提供相应的附件，发票抬头为“中国教育工会上海交通大学委员会”，并注意时效性，不可跨期使用。

结婚慰问：结婚礼品发票原件、结婚证书复印件。

生育慰问：奶粉、尿布等生育用品发票原件、出生证复印件。

献血慰问：签收收据。

去世慰问：病理报告单、死亡证明书复印件等。

财务报销采用无现金报销形式，报销单填写清楚相应转账信息：收款人姓名、银行账号及收款开户行。

五、附则

本办法由上海交通大学工会负责解释。

经第十二届工会常委会第九次会议审议决定，本办法自二〇一八年一月一日起实施，沪交工［2012］12号《关于加强工会干部“十个必访”制度的通知》终止实施。

附录11

上海交通大学劳模名录

表1 上海交通大学全国劳模[1]名录

序号	姓名	荣誉年份
1	周铭	1956年全国先进生产者
2	阮雪榆	1978年全国科技先进个人
3	周尧和	1979年全国劳动模范
4	丁文江	2000年全国先进工作者
5	吴毅雄	2005年全国先进工作者
6	张杰	2005年全国先进工作者
7	邓子新	2010年全国先进工作者
8	王如竹	2015年全国先进工作者
9	樊春海	2020年全国先进工作者

注：不含医学院及附属医院，统计截止时间为2021年底。

1 全国劳动模范是党中央、国务院授予在社会主义建设事业中做出重大贡献者的荣誉称号，一般将全国劳动模范和全国先进工作者等国家级荣誉获得者统称为全国劳模。

上海交通大学全国劳模简介

周 铭

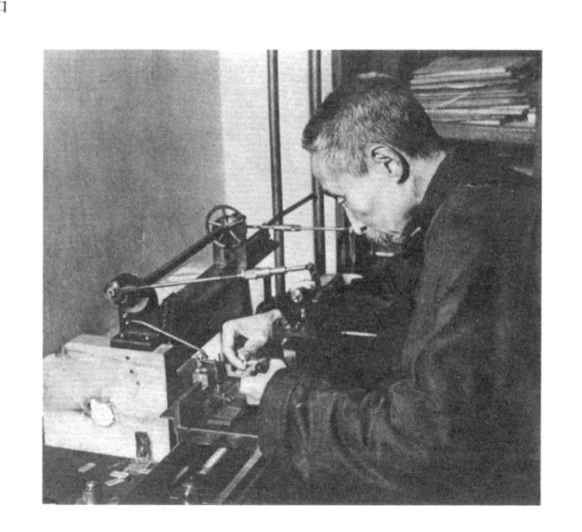

周铭，又名周明诚，著名物理学家、实验物理学大师。1910年于邮传部上海高等实业学堂（交大前身）附中毕业后，即赴美国麻省理工学院（MIT）学习，1919年获该校化学博士学位，同年回国。1921年任交通大学化学教授。1924年开始，在交大协同裘维裕教授进行物理教学改革，同时改任物理学教授，主持物理实验教学及实验室建设，还专攻物理实验仪器的设计和制造，是交大物理实验教学和实验室建设的奠基者。1956年获评全国先进生产者。

阮雪榆

阮雪榆，塑性加工和模具技术专家，中国工程院院士。1959年起在上海交通大学任教，历任国家模具CAD工程研究中心主任、上海模具技术研究所所长、美国福特汽车公司—上海交通大学C3P联合研究室主任、瑞士FEINTOOL公司高级顾问、国际环境保护与制造委员会（ICEM）常务委员。1994年当选中国工程院院士。他致力于塑性加工和模具技术研究，是我国冷挤压理论与技术的开拓者。在国内外首创冷挤压许用变形程度理论，并首先研究成功黑色金属的冷挤压技术，对指导和推动我国冷挤压理论与技术的发展作出了重大贡献。曾获1978年全国科技先进个人、多项国家、部、市奖和国际奖励。

周尧和

周尧和，中国科学院院士，材料科学与工程专家，上海交通大学材料科学与工程学院教授、博士生导师。曾任国务院学位委员会学科评议组成员、中国铸造学会理事长、国际铸造学会主席。长期从事凝固理论与凝固技术研究，对铸件凝固过程的传热、传质和动量传输进行了系统研究，建立了强制性凝固组织形成原理的新理论框架。在国际上首次发现并定义了铸锭凝固过程中的第三对流区，据此提出的钢锭头部正偏析理论得到公认。获国家发明奖及国家科技进步奖各1项，部委级奖14项。1979年获评全国劳动模范，1991年获我国航空工业最高荣誉——航空金奖及中国机械工程学会最高荣誉——科技成就奖。

丁文江

丁文江，中国工程院院士。现任轻合金精密成型国家工程研究中心主任，中国镁业协会副会长，中国材料研究学会常务理事，中共上海交通大学材料科学与工程学院委员会委员。曾任上海交通大学副校长、上海市科委副主任、上海市科协副主席。长期从事先进镁合金材料及加工方面研究，作为第一获奖人，获国家科技进步二等奖、国家技术发明二等奖、国防工业科技进步二等奖、上海市技术发明一等奖、上海市科技进步二等奖、中国汽车工业科技进步二等奖各1项。在SCI源期刊上发表论文308篇，获得授权发明专利114项，其中两项获中国专利优秀奖。曾获中国优秀青年科技创业奖、上海市劳动模范（1997）、全国五一劳动奖章（1999）、全国先进工作者（2000）、全国优秀科技工作者（2010）等荣誉。

吴毅雄

吴毅雄，上海交通大学教授，博士生导师。曾任国际焊接学会技术委员会执委、亚洲焊接联合会第一主席、中国焊接学会副理事长、上海焊接学会理事长。他所在的团队先后获得5项国家级和部委、省市级的科技大奖，特别是他们团队主持设计制造的、拥有自主知识产权的“液力变矩器焊接关键设备及相关技术”，填补了国内空白。先后荣获1998年度国家有突出贡献中青年证书、2001年度上海市教委系统先进个人、2004年度上海市劳动模范和2005年度全国先进工作者、国家科技进步二等奖1项，上海市科技进步一、二、三等奖各1项。

张　杰

张杰，中国科学院院士、德国国家科学院院士、第三世界科学院院士、英国皇家工程院外籍院士、美国国家科学院外籍院士。2005年获评全国先进工作者，2015年获得激光聚变与高能量密度物理研究领域国际最重要的奖项——爱德华·泰勒奖章，2018年获得求是科技成就集体奖，2021年获得未来科学大奖——物质科学奖。曾任上海交通大学校长、中国科学院副院长。中国共产党第十七届、十八届中央委员会候补委员，第十三届全国政协常务委员。现担任中国物理学会理事长、上海交通大学学术委员会主任、致远学院荣誉院长、李政道研究所所长。

邓子新

邓子新，中国科学院院士、第三世界科学院院士、美国微生物科学院院士。现担任微生物代谢国家重点实验室主任，中国微生物学会理事长，中国农业生物技术学会副理事长，国际工业微生物遗传学组织专家委员会（GIM-IC）主席。长期从事微生物代谢的分子生物学研究，主攻放线菌遗传学及抗生素生物合成的化学生物学，打开DNA硫修饰新领域，在国内外学术刊物上发表300余篇研究论文。先后获得首届国家杰出青年科学基金奖（1994）、中国青年科技奖（1994）、上海市十大科技创新英才（2005）、上海市科技领军人物（2006）、上海市劳动模范（2007）、国家自然科学二等奖（2008）、全国五一劳动奖章（2008）、全国先进工作者（2010）、何梁何利科学与技术进步奖（2012）、谈家桢生命科学成就奖（2017）等。

王如竹

王如竹，上海交通大学教授，制冷与低温工程研究所所长。长期从事制冷与低温研究，在吸附吸收制冷、太阳能制冷与热泵、低温流体传热等方面做出重要创新成果。主持成果获2014国家自然科学二等奖、2010国家技术发明二等奖、2009国家教学成果二等奖。被授予2013国际制冷J&E Hall Gold Medal、2017亚洲制冷Asian Academic Award、2018国际热科学Nukiyama Memorial Award，是获得以上奖项的首位中国学者。曾入选长江学者（2000）、国家杰出青年（2002）、全国先进工作者（2015）。

樊春海

樊春海，上海交通大学王宽诚讲席教授，中国科学院院士。2018年起任上海交通大学化学化工学院教授，现任化学化工学院院长、转化医学研究院执行院长、国家转化医学科学中心唐仲英首席科学家。兼任美国化学会ACS Applied Materials & Interfaces副主编，Angewandte Chemie等十余份国际知名杂志编委，Chem Plus Chem编委会共同主席。入选美国科学促进会（AAAS）、国际电化学学会（ISE）、美国医学和生物工程院（AIMBE）和英国皇家化学会（RSC）会士。已发表论文500余篇，引用近5万次，H因子 > 110，自2014年起连续入选“全球高被引科学家”，2020年获评全国先进工作者。

表2　上海交通大学省部级劳模名录

序　号	姓　名	荣誉年份
1	朱文娟	1953年上海市劳动模范
2	吴寿民	1955年上海市劳动模范
3	余爱芳	1956年上海市先进工作者
4	严似松	1956年上海市先进工作者
5	林　凡	1973年黑龙江省劳动模范
6	朱物华	1978年全国科技先进个人
7	周志宏	1978年全国科技先进个人
8	吴　镇	1979年上海市劳动模范
9	林侬藩	1979年上海市劳动模范
10	陈章亮	1979年六机部先进工作者
11	翁史烈	1981年上海市劳动模范
12	姜焕中	1981年上海市劳动模范
13	刘洪昌	1981年上海市劳动模范
14	华南盾	1983年上海市劳动模范

（续　表）

序　号	姓　名	荣 誉 年 份
15	王祖善	1983年上海市劳动模范
16	刘应中	1983年上海市劳动模范
17	戚飞虎	1985年全国五一劳动奖章
18	黄镜明	1985年上海市劳动模范
19	叶芃生	1985年全国煤炭系统劳模
20	黄佩伟	1985年全国五一劳动奖章 1986年山东省劳动模范
21	刘延柱	1986年全国教育系统劳动模范
22	郑宝隆	1986年全国教育系统模范教师
23	陈廷莱	1987年上海市劳动模范
24	陈益新	1987年上海市劳动模范
25	赵则胜	1989年上海市劳动模范 1990年全国五一劳动奖章
26	张馥宝	1989年上海市劳动模范
27	马志良	1991年上海市劳动模范
28	徐正泰	1991年全国普通高等学校优秀政治工作者
29	诸鸿文	1993年上海市劳动模范
30	顾宏中	1993年全国教育系统模范教师
31	田新民	1994年、2009年全国民族团结进步先进模范个人
32	徐冬根	1995年上海市劳动模范
33	胡雪华	1995年上海市劳动模范
34	丁文江	1997年上海市劳动模范 1999全国五一劳动奖章
35	顾海英	1997年上海市劳动模范
36	杜淑贤	1997年黑龙江省劳模
37	潘健生	2000年上海市劳动模范
38	何友声	2001年全国模范教师

（续 表）

序 号	姓 名	荣 誉 年 份
39	吴毅雄	2001—2003年度上海市劳动模范
40	王先林	2004年全国模范教师
41	洪嘉振	2004年全国模范教师
42	王锡麟	2004年全国专利系统先进工作者
43	邓子新	2004—2006年上海市劳动模范 2008年全国五一劳动劳动奖章
44	景益鹏	2004—2006年上海市劳动模范
45	王如竹	2009年全国模范教师 2013年全国五一劳动奖章
46	颜德岳	2007—2009年上海市先进工作者
47	朱颖文	2007—2009年上海市劳动模范
48	俞 勇	2014年全国模范教师
49	樊春海	2010—2014年上海市先进工作者
50	乐燎原	2010—2014年上海市劳动模范
51	乌晓江	2010—2014年上海市劳动模范
52	杨 立	2019年全国模范教师
53	贾金平	2015—2019年上海市先进工作者
54	刘江来	2015—2019年上海市先进工作者

注：不含医学院及附属医院，统计截止时间为2021年底。

后　记

交通大学工会创设于新中国成立初期，与学校风雨同舟，走过了70年峥嵘岁月，历经调整、变迁与改革发展，奋发昂扬迈入新时代。总结70年发展成就和历史经验，传承优良传统与文化精神，鉴往知新，以启后人，对促进交大工会乃至中国高校工会的未来发展具有历史借鉴意义。

2019年，上海交通大学工会即将迎来成立的第70个年头。工会开始着手编撰工会70年的历史，但是突如其来的新冠疫情，给编撰工作造成了很大困难。

2021年初，在张安胜副校长直接领导和全面部署下，校工会特邀校史研究专家原上海交大档案文博管理中心龚诞申研究员、国际与公共事务学院工会主席郭俊华教授、图书馆兰小媛副研究馆员为骨干组成编写组，正式启动《交大工会70年》编撰工作。校工会主席于朝阳统筹推进全书编写工作，从文稿的总体策划、章节框架的确定，到史料挖掘及梳理、史稿成文与修改，再到最后审核与定稿等全环节，全程把关。图书馆馆长李新碗从学术型图书馆支撑史料挖掘和历史研究的高度予以大力支持。校工会副主席杜夏明、肖国芳全面落实整体编撰工作，指导了工会史料的挖掘整理、章节布局、各章撰写等全过程。图书馆党委副书记袁继军参与协调推进工作。龚诞申全程指导全书编写，对初稿和各版修改稿进行了反复审读并提出修改意见。兰小媛对史料多方考证，对数据反复核实，对文稿多次修改，精雕细琢，不断完善，并最终统稿。图书馆其他研究人员刘珊、余子靖等，国际与公共事务学院研究生罗丹悦、饶丹扬等人参加了编撰工作。

本书编写人员如下：龚诞申起草“绪言”，第一章郭俊华、罗丹悦，第二章郭俊华、饶丹扬，龚诞申改写了第一、二章的部分内容。第三章兰小媛，

第四章刘珊、张璟玥，第五章余子靖。全书图片的收集整理为兰小媛、韦洋、郭翼飞。

本书定名《交大工会70年》，源自新中国初成立的上海教育工会交通大学委员会，上海交大工会是从此起步的。在内容框架上，根据交大工会发展历史脉络划分为五个章节：第一章“筹备与初创”记述1949—1955年交大工会的筹备与初创；第二章“调整与曲折”记述1955—1978年交大工会经历的“西迁”、上海交大工会经历的国防工业学校转型、“文革”等变迁史；第三章“改革启新程”记述1978—1992年改革开放时期，上海交大工会在改革中探索实践的过程；第四章“转型谋发展”记述1992—2004年上海交大工会全面转型、不断突破的发展阶段；第五章“开拓谱新篇”记述2004—2021年上海交大工会进入新世纪后锐意创新拓展、开创工会工作新局面的奋斗历程。在写作手法上，采取“横排竖写、图文并茂、突出特色”的方法，力图以质朴无华的文字清晰展现交大工会70年的发展脉络，挖掘史料，反复修磨，记录一代又一代交大工会人全心全意服务学校大局、团结凝聚教职员工投身于学校教育事业的那些值得铭记的历史进程。

编写组在编撰过程中，广泛查找历届教代会、工代会、工会工作报告、规章制度、奖项申报等文字、图片资料等；参阅并借鉴《上海交通大学史（八卷本）》《上海交通大学年鉴》《上海交通大学志》《上海交通大学纪事》《上海交通大学报》等史料中的有关文献；查阅了《话说七十年——上海市教育工会发展访谈录》《中国教育工会上海市委员会大事记（1950—2020）》等史料中有关记载；搜索交大新闻网、工会网、上海教育工会网站上的相关新闻报道、图片等。

受新冠疫情影响，本书的编撰时间持续近三年。编写组克服资料不全、任务繁重、人员变动、文稿撰写与本职工作双肩挑等困难，夜以继日，夙夜匪懈，废寝忘食，兢兢业业，对书稿反复打磨，并邀请原校工会主席王守仁、张增泰、贾金平，原校工会专职副主席倪浩等审阅书稿并提出宝贵的修改意见。编写组逐条梳理研究，积极吸收采纳意见建议，并认真进行修改完善。

全书八易其稿，共计约23万字，配图120余张，至今终于成书，实属不易。

本书编撰过程中，得到各单位、各方面的大力支持和友情合作。上海交大党委书记杨振斌、中国教科文卫体工会主席章国贤拨冗专为本书作序；上海交大党政部门、档案部门，上级和有关高校工会都为本书提供了支持和帮助；西安交大工会原主席朱正威、副主席张庆生给予鼓励和支持，特别是副主席弋景峰多次参与讨论并提供档案文字支持，在史料搜集、文稿编撰方面提出许多宝贵意见；上海交大档案文博管理中心欧七斤、曹灵钰、许雯倩等老师为本书的史料检索和搜集工作提供了大量帮助；上海交大工会的许多工作人员为本书的编撰付出了辛勤劳动，韦洋、张保国、郭翼飞、李锦红等直接参加了本书的资料搜集和编撰写作等服务支撑工作；上海交通大学出版社领导高度重视，本书责任编辑易文娟老师提出诸多重要修订意见；以及上海交通大学医学院工会、农业与生物学院工会、海洋水下工程科学研究院有限公司工会等对本书的写作提供了重要资料和部分文稿，在此，对给予支持和帮助的所有单位与个人一并表示深深的感谢！

由于历史久远、史料不全，以致在梳理交大工会成立初期历史的过程中仍存在许多空白点，仍有部分历史过程尚未复原、存在疑点。这些都为编写工作带来了阻力和困难，虽经编写组多方求证、反复研判，但工会在学校重大活动中发挥的作用、交大工会成立仪式的细节、早期校工会委员会届次的认定等许多事项，仍有个别时间节点尚待确证、仍有一些史实尚待充实，书中的描述难免存在纰漏和不足之处，这些问题有待专家和同行不吝赐教，欢迎读者批评指正，所有意见可供我们后续再版修订参考。

编写组

2022年12月13日